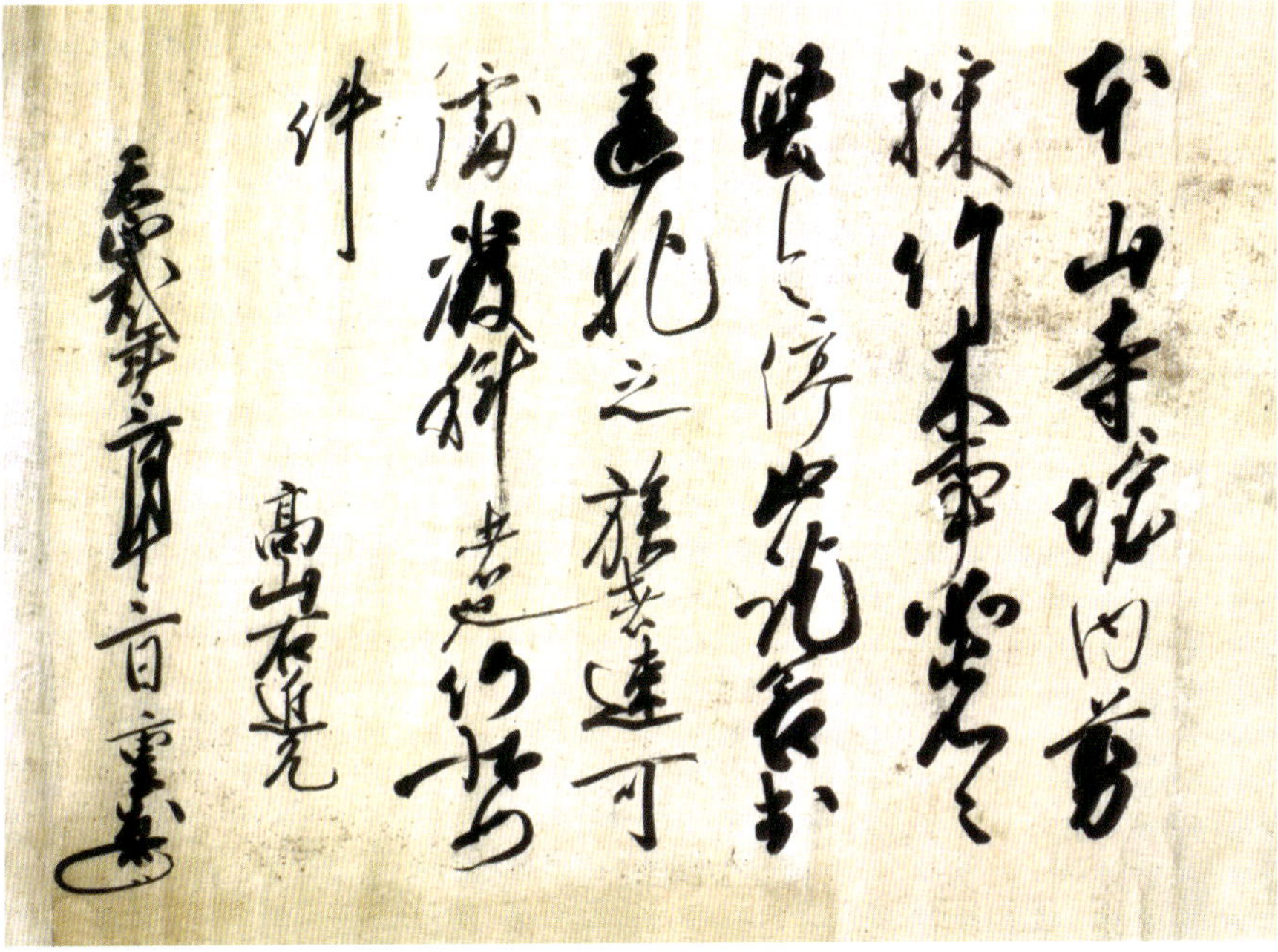

**高山右近　禁制**（天正2年3月13日付・本山寺宛・「本山寺文書」）〔高槻市立しろあと歴史館寄託〕
本山寺（高槻市）境内の竹や木を切ることを禁じた内容で、高槻城主となった頃の発給と思われる。

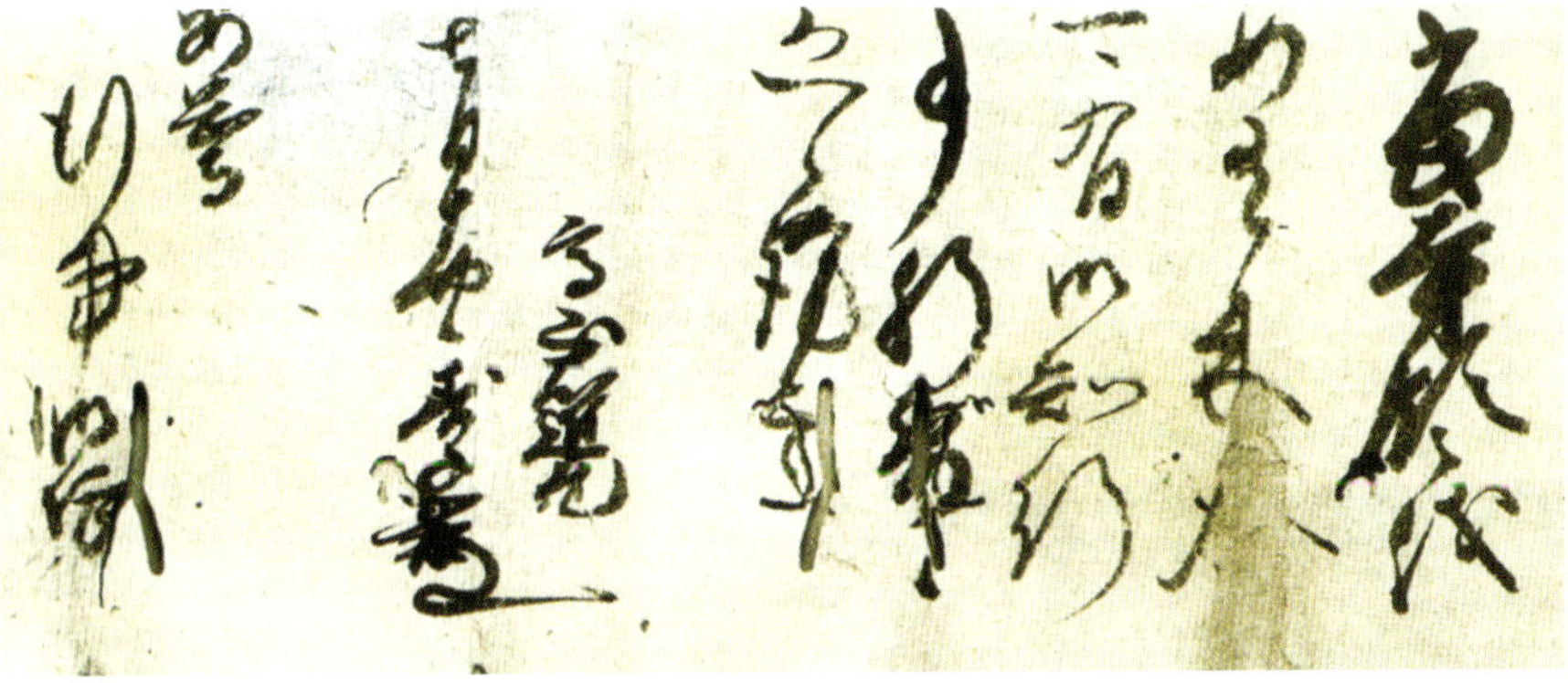

**高山右近　書状**（年未詳7月14日付・安岡寺 行事御坊宛・安岡寺旧蔵）〔高槻市立しろあと歴史館提供〕
安岡寺（高槻市）の寺領を安堵する内容で、署名の「寿子」は右近の洗礼名「ジュスト」の当て字。

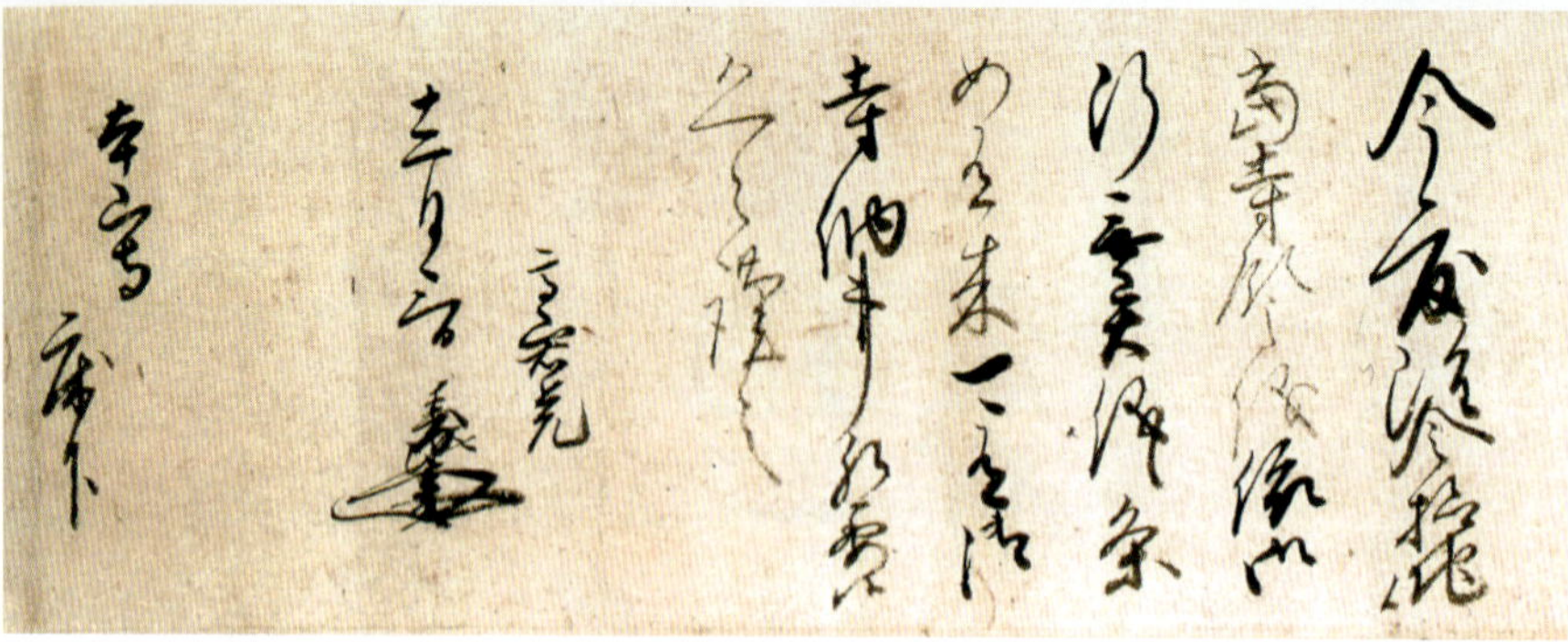

**高山右近　書状**（年未詳12月3日付・本山寺宛・「本山寺文書」）〔高槻市立しろあと歴史館寄託〕
検地に際して本山寺の寺領を保護する内容で、署名の「寿須」は右近の洗礼名「ジュスト」の当て字。高槻市指定文化財。

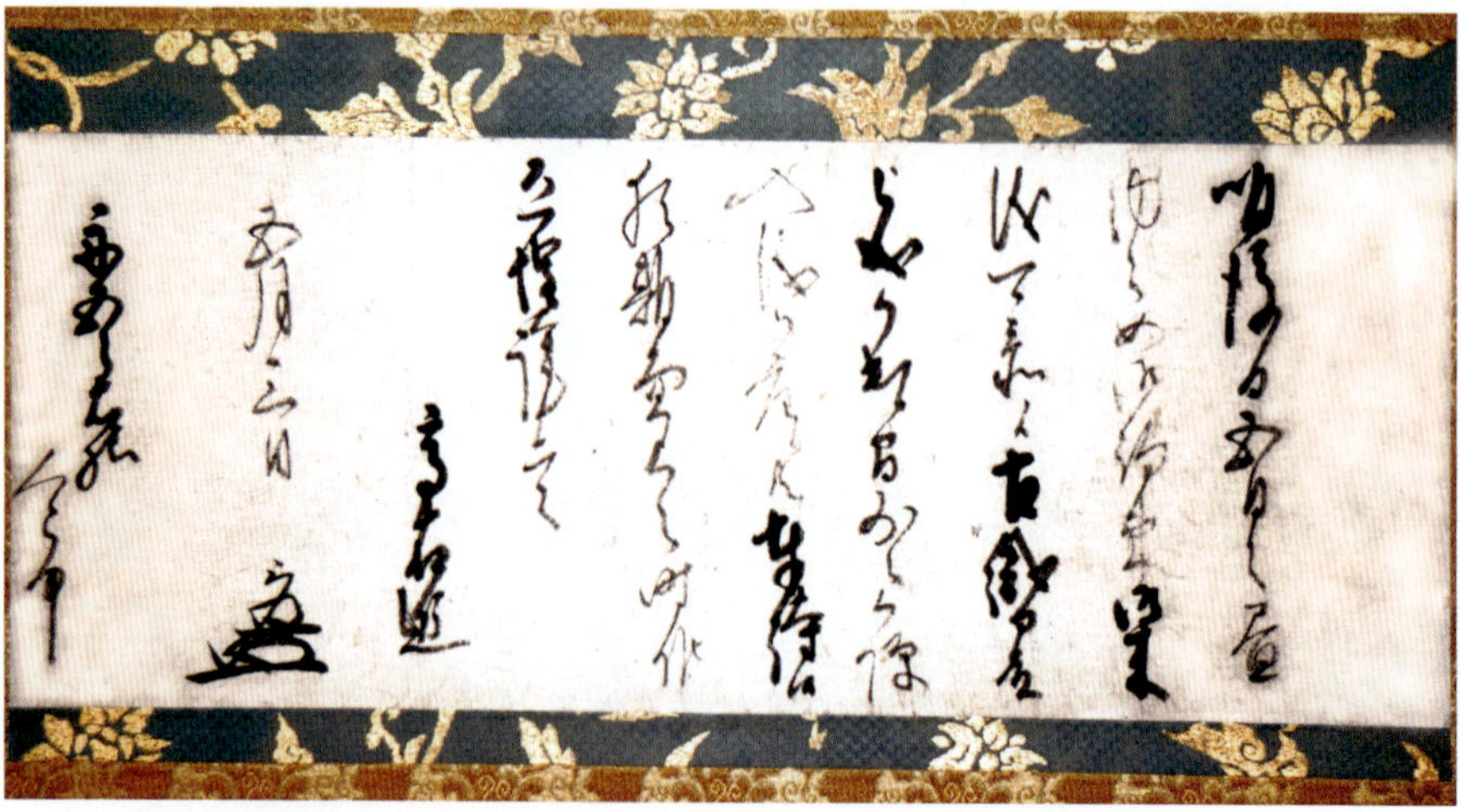

**高山右近　書状**（年未詳5月3日付・舟越五郎右衛門宛・上智大学キリシタン文庫蔵）
舟越五郎右衛門を古田織部とともに茶席に招いた内容で、署名の「寿」は洗礼名「ジュスト」の一部を表している。

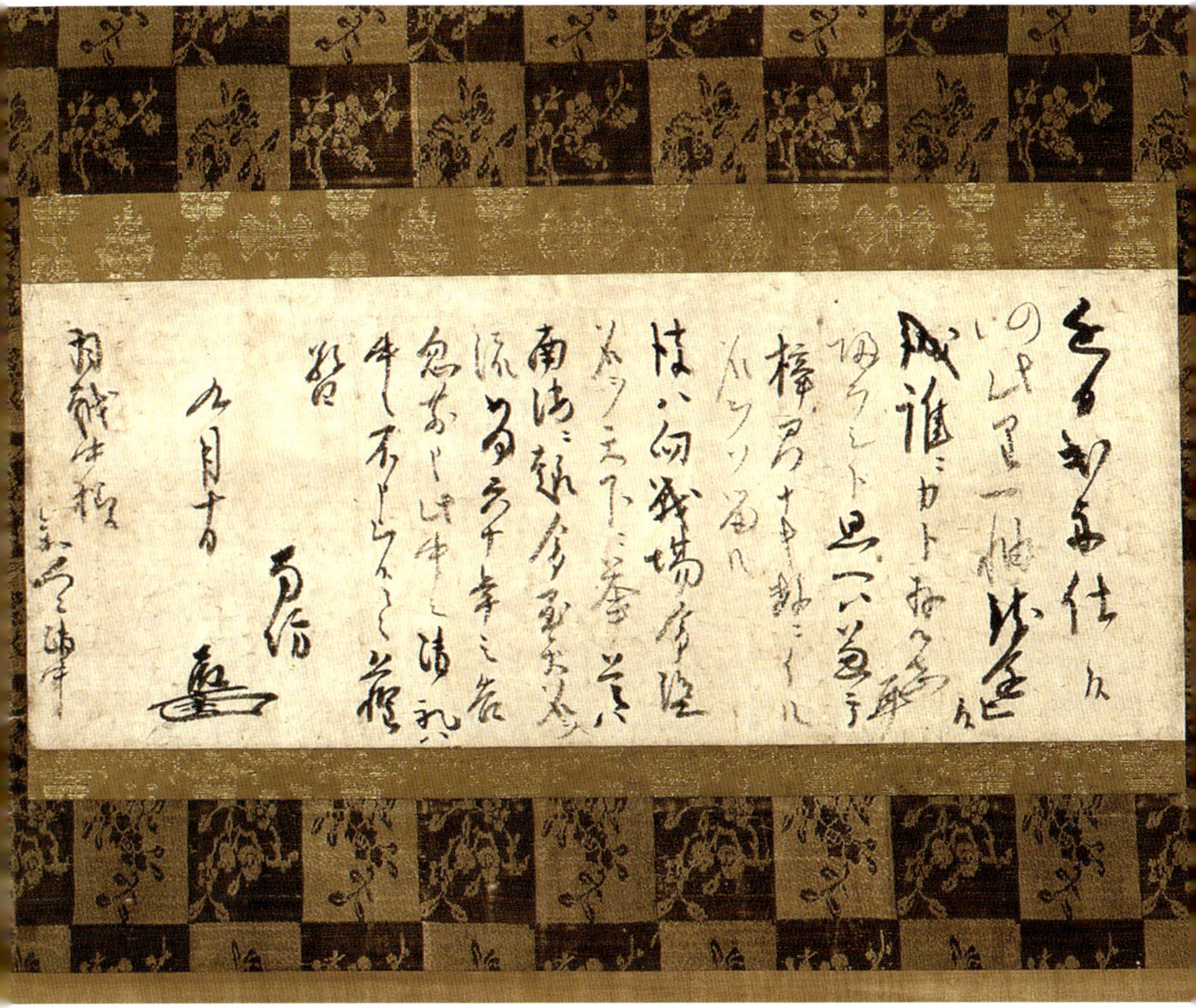

**南坊等伯(高山右近)　書状**(慶長19年9月10日付・細川忠興宛・「細川家文書」・永青文庫蔵)

国外追放の直前に細川忠興(羽柴越中守)に、日本を去る心情を詠んだ歌を交えながら礼を述べた内容。

近日舟が出ます。よってこの筆の一軸進上致します。
「誠誰にかと存候志に　帰らじと思えば兼ねて梓弓なき数にいる名をぞ留る」(楠木正行辞世)
彼は向こうの戦場で命を落とし、名を天下に挙げています。私は南海に赴き、命を天に捧げ、流罪となります。如何。六十年の苦しみが忽ち散りました。これまでのお礼は中々申し上げられません。
恐惶敬白。

南坊
等伯(花押)

九月十日

羽越中様
参人々御中

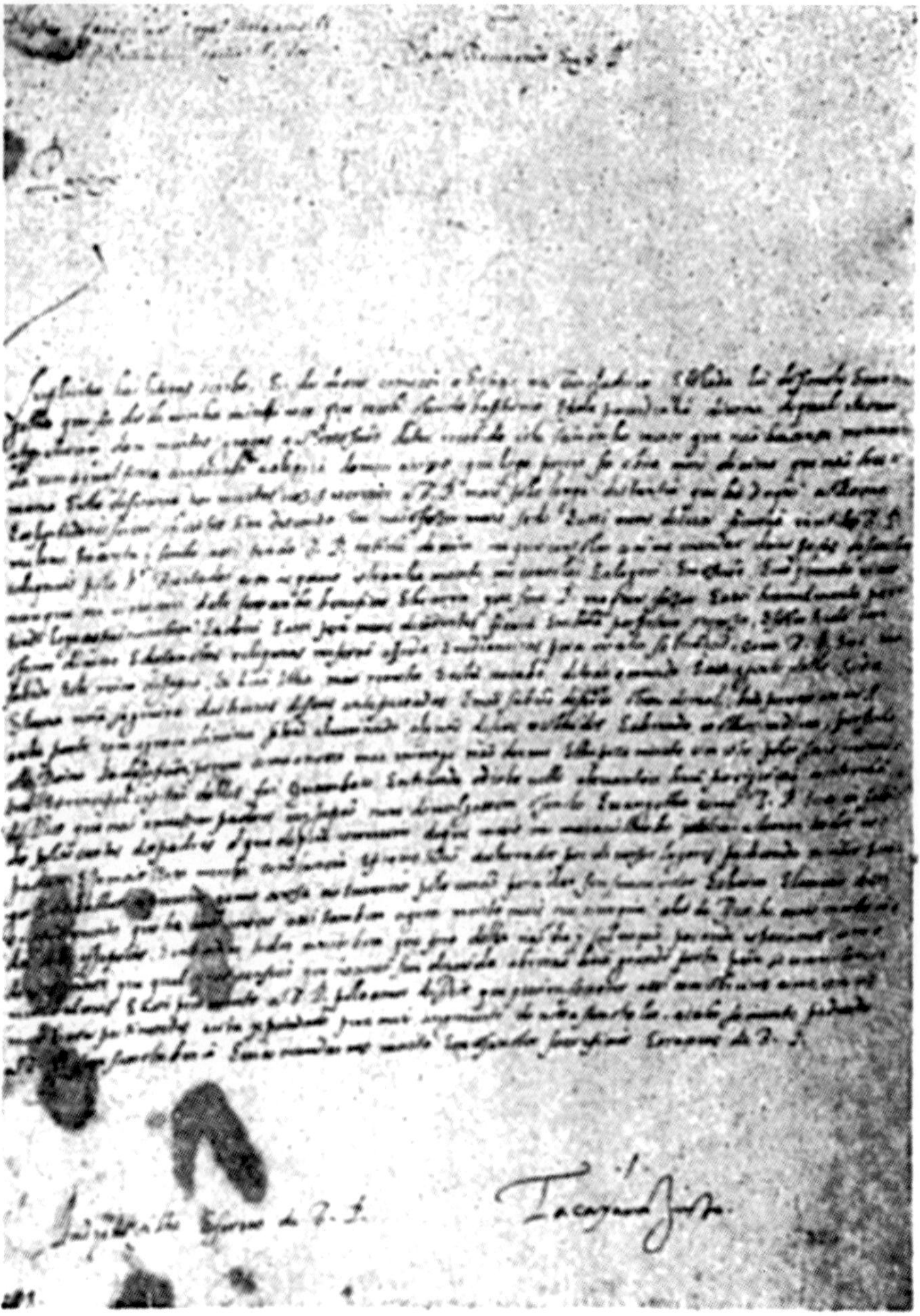

**高山ジュスト　書翰**（ローマ・イエズス会文庫蔵）〔高山右近列福運動本部『高山右近研究』より転載〕
ローマのイエズス会文庫で1947年に確認されたポルトガル語の文書。右近はポルトガル語の読み書きに通じており、信仰への感謝や礼などが述べられている。

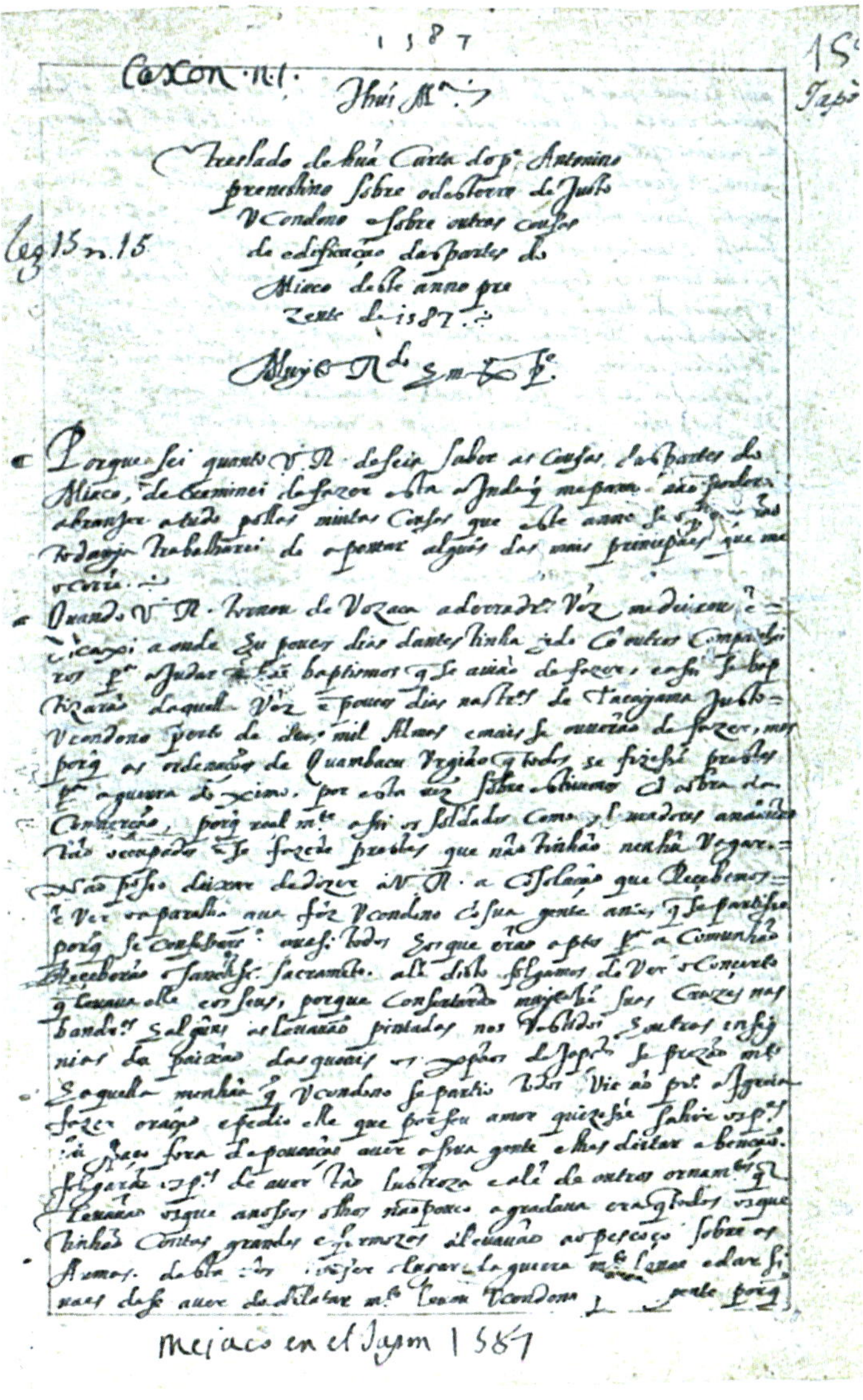
1587

Caxon n.1

Jhus M.a

Treslado de hua Carta do p.e Antonino prenestino sobre o desterro de Justo Vcondono e sobre outras cousas de edificação das partes do Miaco deste anno presente de 1587.

leg 13 n. 15

Meiaco en el Japon 1587

**イエズス会文書**（京都外国語大学付属図書館 蔵）

日本関係の文書で、冒頭に「ジュスト右近殿の追放、および当1587年の都地方の教化的な出来事に関するアントニーノ・プレネスティーノ師書簡の写し」とあるこの文書は、イエズス会のイタリア人宣教師プレネスティーノが、1587年10月1日付で平戸からルイス・フロイス宛に送った書簡の写しである。フロイスの指示でイタリア語の書簡をポルトガル語に書き写したとみられ、下部欄外の書き込み「Meiaco en el Japon 1587」はフロイスの自筆である。右近の明石への移封理由を「関白（豊臣秀吉）が高槻を自領にしようとの望みから」としているのが興味深い。

高槻城キリシタン墓地の検出状況（A区北群）〔高槻市教育委員会提供〕

高槻城キリシタン墓地から出土した木棺
（S1号墓・高槻市教育委員会蔵）
棺の蓋にはイエズス会と関係が深い十字の上に横棒を一本加えた「二支十字」が墨書で描かれている。

高槻城キリシタン墓地から出土したロザリオ
（N8号墓・高槻市教育委員会蔵）
ルイス・フロイスの『日本史』には、高山右近が天正2年（1574）に京都から轆轤師を呼び寄せてロザリオを製作させたと記されている。制作年代から、その記述を裏付ける木製のロザリオ。

**高山右近が埋葬されたサン・イグナシオ教会 古写真**

慶長20年(1615)、高山右近はマニラで没する。遺体は同地のサンタ・アンナ教会に安置され、その後サン・イグナシオ教会に移された。

**高山右近の遺骨が埋葬されている**
**イエズス会修道院の墓地**

〔熊本市手取カトリック教会 鈴木明郎氏提供〕

サン・イグナシオ教会は第二次世界大戦で破壊されたため、同教会に納められていた遺骨は、フィリピン・ケソン市の北にあるイエズス会の修道院に埋葬された。現在この修道院には、サン・イグナシオ教会に葬られていた人々を改葬した旨を記した墓碑が設けられている。

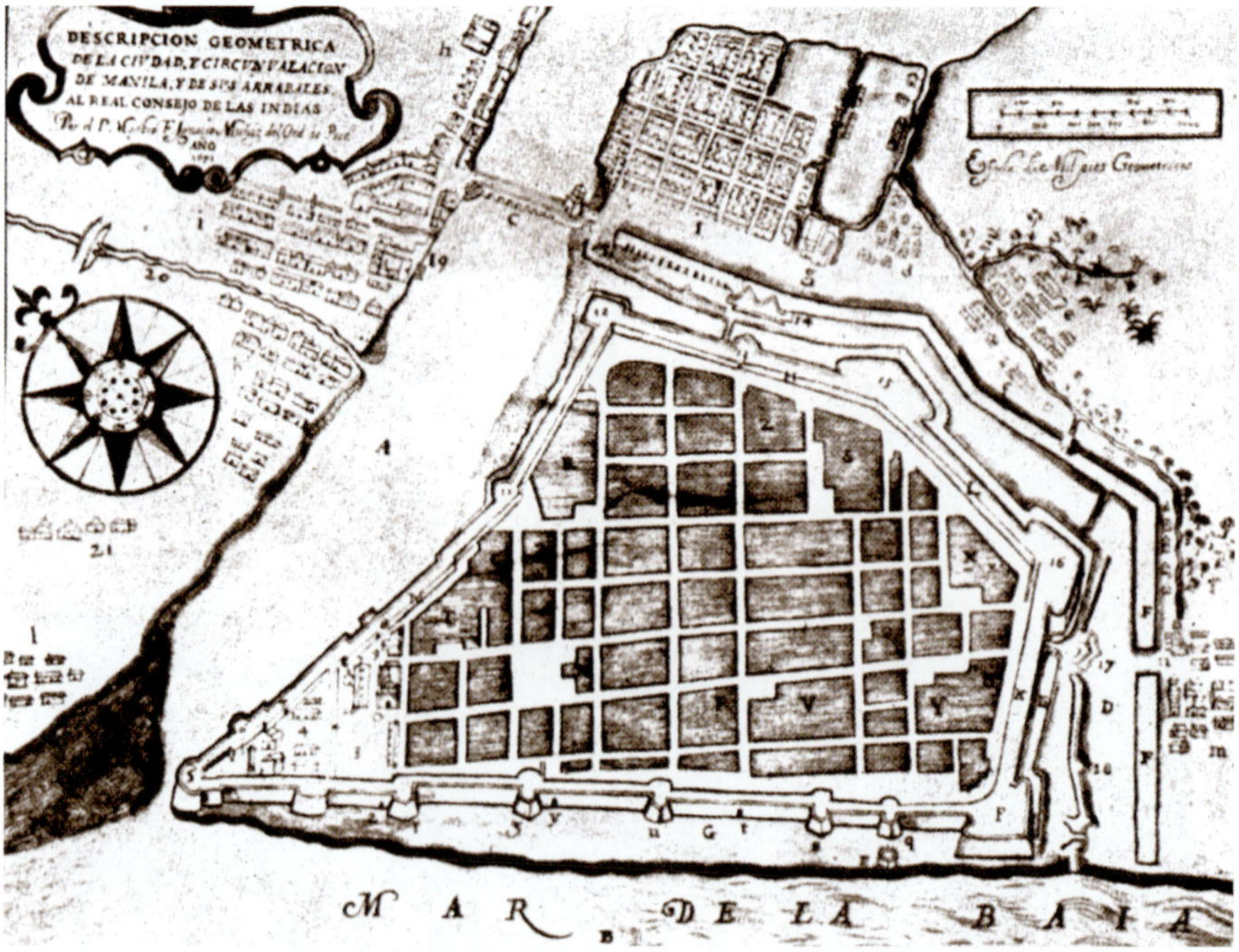


**マニラ市街ならびに近郊図（1671年）**（ムニョス筆）〔岩生成一『南洋日本町の研究』より転載〕

慶長19年（1614）、高山右近は江戸幕府によりマニラに追放された。図は1671年に描かれたマニラとその近郊である。西洋式の堅固な城壁がマニラ市街を取り巻く様が見て取れる。マニラは、スペインの植民地として高度に整備された城塞都市であった。

# 高山右近

## キリシタン大名への新視点

中西裕樹 編

宮帯出版社

# 目次

# 序章　総論

# 高山右近への視点 ——研究整理と基礎的考察——

中西裕樹

## はじめに——本書のねらい——

高山右近（一五五二?～一六一五）は、日本史上を代表するキリシタン大名である。洗礼名をジュストといい、父の高山飛騨守（?～一五九五、図書《ずしょ》、洗礼名ダリヨ）は、畿内のキリシタンの先駆けであった。右近は家臣や領民だけではなく、豊臣政権下で蒲生氏郷《がもううじさと》や黒田孝高《くろだよしたか》といった武将にも信仰を広げ、キリシタンとして名は国内外に知られた。また、数々の戦歴を持つ武将、千利休門下の茶人としても有名である。

右近の生涯は信仰と一体であった。元亀二年（一五七一）に父の飛騨守が仕えた高槻《たかつき》城主和田惟政《わだこれまさ》が戦死し、同四年（天正元・一五七三）に惟政の子・和田惟長《これなが》との対立を制して高槻城主となった。その後、右近が与力として属した荒木村重は天正六年、織田信長に謀反を起こし、信長は右近にキリスト教弾圧を楯に寝返りを迫る。しかし、この時点の右近は「裏切り」を許さない熱心なキリシタンになっており、苦悩の果

**高山右近像**（城跡公園・大阪府 高槻市）

てに出家姿で信長の許に向かう。天正十五年の豊臣政権による伴天連《ばてれん》追放令の際には大名の地位を捨て、徳川幕府によるキリスト教の禁教令では後半生を過ごした加賀前田家を去った。そして慶長二十年（元和元・一六一五）、右近はフィリピンのマニラで没した。

右近の事跡については、来日中の宣教師が豊富な記録を残し、先学による国外史料の博捜がなされた結果、他の同時代人に比して多くの行動が知られる。優れた伝記も編まれ、信仰を貫く右近の生涯は今も多くの人を惹きつけている。この点をふまえて、なお課題を求めるならば、右近の評価には戦国時代の在地勢力や織豊政権下の大名としての視点が弱く、政治的にも経済的にも実力を備えた地域社会との関わりを論じる機会に恵まれなかったことがある。そこで、本書は右近を軸として、他のキリシタン武将や関連遺跡に精通した方にご執筆いただき、進展する戦国～近世初頭の歴史研究を意識しつつ、キリシタン大名高山右近への新

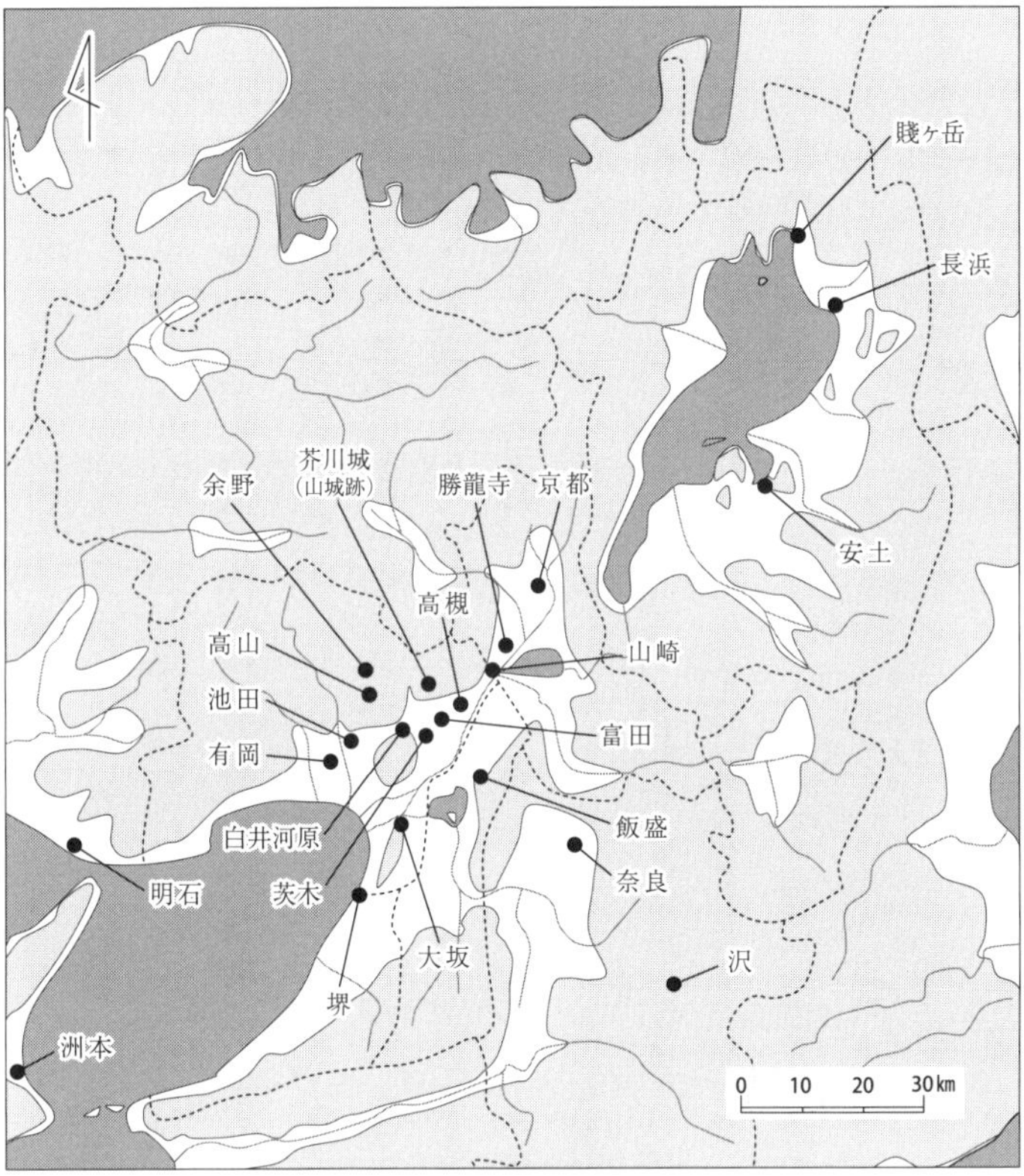

図1　高山右近関係地名

視点を探ることをねらいとしている。

まず、この小文では、今も諸説がみられる右近の名前（諱《いみな》）や出自、家族や一族という基礎情報について、先学の成果を整理しながら若干の補足を試みたい。右近の研究は一九六〇年代以前にピークがあり、今では入手しづらい文献も多いため、先行研究を確認する意味も込めた。また、基礎的な考察として戦国期の摂津国を念頭に置き、近世の史料も用いて右近の家臣から高槻城主時代の地域支配に言及したい。その際には、先の高槻城主和田惟政や同時代の茨木城主中川清秀との関係、そしてキリシタンを考える上では無視できない寺社焼き討ちや領主という観点から信仰や布教のあり方についてもふれてみたい。

確認できる右近の発給文書は数少ない。キリシタン迫害下での廃棄もあろうが、右近は天正十五年の時点で大名ではなくなっている上、この時期は一般的に文書の残存数自体が決して多くはない。また、武家としての右近の家は存続しなかったため、家伝文書を欠く。しかし、右近の書状はキリシタン禁教以降も茶席などで使用されており、それが仮に偽文書であったとしても興味深い事実であろう。そこで、小文では最後に管見の範囲における右近の発給とされる文書を一覧にし、花押の変遷案を示した。

## 一、先学による右近の基礎研究

### （一）先行研究について

高山右近に関する書物は数多く、随筆や短編集、小説、ルポルタージュに至るまで多彩である。ここでは、基礎研究となったものを取り上げ、知り得た関連文献は、巻末付録に譲ることをお許し願いたい。

右近研究の嚆矢《こうし》は、一九三六年の片岡弥吉『高山右近大夫長房傳』であり、以降も主にキリスト教史の研究者が著した伝記が研究を牽引してきた。一九四八年のヨハネス・ラウレス『高山右近の生涯―日本初期基督教史―』は、「日本教会中、最大の英雄的人物」を描くためにヨーロッパの未刊史料を駆使した大著であり、現在に至る右近の評価の枠組みを積み上げた研究書である。また同氏は、翌年には補遺ともいえる『高山右近の研究と史料』を刊行し、多くの史料を紹介した。続く一九五八年の海老沢有道『高山右近』は吉川弘文館「人物叢書」の一冊であり、右近研究のエッセンスが詰め込まれた今も手にしやすい必須文献である。

右近の死から三百五十年にあたる一九六五年には、右近を福者にとの機運が高まり、高山右近列福運動本部が発行した『高山右近研究　逝去三百五十年祭記念』は、既発表であったが日欧交渉史の大家である松田毅一氏による右近一族の考察や、片岡氏による発給文書の集成など貴重な成果が収録されている。なお紹介はできないが、松田氏の一連の研究は右近を考える上で極めて重要であり、専論に加えて参考にすべきである。一九九五年のフーベルト・チースリク『高山右近史話』は、一九七〇～七四年の『聖心の使徒』(祈祷の使徒会)への連載をまとめたもので、右近の事跡に丁寧な検討を加え、現在でも入手しやすい。

## (二) 諱・通称・号

高山右近は、洗礼名「ジュスト」の読みに「重出」「寿須」「寿子」「寿」の文字を用い、号「等伯」とともに署名とした。現在のところ、右近の確実な諱は、一次史料に見出せてはいない。片岡弥吉氏は、諱・通称・号などの変遷を考察し、元亀四年(一五七三)にフロイスが記した「ficogonro」と、茨木神社(大阪府茨木市)の神主・宇治延貞が十八世紀半ばに記した『故事雑記』の「友祥者惟政之家臣也。名曰彦五郎」という記述の一致を見出して、幼名を「彦五郎」、当初の諱を「友祥」とした(片岡　一九三六)。壮年期は小瀬甫庵『太閤記』や大村由己『四国御発向並北国御動座事』にみえる「重友」、老年期は加賀前田家の史料にみえる「長房」に改めたとする。また『甫庵信長記』の「右近将監《うこんのしょうげん》」、『九州御動座記』の「右近亮」、『甫庵太閤記』の「右近太夫」、天正十年の柴田勝家等他三名連署書下（「塚本文書」）の「右近助」を紹介したが、『茶人系伝全集』の「大蔵少輔」は判然としないという。

この変遷について、ラウレス氏は、ポルトガル語の「Ficogoro」を確認しつつ「友祥」を肯定的にとらえたが、宣教師らによる「ジュスト右近殿」との表現を重視した（ラウレス　一九四八）。ただし、大阪の歴史学者天坊幸彦氏によれば、ラウレス氏は「長房」は織田信長の「長」、「重友」は荒木村重の「重」の一字を取ったものと理解していたらしい（天坊　一九五三）。この「重友」説に対し、天坊氏は「重出」の「出」の草書体を「友」と誤読したものとの見解を示している。

臼井信義氏は、一次史料の表記が「高山右近」、もしくは洗礼名であることを強調しつつ、元服時点を友祥、高槻城主就任直後を荒木村重の一字を取った「重友」、織田信長に従った天正六年（一五七八）以降を「長房」とする仮説を示した（臼井　一九五二）。海老沢有道氏は、幼名を彦五郎、長じて友祥（読みは「ともなが」）、長房とし、重友は誤読らしいとした（海老沢　一九五八）。松田毅一氏は、洗礼名ジュストと右近以外に、長房や友祥、彦五郎を名としてあげる（松田　一九六五）。チースリク氏は、幼名彦五郎とし、友祥の読みとしては「ともなが」の他、ジュストの読みになぞらえた「ゆうしょう」の説も紹介した（チースリク　一九九五）。

これらの先行研究は、概ね幼名を彦五郎、当初の名を友祥とするが、友祥の根拠は十八世紀半ばの『故事雑記』であり、「長房」で表記する加賀藩の諸記録や摂津茨木城主中川清秀にはじまる豊後岡藩が編纂した『中川氏御家譜』、大村由己『四国御発向並北国御動座事』と比較して、信憑性が高いとはいえない。近年、谷口克広氏は『織田信長家臣人名辞典』の第二版において、第一版の見解とは異なって「重友」には文書の裏付けがあるとし、ジュストのあて字は「寿須」「寿子」とした（谷口 二〇一〇）。しかし、これは「重出」を「重友」と読んだ結果ではなかろうか。文字の当否は決めがたく、現時点において、幼名の「Ficogoro（彦五郎か）」以外は不明とせざるを得ない。

通称「右近」について、臼井氏は、書状の「右近允《うこんのじょう》」から当初は「右近将監」であり、後に従五位となって「右近大夫」を称したとし、「右近助」「右近亮」は誤りとした（臼井 一九五一）。ただし、臼井氏は先述の柴田勝家らの「高山右近助」宛の書下を紹介しつつも否定の根拠は明瞭でなく、天正十三年六月十七日付、及び同二十二日付の羽柴秀吉朱印状（「中川家文書」）には「右近亮」、同十五年正月一日付の秀吉が朱印を据えた「九州攻陣立書」（大阪城天守閣蔵）には「大蔵少輔」とある。正式であるか否かはともかく、史料からは「右近允」「右近助」「右近亮」「大蔵少輔」という変遷が追える。

右近は茶人として「南坊」を号し、片岡氏は海外の文献「Minaminobo」の表記から「みなみのぼう」の読みとした（片岡 一九三六）。天正十六年の金沢移住後の号ともされるが（臼井 一九五一）、片岡氏は同十五年の年紀を持つ『利休居士茶会記』写本の「高南坊」から大名改易後に号したとし、概ね支持されている（ラウレス一九四八など）。同記は天正十八年の内容である可能性が高いが（末・永島 一九五六）、蒲生氏郷に右近の金沢出立を伝えた天正十六年九月二十二日付の千利休書状（大阪城天守閣蔵）に「南坊」とあるため、やはり金沢以前の号であろう。また、右近は「等伯」の号を署名としていた。なお、片岡氏は『常山紀談』の「右近太夫幸任」、新井白石による「南坊太虚」の呼称も紹介するが、後者などは父飛騨守の署名「太慮」との混同とされる（天坊一九五三）。

## (三) 出　自

右近の出生地について、片岡弥吉氏は摂津国能勢郡高山(大阪府豊能町)、大和国宇陀郡沢(奈良県宇陀市)、摂津国島上郡高槻(大阪府高槻市)の可能性をあげる(片岡　一九三六)。ヨハネス・ラウレス氏は、一六一五年度日本年報が右近の父である高山飛騨守を摂津高山出身の古い名望ある武家の出とし、フロイスが高山で飛騨守の母が受洗した経過を報じた事実も紹介する(ラウレス　一九四八)。

松田毅一氏によれば、天坊幸彦氏は高山荘を領した勝尾寺(大阪府箕面市《みのお》)の「勝尾寺文書」所収の長禄三年(一四五九)の地頭職に関する文書の「高山入道」、「百姓衆申状」で訴えられた「高山殿」に注目し、高山氏を高山荘の地頭と考えていた(松田　一九六二)。しかし、後に天坊氏は、高槻の越智家系図にある薩摩の浪人右近が摂津高山を押領して高山を名乗ったとの記述を紹介し、申状を元亀三年(一五七二)前後に比定して右近の家は戦国時代末期に摂津高山に入ったとした。一方、海老沢有道氏は、右近の祖先を摂津高山に城を構える地頭と推定している(海老沢　一九五八)。

松田氏は「高山氏の郷里」として、①近江国甲賀郡高山(滋賀県甲賀市)、②大和沢、③摂津高槻、④摂津高山、の四つの説を検討し、①は子孫という東京と大分の家系図にあるが高山飛騨守と甲賀出身の和田惟政を兄弟とする他に傍証がない、②は飛騨守が沢城に入る永禄二年(一五五九)以前の領主が沢氏である、③は鎌倉時代末以降、永禄十二年に至るまで入江氏の所領であることを論証し、いずれも否定した(松田　一九六五)。松田氏は④摂津高山説を採用し、フロイスが飛騨守の郷里として自身も逃れたこと、飛騨守母の受洗の地であり、隣接する余野(大阪府豊能町)や止々呂美《とどろみ》(同箕面市)に勢力を持つ「クロ(ダ)氏」から右近が妻を迎えたことなどを論拠に示した。そして、フロイスが一度、右近の生誕地を「高槻」と述べたことについては、広く摂津高

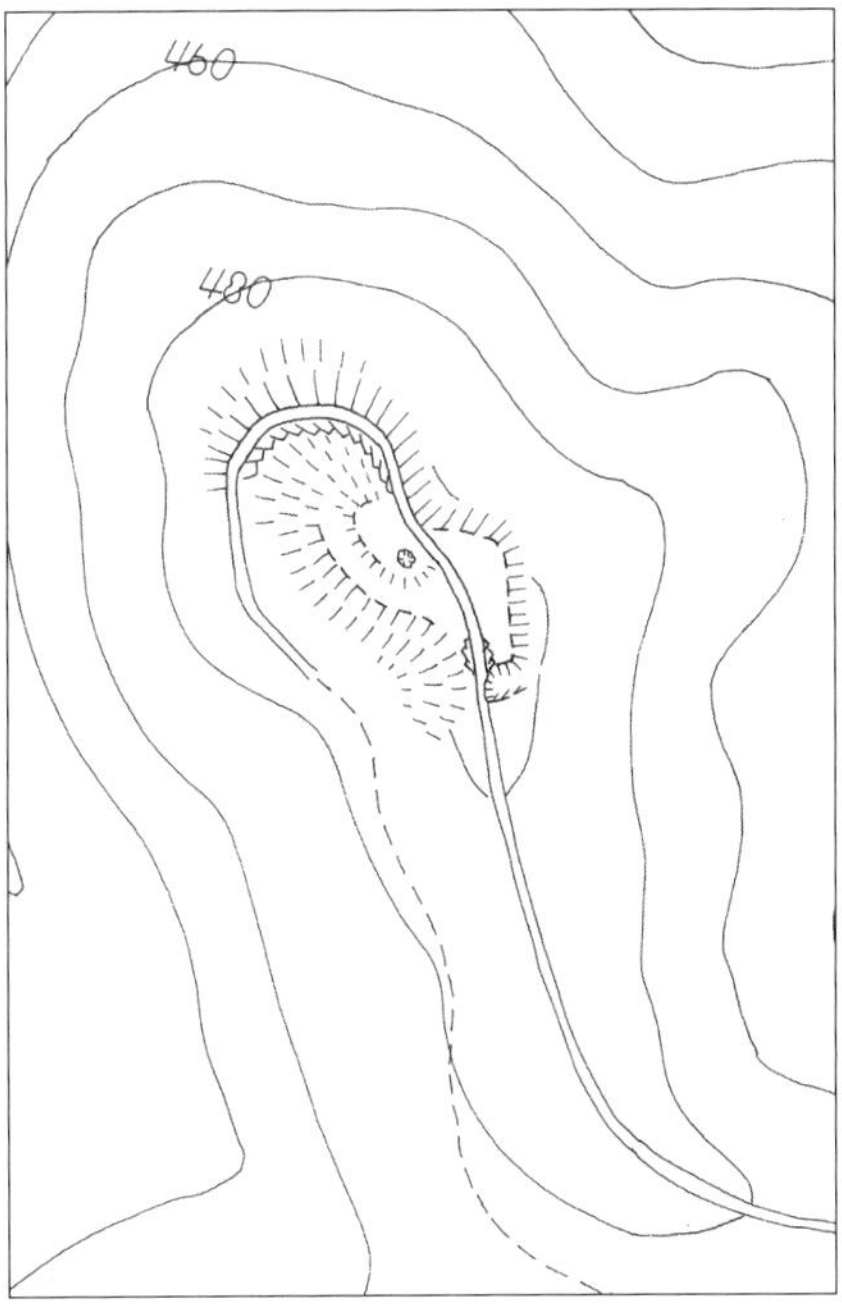


図２　高山城跡概要図（付録参照・中西裕樹作図）

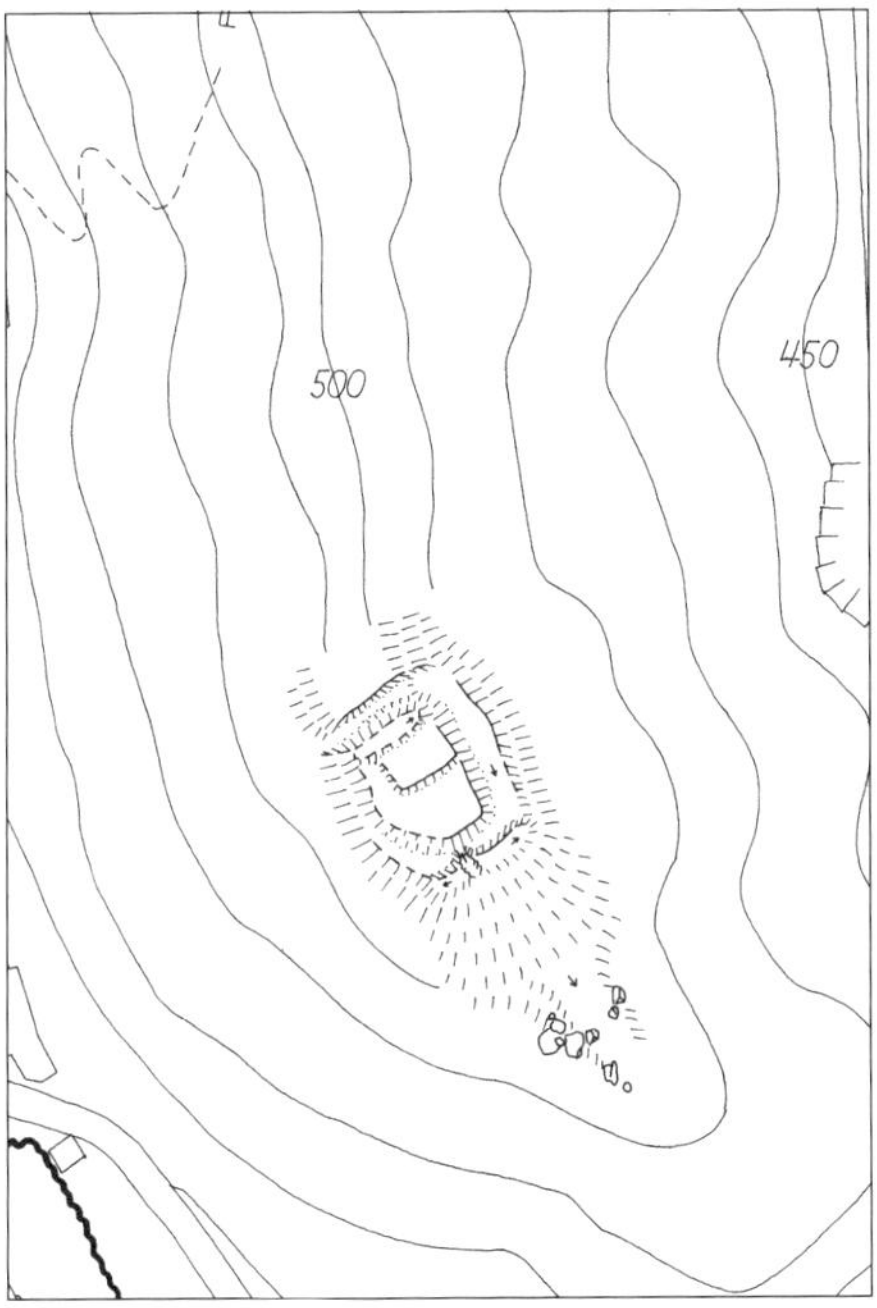


図３　高山向山城跡概要図（付録参照・中西裕樹作図）

山を含んだ広義の高槻領（地方）と解釈している。論拠が明快であり、首肯すべき見解であろう。

この摂津高山説は、畿内戦国期研究の成果からも補強できる。長禄三年に高山荘の代官「高山入道」があらわれ、守護細川政元と摂津守護代薬師寺氏が地域支配をめぐって対立した十六世紀前後、高山荘では守護代方が没落する中で高山氏が台頭したが、「御百姓衆」らの反発にあって「高山次郎左衛門」が公事の不履行によって代官職を解かれた（中西二〇一二）。しかし、高山氏は他の百姓とは異なる「殿」と呼ばれる身分を保っており、『箕面市史』では天文十八年（一五四九）の勝尾寺奥坊の火災に際して勝尾寺が礼をした「高山殿」に飛騨守を比定する（箕面市一九六四）。

戦国時代末期、畿内で勢力を伸ばしたのが三好長慶であり、山城国や摂津国において、新たに交通や地域の実情に通じた土豪層を登用した（天野二〇一〇a）。飛騨守の初見は、三好政権下における武将松永久秀が永禄三年（一五六〇）

**高山城跡遠景**〔豊能町教育委員会提供〕

に摂津の武士を率いて大和国宇陀郡を攻めた後の沢城主であり、三好政権の家臣登用の枠組みと一致する。また、戦国期の畿内では、国支配の拠点となった山城に対し、その後背に位置する山間部の勢力が関係した。摂津では十六世紀初頭の芥川城（芥川山城跡。大阪府高槻市）の城代に後背の能勢郡を拠点とする能勢氏が入り、永禄十一年には芥川城主となった和田惟政は高山飛騨守に城を預けたが、やはり摂津高山は後背に位置した（中西　二〇〇四）。

　これらの点から、戦国期を通じて高山氏が摂津高山（以下では高山）の土豪、在地領主であったことは確実であり、ここに右近の出自は求められる。なお、これ以前の高山氏は和田惟政に仕えた事実や系図類の記述から、甲賀との関係も示唆されるが（ラウレス　一九四八）、戦国期の土豪の系譜が判明することは稀であり、松田氏がいう史料の欠如により「結論づけ得る段階にはない」との理解が正鵠《せいこく》を得ている（松田　一九六二）。

## （四）家族と一族

　高山右近の家族については、ヨハネス・ラウレス氏や松田毅一氏が詳細な検討を加え、特に松田氏は系図を提示している（ラウレス　一九四八・松田　一九六二）。近親には、父高山飛騨守（図書）や弟太郎右衛門、息子ジョアン、そして高山家の遠縁で天正二年（一五七四）頃に結婚した妻ジュスタと家族がいた。フロイスによれば、ジュスタの父は「クロン」殿といい、高山に隣接した余野・止々呂美に勢力を持った。「黒田」の姓をあてる意見もあるが（片岡　一九三六など）、松田氏のいうとおり確証はない。ジュスタの母は摂津国人池田氏の出身で、兄弟と叔父（母の再婚相手）は天正十一年の賤ヶ岳の合戦で戦死したという。ラウレス・松田両氏は、右近の

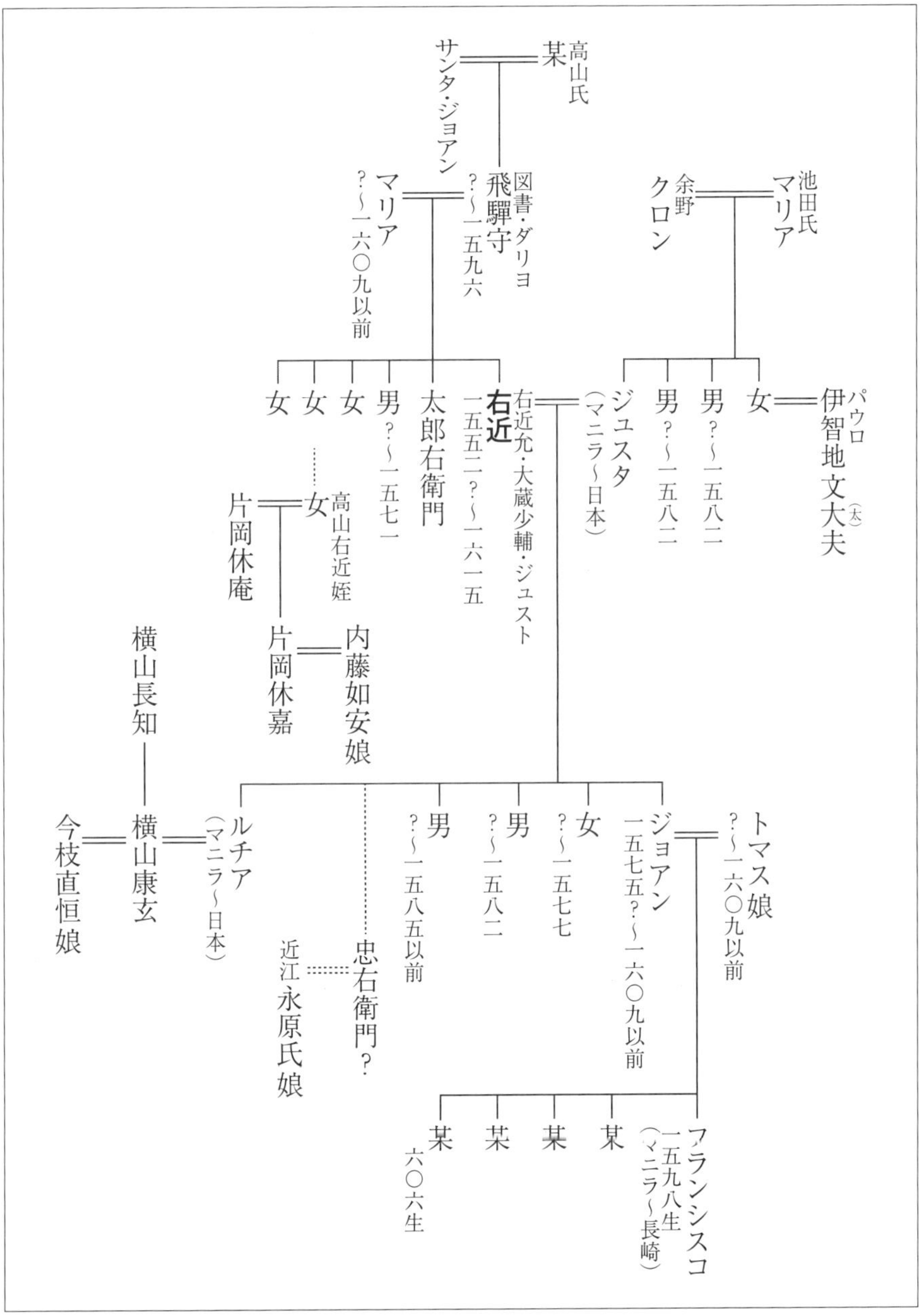

図4　高山右近の推定系図

子や孫、姻戚についても明らかにしており、これに金沢時代を含めて（木越邦二〇〇六）、整理した系図が図4である。飛騨守と和田惟政、沢守明なる人物を兄弟とする説もあるが（片岡一九三六・天坊一九五三）、根拠史料は海外の二次的史料や編纂物であり、ラウレス・松田両氏は、むしろフロイスらが飛騨守と惟政の家族は明確に区別することを反証に一蹴している。

さて、天正六年には、右近の兄弟と「トサン殿」の娘が婚約していた。同年は荒木村重が織田信長に謀反を起こした年で、このとき右近は高槻城の「ほとんど重要な箇所を部下によって確保」したトサンを警戒している（フロイス『日本史』第二部二十七章）。やがて右近は村重に与《くみ》した父飛騨守やトサンと対立し、両名は右近方の家臣によって城を追われた。右近は婚姻などを通じて、このような有力家臣と一族化していた可能性がある。

また、年未詳ながら、高槻城主時代の右近が寺領安堵を行った安岡寺（大阪府高槻市）には、同日付でより丁寧な寺領安堵を行った高山正吉の書状が伝わる。高山の西方寺は、応永二十年（一四一三）に高山正澄が道場として開き、後に高山正頼が寺院に改めたとの寺伝があった（松田一九六五）。高山一族が「正」を諱の通字としていたことを推測させるとともに、高山正吉が飛騨守を除いて、現時点では一次史料に確認できる唯一の一族である。

## 二、右近の家臣と地域支配

### （一）家臣の特徴

はじめに、戦国期の摂津国の地理的特徴を述べると、図5のように平野部は東西に細長く、中央の千里丘陵を境に東を「上郡」（島上・島下郡）、西を「下郡」（豊島・武庫郡など）と呼び、上郡では守護、下郡では池田氏や伊丹氏らの国人たちが勢力を伸ばす異なる地域性があった（天野二〇一〇b）。

右近の家臣について、人名や出身地などに言及した先行研究は皆無に近く、これは海外を含む一次史料での確認が難しいことが理由であろう。しかし、一族の高山正吉が右近の地域支配を支える家臣として文書を発給する他、取次をつとめる郡二郎左衛門の存在が判明している（本書第一章拙文参照）。また、天正十二年（一五八四）に高槻城下付近と思われる「高槻西口字チウロフ」の本山寺（大阪府高槻市）の領地への替地の奉書を出した三崎家次も家臣の可能性があり（「本山寺文書」）、先に見た「トサン」の他、天正六年の『信長公記』には「家老の者弐人」がみえる。

また、加賀前田家周辺には、江戸時代初期まで右近旧臣がおり、加賀藩のキリシタン禁令関連史料に確認できる（木越隆二〇〇六）。寛永二十年（一六四三）六月二十一日付の前田利常書状写では瀬川茂左衛門、永沢太郎右衛門、入江五郎兵衛が右近旧臣とされ、彼らの名字は戦国期摂津との関係を示唆する。瀬川（大阪府箕面市）は摂津を東西に横断する西国街道の宿地名で、余野に近い丹波国西別院・笑路（京都府亀岡市）にはキリシタンとの関係も指摘される長（永）沢氏、高槻には入江氏がいた。同年七月六日付の前田利常・光高書状書留の「鳥養《とりかい》勘左衛門」、年未詳二月七日付の前田光高書状写の「鳥飼次左衛門」は、淀川べりの鳥飼（大阪府摂津市）を拠点とした一族であろう。正保元年（一六四四）三月五日付の前田光高書状写で「南坊家礼」との関係が指摘された「馬廻郡平八」は、先の郡二郎左衛門の一族と思われ、千里丘陵北東部で西国街道に沿う郡周辺（郡山、大阪府茨木市）が拠点であった。また、近隣の安威（大阪府茨木市）を拠点とした安威氏一族と思われ、後に豊臣秀吉の右筆として活動する安威了佐（シモン）は「最初、右近殿の許にいた安威殿は、今は関白殿の秘書」（フロイス『日本史』第三部九章）とあり、右近の配下、もしくは与力などであった可能性が高

図5　戦国期の摂津国と関連地名

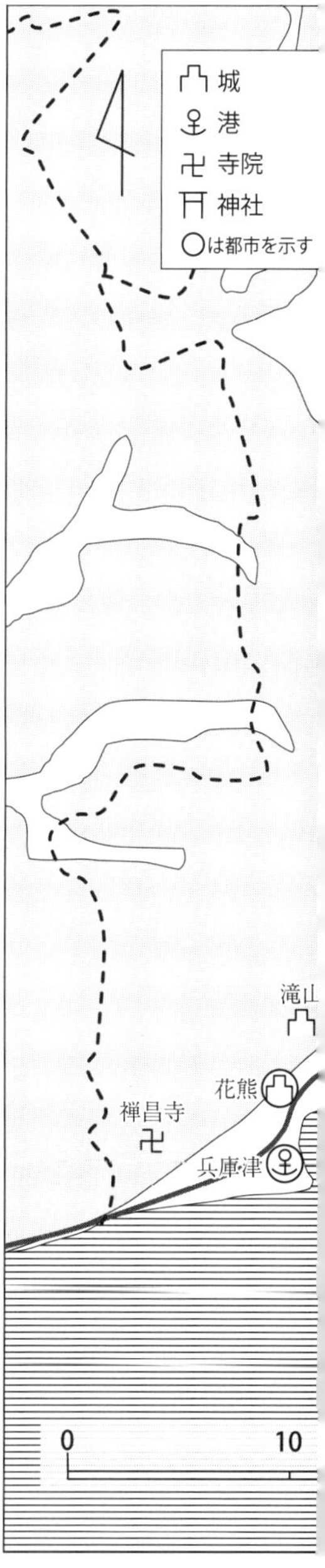


い（五野井 二〇〇二）。

慶長五年（一六〇〇）の関ヶ原合戦の翌月、安芸・備後の二ヶ国の大名となった福島正則は、右近旧臣のキリシタン入江左近を家臣に招き、元和五年（一六一九）の殉教で知られる豊前小倉藩細川家の重臣ディエゴ加賀山隼人《はやと》興良も右近旧臣であった。西国街道沿いの古曽部（大阪府高槻市）は現在も加賀山姓の家が多く、『伊勢寺中興開基宗永一代記』には右近家臣の加賀山隼人がみえる。また、右近は天正八年に高槻周辺で検地を実施したとみられ、検地帳『天川水帳』の「森田方給之田」「西方給之田」「大工方給之田」の記載は、家臣の存在を示すとの見解がある（松尾 一九七七）。

高山氏の拠点は高山であり、妻の一族が隣接する余野、止々呂美に勢力を持った。右近は摂津北部の山間部を基盤とし、戦国期高槻城主の入江一族、西国街道沿いや淀川べりの勢力を家臣に取り込んだことが推察される。なお、「一五八五年十月三十日付セスペデス書簡」に「丹後殿弥兵衛」、編纂物の『武功雑記』に「近藤四郎右衛門」、『正武将感状記』に「甘利」という家臣が登場するものの不詳である。

### （二）和田惟政・中川清秀との関係

高山右近は、元亀四年（一五七三）に和田惟政の子・和田惟長との対立を制して高槻城主となった。『兼見卿

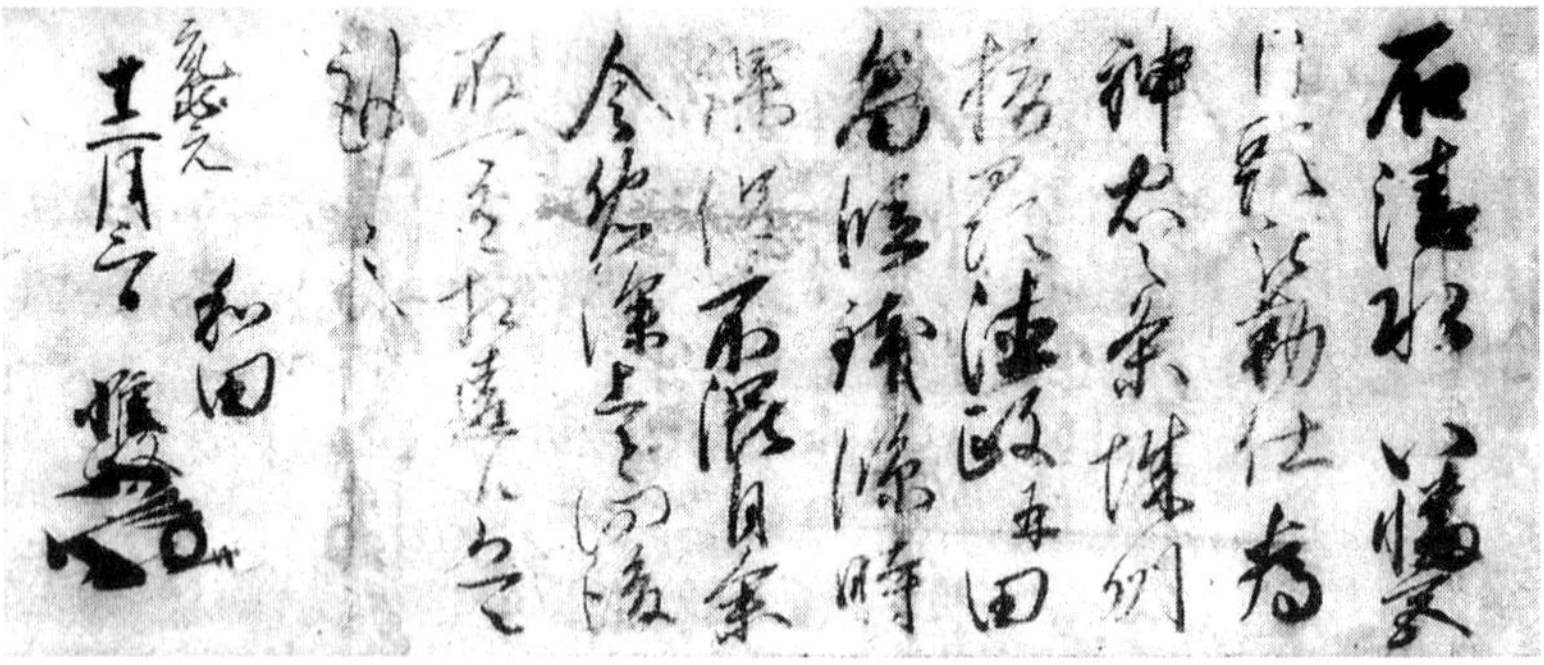

**和田惟政書状**（元亀元年12月3日付）〔大阪城天守閣蔵〕

記』が惟長の退去に「家中之者」の「扱」があったとしたように、高山氏は他の和田家家臣の支持を受けたとみられ、右近は惟政の権力を引き継いだといえる。惟政は近江国甲賀郡の土豪で、永禄十一年（一五六八）の足利義昭と織田信長の上洛に大きく貢献した結果、細川京兆家や三好氏の本城というべき芥川城に入って広く畿内支配に携わった。しかし、摂津国人や三好・松永勢力との間には軋轢《あつれき》が想定され、永禄十二年四月の入江氏殺害後、惟政は高槻城に拠点を移し、義昭と信長が対立すると上郡の地域勢力となった可能性が高い。惟政は、領主層の家臣化につとめ、一次史料（「榊原文書」）で確認できる郡兵太夫は、右近の家臣となった郡二郎左衛門と同族であろう。やがて、惟政の勢力は、千里丘陵付近で下郡の国人池田氏と競合し、その緊張は周辺山間部から淀川べりにも及んだ。そして、義昭方と三好・松永方が対立する中で地域の領主層が動揺し、元亀二年八月に郡（郡山）付近で白井河原の合戦が起こる。

合戦の結果、惟政は戦死し、上郡の茨木城（大阪府茨木市）には下郡の池田方の中川清秀が入った。元亀四年の和田惟長追放後、高山氏は中川氏とともに荒木氏（旧池田勢）に属したが、旧和田方の高山氏と旧池田方の中川氏との間には、惟政以来の上郡西部の山間部〜千里丘陵〜淀川沿岸地域をめぐって緊張が継続した可能性が高い。『中川氏御年譜』によれば、清秀は中川氏へ養子に入った高山重清の子とされ、能勢郡の「吉良家文書」に重清の文書が伝わるものの、右近の高山一族との関係は不明である。

清秀の代、中川氏は白井河原の合戦場である中河原周辺を知行するだけであったが、池田方として勢力を伸ばし、天正六年の荒木村重の謀反時には右近と同じく信長に降った。江戸時代、清秀の家は、豊後国岡（大分県竹田市）の大名として存続していく。

清秀の家臣を豊後岡藩の『諸士系譜』（十八世紀末）から確認すると、一門に戦国期の茨木城主茨木氏の名があり、家老戸伏氏は茨木に近い戸伏（大阪府茨木市）、同じく熊田氏は千里丘陵西の交通の要衝・熊野田（大阪府豊中市）の勢力であった。以下、家臣の拠点と家臣化の時期を確認すると、白井河原の合戦以前は山間部（大岩氏・吉川〈池田〉氏）や淀川べり（鳥養・上・三宅の各氏）に家臣がおり、以降は西国街道付近や千里丘陵北西〜北東部の勢力が家臣化した（安威・太田・平尾・粟生・萱野の各氏）。そして天正六年以降の織田政権下において、下郡の旧荒木勢力（大河原氏）や山間部の勢力（佐曽利氏・塩山氏）、有力国人層（瓦林・原田・森本・渡辺の各氏）が家臣となる。

清秀と右近の家臣には、居城の旧城主一族がいる他、上郡の西国街道や淀川周辺の水陸交通に関わる勢力、千里丘陵周辺に拠点を置く者が多い共通性がある。例えば、右近の基盤である山間部の止々呂美には清秀家臣となった塩山氏がおり、淀川べりの鳥飼氏は両属した。これらは、両氏の間に上郡の領主層を軸とした地域社会の把握をめぐる対立を示唆するもので、右近の地域支配にとって大きな課題であったことを示している。また、家臣と水陸交通との接点は、地域経済の掌握を意図した戦国期の三好政権（天野　二〇一〇ａ）との共通点として理解できるように思う。

## （三）寺社焼き討ち

高槻周辺の寺社には右近の「焼き討ち」伝承が多く残り、「一五八四年一月二日付フロイス書簡」にも「領内にあった神と仏の寺院はことごとく、役に立たぬものは焼き、また破壊し、適当なものについてはこれを用いて教会を建立した」とある。この当否は種々論じられるが、これらの寺院に右近が寺領安堵や禁制を出した事実から否定的な見解も多く、海老沢有道氏はキリスト教の拡大による自然消滅とし（海老沢　一九五八）、フーベルト・チースリク氏は宣教師のスローガンと理解する（チースリク　一九七六）。

富井康夫氏は、伝承には右近以外による焼き討ちを含み、その大半が天台・真言・禅宗という中世的勢力を背景に持つ寺院で、近世初頭に江戸幕府により復興したという共通点を指摘する。そして、他宗では創建・中興伝承が残る時期でもあるとし、伝承を江戸幕府等からの援助を引き出す「説話」と評した（富井一九九五）。一方、山下洋輔氏は、近世以降の「寺院明細帳」等から伝承を検討し、寺社の破壊は新たな公権力の確立過程における寺社統制の方策で、禁制や寺領安堵と矛盾しないという（山下　二〇〇八）。ただし、この場合、織田政権下における畿内の在地勢力を「公権力」と位置づける説明が必要だろう。

右近の死後にマニラで編まれた伝記の草稿などを参考として、一六五〇年代に初の右近の伝記というべき文章を認《したた》めたコリンは、天正十年前後の事件として「聖なる信仰のこのような進展に怒った仏僧たちは、ドン・ジュストの隣国の大きな領主であり（つねに起こり得ることであるが）競争相手である中川殿を唆し、幾多の証拠を挙げて彼に対する信長の信用を落とさせようとした」と記す（佐久間・チースリク　一九七七）。この仏僧がいる場所は、本書第一章の拙文で取り上げる右近と清秀の係争地である山間部の「五ヶ庄」に所在する忍頂寺（大阪府茨木市）の可能性が高く、同寺にも焼き討ち伝承がある。先のフロイス書簡では、忍頂寺がキリシタンによる破壊等の結果「同地方で最良の教会の一つ」となったとするが、一方で右近は「五ヶ庄百姓中」に忍頂寺領への年貢納入を命じて、つまり寺領を保証している（「壽命院文書」）。

地域の有力寺社である忍頂寺は、右近と対立する清秀と結ぶ動きを示す存在でもあった。当然、このような寺院は、地域の領主層や住民にも影響力を持っている。右近の寺社への姿勢や「焼き討ち」は、茨木城主中川清秀との地域支配をめぐる係争地の掌握と不可分と考えることが重要で、「あった」「なかった」という問題ではない。右近による寺社破壊や「焼き討ち」の結果について、高槻城主個人の宗教観や権力形成のみによる評価は一面的である。地域社会の動きなどをふまえ、検討を加える視点が必要ではなかろうか。

## (四)信仰・布教のあり方

数字は検討を要するが、『一五八一年度日本年報』によれば、天正九年(一五八一)に高槻城主であった高山右近の領内は、人口二万五〇〇〇人のうち一万八〇〇〇人がキリシタンであった。同十三年の播磨明石転封以降も右近の信仰は衰えないが、立場や社会背景は大きく変化していく。右近が布教を試みる対象の人々も変わったとみるべきであり、ここでは高槻城主時代の信仰と布教のあり方に限って述べてみたい。

先述のとおり、戦国時代の高山氏は勝尾寺領高山荘の代官をつとめる在地の領主であった。永禄六年(一五六三)、高山飛騨守は同じ三好長慶家臣の結城氏らと奈良で入信し、やがて七三人が続く。後に「河内キリシタン」と呼ばれる彼らは、長慶の居城である飯盛城(大阪府四條畷市・大東市)周辺の交通の結節点である都市的な場に拠点を置く結城氏や三箇氏、田原氏らの北河内の在地領主を中心とした。在地領主の規定は難しいが、村の有力者である名主や侍層との関係が深く、土豪とも呼ばれる。課役賦課をめぐっては、村の立場から武家や荘園領主とも交渉し、戦時には村人を率いる場合もある地域社会のリーダーの顔を持った。村を舞台に百姓との確執や協調を繰り返してきた階層といえ、先にみた十六世紀初頭の高山荘の名主らとの軋轢は逆説的であるが、その密なつながりを示している。三好政権に登用された彼らは地域の実情や経済活動に通じ、この社会や経済の変革期に対応する感覚に長けたゆえに、キリスト教という新奇な教えを

**高山右近像**（カルディン『日本の花束』所載・京都外国語大学付属図書館蔵）

受け入れることが可能であったように思う（中西二〇〇九）。右近は、いわばこの次の世代にあたる。

飛騨守は布教につとめ、沢城では妻や子（右近ら）と「身分ある人たちや城兵たち」、摂津高山では母と「召使いたち」、余野と止々呂美では「友人」「遠縁」の「クロン殿」一族と家臣らが入信した（フロイス『日本史』第一部三十九章）。先の「身分ある人たち」や「召使いたち」、すなわち元々の飛騨守の被官や下人の多くは周辺村落の出身者と思われ、「クロン殿」らの近隣の領主層とは婚姻などの関係があった。飛騨守らの布教は「主君」による家臣・領民への拡大という面だけではなく、地域社会での領主の役割と立場を通じたもので、その結果として、畿内ではキリスト教の信仰は広く地域に展開したとイメージできよう。

さて永禄十一年以降、飛騨守が仕えた和田惟政は、キリシタンの良き理解者、かつ保護者であった。例えば、同十二年のフロイス上洛の実現には、飛騨守の要請を受けた惟政と信長家臣の佐久間信盛が運動し、惟政は「心中ではキリシタン」と語って信長や義昭との引見、布教に尽力した（一五六九年六月一日付フロイス書簡）。そして高槻城に入った際には「多数の貴人の前で」「城外の少し離れた所にある大きな神の社を接収し、これを破壊して教会を造るつもり」と述べたとされる（同年七月十二日付フロイス書簡）。

ただし、興味深いのは、惟政は入信しないまま元亀二年（一五七一）に死去した点で、宣教師らと交わった期間は約三年に過ぎないが他の入信者と比べるとむしろ長い。惟政は「時が許せば必ずすべての説教を聴いてキリシタンになる」と語ったというが（一五七〇年十二月一日付フロイス書簡）、「禅宗」で「甚だ有力な異教徒の大身」の庇護者でもあり、信長に勘気を蒙った際には出家して「恁麽斎鈔任」と号した（「禅昌寺文書」）。「恁《いん》麽《も》」とは禅の言葉である。おそらく、惟政自身に入信の意思は無く、キリシタン保護は近江甲賀の土豪出身の惟政が摂津で抱えた家臣＝在地領主層の要求に応じたものではなかったか。これは彼らを介したキリシタンが地域社会に多く存在したことの裏返しともいえよう。この惟政の勢力を継承したのが右近であり、やはり家臣の多くは摂津周辺の在地領主や村落の有力者らでキリシタンも多かった。

高槻城下の発掘調査ではキリシタン墓地が確認されたが（本書高橋論文参照）、全ての埋葬は木棺直葬で被葬者の年齢や性別は多様で、身分に大きな隔たりはない。一五七六（七七）年八月二十日付フロイス書簡によれば、飛騨守は城下の教会に四人の組頭を置き、葬礼、貧者救済・信者獲得を行い、慈善の業にいそしみつつ、右近と棺を担ぐなど穢れの問題から賤視された行為に従事した。また「城の中には大きな集落があって、ここに三種の身分の人、すなわち貴人と兵士、およびその付近に肥沃な田畑を有する農夫と職工」が住んだが、荒木村重が「阿弥陀の宗派」を支持した際には「この二、三年でキリシタンになったすべての貴人と兵士のうち、未だ妻子がキリシタンになっていない者には、その妻子らを教会に来させて説教を聴かせることを切に求め、もし理解したならば、キリシタンになるか否かは彼らの自由意志に掛かっていること、また、農夫や職工も聴聞しに訪れるべきであり、もしデウスのことを悟ったならば、その利益には何ら義務も賦課も無いこと」を集落に布告したという。また「重立った百姓を招いて彼らに説教を聴かせ」「彼らの心に大きな利益をもたらした」ともされる（一五七七年七月二十八日付フランシスコ書簡）。高槻城下では、飛騨守や右近が家臣や在地の有力者を中心に信仰を働きかけ、扶助を伴いつつ組織的な布教が一般民衆にまで及んでいた。城主が地元の有力者を取り立てて町を建設するような事例も多く、右近の家臣には旧城主入江氏一族が

天主教会堂跡の石碑

いる。天正六年に信長の攻撃を受けた高槻城は、「水を満たした広大な堀と周囲の城壁で堅固」であったといい（一五七九年十月二十二日付フランシスコ書簡）、城下町は堀と城壁で城の「集落」をも囲んだ惣構構造の可能性が高い。この場合、城主は城下の民衆を保護する義務を負い、住民は協力する関係となる。

飛騨守は家臣（被官）でもある地域の領主や名主・侍層、自身の地域社会における影響力を背景とした布教を行い、やがて大名となった右近は、「同格」であった領主層を家臣とした。彼らもキリスト教を受容し、かつての飛騨守と同じような布教の役割を地域社会に果たしていたと考えられるだろう。また、高槻城下では、城主である右近と住民との関係が深く、幅広い人々に信仰が展開していたといえる。戦国時代の日本では、村々の連携を前提とした「コンフラリア」というキリスト教の民衆宗教共同体が成立していた（川村二〇一一）。コンフラリアは、浄土真宗の道場組織と類似し、真宗の展開においては地域の領主層が中心的な役割を果たした。キリスト教においても、同様のことがイメージできるであろう。

## おわりに――右近の文書と花押――

おわりに、右近の文書の一覧と花押の変遷案を示す。右近の文書については片岡弥吉氏が集成し（片岡一九六五）、現在は不明の文書や伝来の背景なども紹介されている。著者は片岡氏の成果に依拠しつつ、写や疑義があるものも含めて増補したものに図版と解説を加えたことがあり（中西 二〇一三）、現在は次の一覧表の文書を把握している。五種類が知られる右近の花押について、差出の署名や時期との関係は次のとおりである（№は一覧表に対応）。

A型……署名は「重出」。高槻城主となった直後の天正二年（一五七四）のもの（№１）。

B型……署名は「寿子」。高槻周辺での発給文書に確認されるため、広く高槻城主在任期（天正二年以降～同十三年閏《うるう》八月）に比定（№２～４）。署名が「高山」と要検討（中西 二〇一一）であるが、№４での使用をふまえるとA型の後に使用された可能性がある。

C型……署名は「寿須」。検地を示す文書の内容から天正八年前後に比定（№５）。

D型……署名は「高右近」と「寿」（松澤 二〇一二）がセット。天正十三年に「織部正《おりべのかみ》」となった古田織部ら豊臣政権下の武将や茶人が登場するため、概ね伴天連追放令以前の船上《ふなげ》城主在任期（天正十三年九月～同十五年六月）に比定（№６～９）。

E型……署名「等伯」、表書に「南坊」。国外追放直前の慶長十九年（一六一四）の書状では「南坊」を署名に加えて使用された。概ね、金沢在住以降の天正十六年から慶長十九年に比定（№12～16、№23～25）。

花押A（No.1）

花押B（No.2）

花押C（No.5）

花押D（No.6）

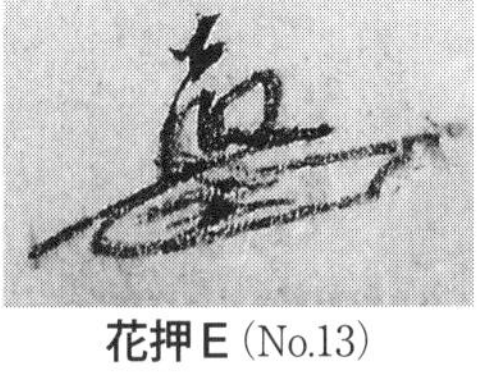
花押E（No.13）

## 高山右近文書一覧

| No. | 名称　＊は写か | 宛所 | 年月日 | 所蔵　※は所在不明 |
|---|---|---|---|---|
| 1 | 高山右近允禁制 | 本山寺 | 天正二年三月十三日 | 本山寺 |
| 2 | 高山右近允書状 | 安岡寺 | 年未詳七月十四日 | ※安岡寺 |
| 3 | 高山右近書状 | 五ヶ庄百姓中 | 年未詳七月二十三日 | ※壽命院 |
| 4 | 高山右近禁制 | 富田宿久 | 天正七年八月一日 | 個人（大阪歴史博物館寄託） |
| 5 | 高山右近允書状 | 本山寺 | 年未詳十二月三日 | 本山寺 |
| 6 | 高山右近書状 | 舟五郎右（船越景直） | 年未詳五月三日 | 上智大学キリシタン文庫 |
| 7 | 高山右近書状＊ | 藪中斎（藪内剣仲） | 年未詳五月十八日 | 殉愛キリスト教会 |
| 8 | 高山右近書状＊ | 松佐渡（松井康之） | 年未詳五月十八日 | 高槻市立しろあと歴史館 |
| 9 | 高山右近書状 | 理安老（横井理安） | 年未詳五月十九日 | ※古市繁氏 |
| 10 | 高山右近書状 | 忠興様（細川忠興） | 年未詳九月十一日 | ※木村夢菴氏 |
| 11 | 高山右近書状 | 忠興様（細川忠興） | 年未詳九月十一日 | ※島田真富氏 |
| 12 | 高山右近書状＊ | 西休庵公 | 年未詳五月六日 | カトリック大阪大司教区 |
| 13 | 高山右近書状 | ― | 年未詳九月十八日 | 南蛮文化館 |
| 14 | 高山右近書状 | 休庵公（片岡孫兵衛） | 年未詳十一月二十六日 | 石川県立美術館 |
| 15 | 高山右近書状 | ― | 年未詳七月二十六日 | ※永山家 |
| 16 | 高山右近書状 | ― | 年未詳七月二十九日 | ※永山家 |
| 17 | 高山右近書状 | 休庵公（片岡孫兵衛） | 年未詳四月二十七日 | ※『古案記抜粋』所収 |
| 18 | 高山右近書状 | 孫兵衛様（片岡孫兵衛） | 年未詳九月三日 | ※『古案記抜粋』所収 |
| 19 | 高山右近書簡 | イエズス会総長 | 年未詳 | イエズス会文庫 |
| 20 | 加賀藩年寄衆連署状 | 河崎村他六ヶ村きもいりともへ | 慶長八年六月十六日 | 『越中古文書』二所収 |
| 21 | 加賀藩年寄衆連署申渡状写 | ― | 慶長十一年九月十六日 | 『加能越古文叢』所収 |

| | | | | |
|---|---|---|---|---|
| 22 | 加賀藩年寄衆御定書写 | — | 慶長十三年二月十四日 | 『万治以前御定書』所収 |
| 23 | 高山右近書状 | 休庵公（片岡孫兵衛） | 年未詳十月一日 | 東京国立博物館 |
| 24 | 高山右近書状 | 羽越中様（細川忠興） | （慶長十九年）九月十日 | 永青文庫 |
| 25 | 高山右近書状＊ | — | （慶長十九年）九月十日 | 本行寺 |
| 参考 | 某書状（折紙。差出が「高右□〔寿カ〕」） | 宮長次さま（宮城豊盛） | 年未詳八月九日 | 京都市歴史資料館（「永運院文書」） |

〈参考文献〉


天野忠幸「畿内における三好政権の支配構造」同『戦国期三好政権の研究』清文堂出版、二〇一〇a（初出は二〇〇六）
天野忠幸「摂津における地域形成と細川京兆家」同『戦国期三好政権の研究』清文堂出版、二〇一〇b
臼井信義「高山右近の教名文書」『日本歴史』三九号、一九五一
海老沢有道『高山右近』吉川弘文館、一九五八
片岡弥吉『高山右近大夫長房傳』カトリック中央書院、一九三六
片岡弥吉「明石、金沢の遺跡と右近書状および右近の塔」『高山右近研究　逝去三百五十年祭記念』高山右近列福運動本部、一九六五
川村信三『戦国宗教社会＝思想史　キリシタン事例からの考察』知泉書館、二〇一一
木越邦子『キリシタンの記憶』桂書房、二〇〇六
木越隆三「寛永末年　加賀藩のキリシタン弾圧史料」木越邦子『キリシタンの記憶』桂書房、二〇〇六
五野井隆史『日本キリシタン史の研究』吉川弘文館、二〇〇二
佐久間正翻訳　フーベルト・チースリク解説・註「コリン著の高山右近伝」キリシタン文化研究会編『キリシタン研究』第十七輯、吉川弘文館、一九七七
末宗広・永島福太郎「解題」（「利休百会記」の項）千宗室責任編集『茶道古典全集』第六巻、淡交社、一九五六
谷口克広『織田信長家臣人名辞典』第二版、吉川弘文館、二〇一〇
天坊幸彦『高槻通史』高槻市役所、一九五三

富井康夫「高山右近の謎」『新いにしえ物語』高槻市役所、一九九五
中西裕樹「大規模山城の展開と後背地」大和郡山市教育委員会・城郭談話会『筒井総合調査報告書』二〇〇四
中西裕樹「北摂の戦国時代 高山右近」高槻市立しろあと歴史館『北摂の戦国時代 高山右近』二〇〇九
中西裕樹「「清水家文書」の高山右近禁制について」高槻市立しろあと歴史館『しろあとだより』二、二〇一一
中西裕樹「摂津国上郡における守護代薬師寺氏―戦国前期の拠点・国人と守護をめぐって―」天野忠幸他編『戦国・織豊期の西国社会』日本史史料研究会、二〇一二
中西裕樹「史料紹介 高山右近の文書」高槻市立しろあと歴史館『高山右近の生涯―発掘戦国武将伝―』二〇一三
フーベルト・チースリク「高山右近領の山間部におけるキリシタン―布教・司牧上の一考察―」キリシタン文化研究会編『キリシタン研究』第十六輯、吉川弘文館、一九七六
フーベルト・チースリク『高山右近史話』聖母の騎士社、一九九五
松尾 寿「封建領主と検地」『高槻市史』本編Ⅰ、高槻市役所、一九七七
松澤克行「書と花押」（「高山右近」の項）『別冊淡交 利休と七哲』淡交社、二〇一二
松田毅一「高山右近伝の補足的研究」『日本歴史』一七三号、一九六二
松田毅一「高山右近の家族、郷里、遺跡」『高山右近研究 逝去三百五十年祭記念』高山右近列福運動本部、一九六五
箕面市史編集委員会『箕面市史』第一巻（本編）、一九六四
山下洋輔「高山右近の寺社破壊に関する一考察」『早稲田大学大学院教育学研究科紀要 別冊』一五-二、二〇〇八
ヨハネス・ラウレス『高山右近の生涯―日本初期基督教史―』エンデルレ書店、一九四八
ヨハネス・ラウレス『高山右近の研究と史料』六興出版社、一九四九

〈付　記〉

小文の一部は、拙稿「高槻城主 高山右近の家臣と地域支配―織田政権下の茨木城主 中川清秀との比較から」（高槻市立しろあと歴史館『高山右近の生涯―発掘戦国武将伝―』二〇一三）、同「史料紹介 高山右近の文書」（同上）、同「高槻城主和田惟政の動向と白井河原の合戦」（高槻市立しろあと歴史館『しろあとだより』七）、同「高山右近とキリシタン―キリスト教の展開と北摂の戦国時代―」（公益財団法人大阪府文化財センター『シンポジウム 発掘！検証！キリシタン墓―高山右近とキリシタン―』二〇一四）を再構成し、補訂したものである。

# 第一章　高山右近と武家権力

# 三好長慶・松永久秀と高山氏

天野忠幸

## はじめに

高山右近ジュスト（Justo、重出、寿子）は、戦国を生き抜いた名将であり、信仰を貫いたキリシタン大名として有名である。摂津の高槻城主として、山崎の戦いや賤ヶ岳の戦いなど豊臣秀吉の天下取りの節目となる戦いで活躍し、播磨の船上《ふなげ》城主（明石市）となった。しかし、秀吉のバテレン追放令に逆らって改易された。その後、前田利家・利長親子に庇護されるが、徳川家康によって国外に追放され、慶長二十年（一六一五）にフィリピンのマニラで没した。

また、右近は利休七哲の一人としてよく知られた茶人であり、加賀の金沢城下町や越中の高岡城下町の縄張りを行った築城家・都市設計家でもあった。

キリスト教、茶道、築城などは、まさしく戦国時代を代表する文化であり知識である。天文二十一年（一五五二）頃の生まれとされる右近は、どのようにして、こうした知識を身に付けたのか。右近に受洗させた父の高山飛驒守ダリオ（Dario、太慮）や、飛驒守が仕えた三好長慶や松永久秀との関係など、少年時代の右近を取り巻く環境から考えたい。

# 一、摂津国人と三好長慶

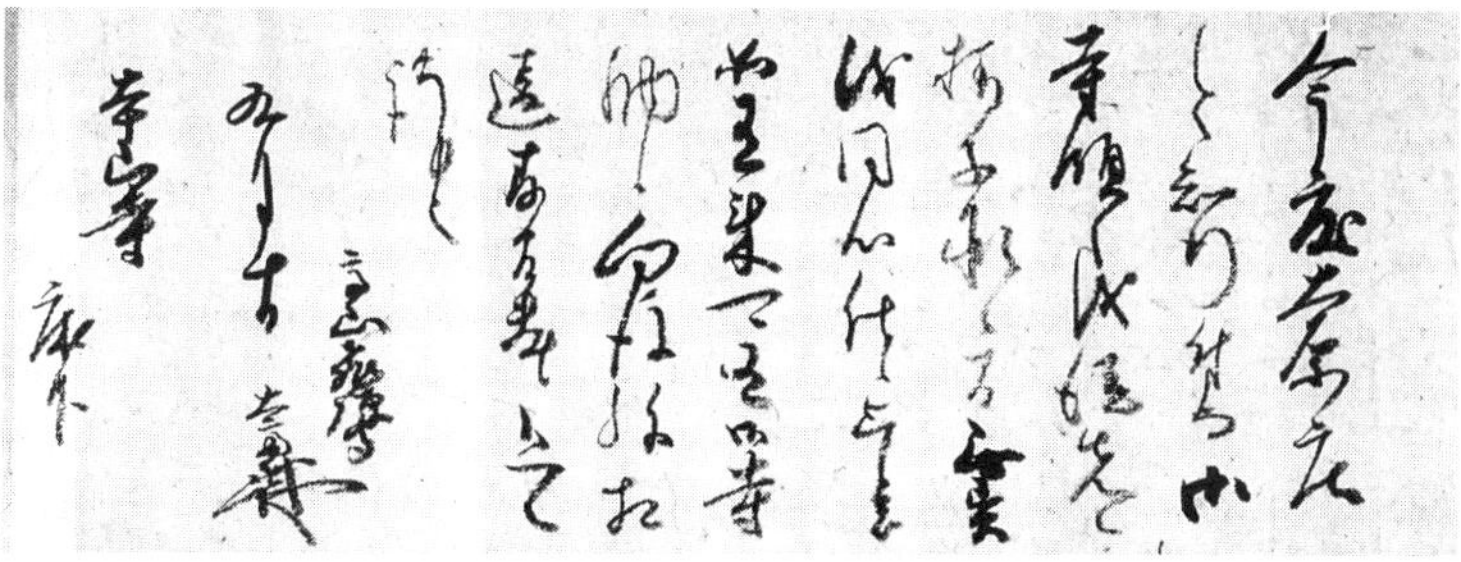

**高山飛驒守太慮書状**（年未詳9月10日付・「本山寺文書」）〔高槻市立しろあと歴史館寄託〕

高山氏の本貫地は、摂津国能勢郡高山荘（大阪府豊能町）とされる。確実な史料では、長禄三年（一四五九）に高山荘の領主権をめぐる浄土寺と勝尾寺の争いの中で、浄土寺方の代官として高山入道が現れたのが、高山氏の初見である。[1]この相論は浄土寺が敗れたが、高山氏は摂津守護代の長塩氏と結び代官に復活する。その後、高山氏は高山名主百姓中と対立し代官職を解任されるが、十六世紀においても、百姓や勝尾寺から「高山殿」「殿様」と呼ばれる実力者であった。

十六世紀中葉、細川氏の家臣で阿波を本拠地とする三好長慶は、越水城（西宮市）に居城を移し、天文十八年（一五四九）の江口の戦いで、かつて父元長を自害に追い込んだ摂津守護細川晴元を打ち破った。長慶は天文二十二年（一五五三）には、晴元を支援する将軍足利義輝を京都から追放するが、在京は望まず、芥川山城（高槻市）を本拠地とした。そして、足利一族を擁立することなく、首都京都を支配した。これは、永禄四年（一五六一）に関東で長尾景虎（上杉謙信）が足利藤氏を、北条氏康が足利義氏を擁して戦ったことや、永禄十一年（一五六八）に上洛した織田信長が足利義昭をその後五年間にわたって擁立し京都を支配したことと比較すると、極めて先進的な政策であったことがわかる。[2]

**三好長慶像**（大阪府 南宗寺 蔵）〔堺市博物館 提供〕

そして、三好氏の支配地域は、近畿と四国地方で八ヶ国にまで急拡大した。このため、長慶は長弟の三好実休に四国を任せ、自らは畿内の支配に専念した。その際、譜代家臣の多くを実休付きとした。その結果、長慶家臣団は人手不足になり、本拠地を置く摂津や、義輝と争う山城の国人の登用に乗り出した。

ところが、細川時代から有力な国人は、細川氏や足利氏を敵とする長慶の政策に馴染《なじ》めず、天文二十一年（一五五二）に池田長正や芥川孫十郎を中心に挙兵して鎮圧された。このため、孫十郎は追放され、長正も長慶権力の中枢に入ることはできなかった。

長慶権力の中枢に登用されたのは、細川時代には無名の中小国人たちであった。その代表格が、高槻市五百住《よすみ》の出身である松永久秀である。[3] 久秀は長慶の奉書や副状を発給し、後には三好一族の重鎮である三好長逸と共に政務全般を管掌した。また、滝山城（神戸市中央区）、信貴山城（奈良県三郷町）、多聞山城（奈良市）の城主となり、大和一国を支配するようになる。弟の松永長頼は八木城（南丹市）の内藤氏の家督を継ぎ、内藤宗勝と名を改め丹波を支配した。

久秀は長慶の重臣となり大きく出世したが、元は中小国人で譜代家臣を持たなかった。そのため、久秀家臣団も慢性的に人手不足で、山城から公家の久我《こが》家の家臣であった竹内秀勝や、幕臣の赤塚家清、山科盆地（京都市山科区）の四手井家保、摂津からは越水城主の末裔である瓦林秀重などを家臣団に組み込んだ。[4] 摂津や山城の中小国人は、大きな躍進の時期を迎えたのである。

〈左〉**沢城跡に建つ高山右近顕彰碑**　〈右〉**沢城跡遠景**〔宇陀市教育委員会提供〕

永禄二年（一五五九）、久秀は大和攻めの主将となった。長慶は久秀を支援するため、東福寺から山科や近江坂本にかけて馬借や宿・問屋を営む傍らで京都近郊の戦いで活躍した今村慶満や、幕臣として洛中支配に関わっていた結城忠正らを久秀の与力とした。

高山飛騨守も久秀の与力であったようで、永禄三年（一五六〇）十一月に今村慶満と結城忠正が沢太菊を沢城（宇陀市）から退城させると、[5]その城主に抜擢された。沢城の北の宿場町である榛原《はいばら》は、伊賀へ向かう初瀬街道（青越伊勢街道）と伊勢神宮への参詣道である伊勢本街道の分岐点にあたる交通の要所であった。大和は山に囲まれた国で他国に通じる街道は限定される。奈良からその外港である山城の木津への街道に対しては、多聞山城が築城された。奈良から堺や大坂に向かう街道には信貴山城が置かれた。両城は久秀が直轄したが、伊賀・伊勢に向かう出入口の沢城に高山飛騨守が配された点からすると、飛騨守は久秀から松永一族並の信頼を得ていたことがわかる。

三好長慶は当時の家格秩序を撃ち破り、足利将軍に戦いを挑んだ。そして、自らの家臣団に対しても、一族・譜代か外様かという家柄にこだわらず、無名の中小国人であっても、才能次第で権力中枢に登用していった。そうして登用された松永久秀らは、譜代家臣を持っておらず、多くの家臣を採用した。摂津や山城の中小国人には、大きな好機が訪れたのである。そうした状況は、後に若江三人衆となる池田教正や、久秀の家臣となる伊丹玄哉など、有力国人である池田長正の庶流家や伊丹親興の弟にまで広がっていた。

## 二、キリスト教をめぐって

永禄三年(一五六〇)、三好長慶は河内と大和を平定した。この年、ヴィレラは将軍義輝と長慶の双方から允許状《いんきょじょう》を獲得し、畿内で布教を始めた。これに反発した法華宗本国寺(現在の本圀寺)の僧侶は、竹内秀勝を通じて、本国寺の檀那である久秀にキリシタンを京都より追放するよう懇願した。この問題を担当した今村慶満は、八月八日付でキリシタンに対して、義輝が追放令を出したので勝龍寺城(長岡京市)へ避難せよ、キリシタンが所有する家屋は略奪を避けるため売却するか、慶満の家臣に引き渡すようにと、書状を送付した。これを受けたロレンソが、義輝家臣の伊勢貞孝に問い合わせた結果、追放令は久秀方による虚説であることが判明した。

永禄六年(一五六三)には比叡山延暦寺がキリシタンの追放を求め、結城忠正を通じて久秀に訴えた。久秀は宗論を行い、負けたキリシタンの家財を没収し追放しようと案じた。高山飛騨守が宗論を提案したとする宣教師もいる。宗論の担当となった忠正は、召喚したディオゴの答弁に感動した。そして、ロレンソを奈良に呼び、公家の清原枝賢《しげかた》と共に宗論を判定し、宣教師側の主張に感服した。そこで、彼らはヴィレラを奈良に招待して、高山飛騨守と共に受洗した。忠正はアンリケ、飛騨守はダリオの受洗名を授けられた。

フロイス『日本史』第一部三十七章によると、結城忠正は「学問および交霊術において著名であり、偉大な剣術家で、書状をしたためたり、添削することにかけて有能であり、日本の学問の程度に応じた天文学にはなはだ通暁《つうぎょう》していた。彼には、かくも多くの稀有の才能が集まっていたので、彼は天下のもっとも高貴な人々から非常に敬われ、松永霜台は彼に幾多の好意を示していた」と賞賛されている。

清原枝賢については、「和漢の諸学に秀でていたので、内裏は彼を自らの師に選んだほどであった。彼は結城殿とともに天下でもっとも著名な人の一人であり、結城殿は彼と親友であった」と記している。

フロイス『日本史』第一部六十一章では、高山飛驒守ダリオを「非常に好感の持てる人であり快活です」「はなはだ勇敢で、並々ならぬ強者と見なされており、当国で使用する武器の扱いに非常に巧みで、戦術にもはなはだ長け、優秀な騎手でもあり、鷹狩りや弦楽にも長じています」「日本人の宗派のことに精通しています」「異教徒の殿と和を講じ、彼をして弾正殿に服従させました」「使者として美濃国に赴いた際に、二名の同国の有力な人物を改宗させました」と、武芸だけでなく、交渉術にも秀でていたとする。飛驒守ダリオは、沢城で妻マリアや複数の息子と娘、そして三〇〇人の兵のうち一五〇名に洗礼を受けさせ、教会を建立した上、十市《とおち》城の石橋氏を改宗させた。

このように宣教師は、日本の高い学識を修めた武士や公家を魅了していった。そして、結城左衛門尉アンタンに長慶の居城である飯盛山城（四條畷市、大東市）へ招待されたロレンソの布教の結果、三箇頼照サンチョ・池田教正シメアン・三木判太夫・結城弥平次ジョルジ・庄林コスメなど七三名の長慶の家臣が洗礼を受けた。同時代に作成されたファン・ラングレンの『東アジア図』（神戸市立博物館所蔵）には、畿内では、Imoris（飯盛）、Saquay（堺）、Sawa（沢）、Tochis（十市）などが記されており、三好氏の拠点が畿内キリシタンの第一世代の活動の場として、知られていたことが明らかになる。

高山飛驒守ダリオの事例を見ると、敬虔な信仰心が窺えるが、キリシタンになった全員が飛驒守ダリオと

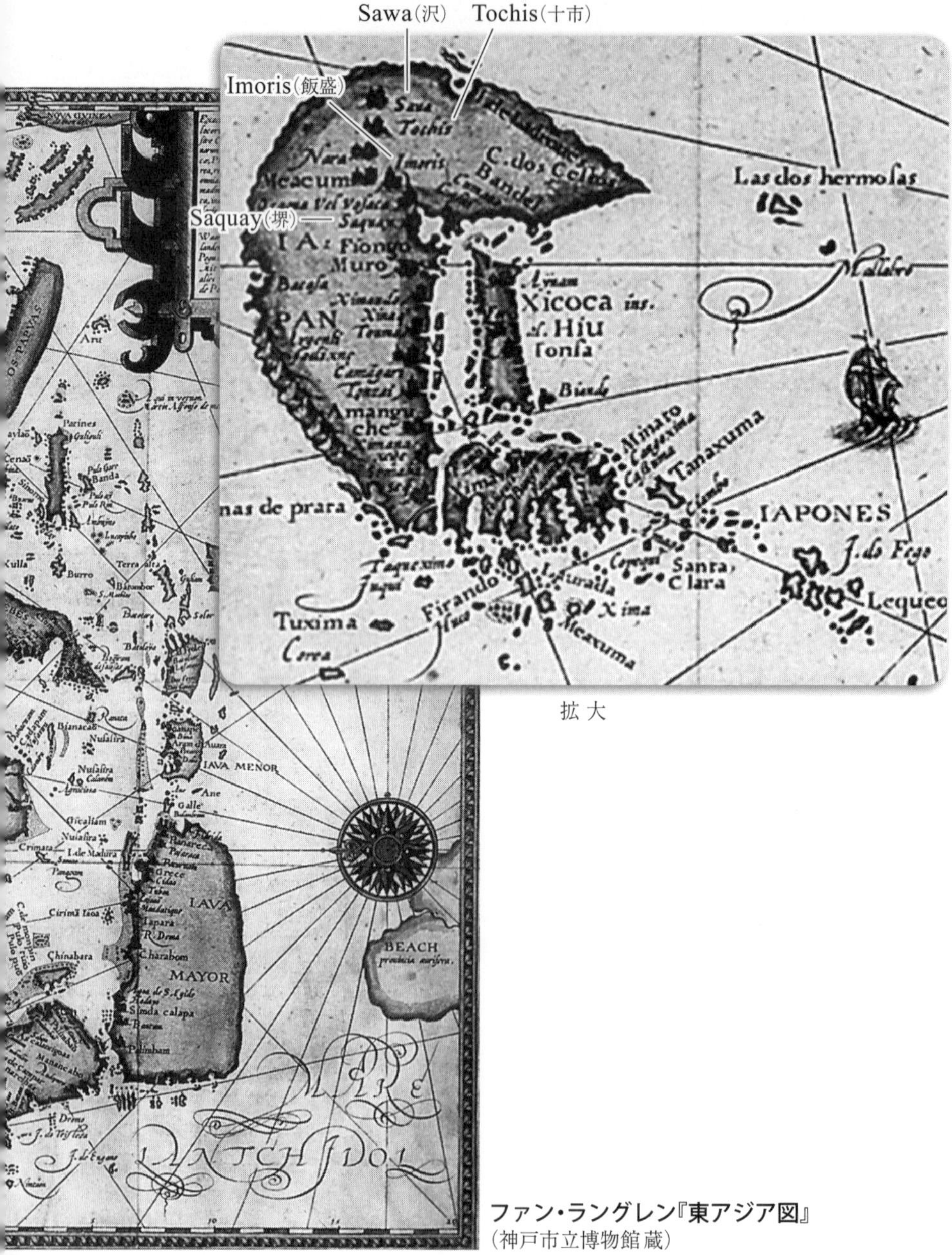


ファン・ラングレン『東アジア図』
（神戸市立博物館蔵）

TROPICVS CANCRI
Las dos hermosas
IAPONES
Lequeo grande
Tuxima
Corea
Firando
Xicoca ins.
ILHA DE COREA
I.das Ladrones
Timbacam
I.dos Maralotes
I.do Arrecifes
INSVLÆ
PHILIPPINÆ
SINENSIS
OCEANVS
Lequeo pequeno
I.das Palmeiras
I.da Talaya
NANQVII
CHEQ
VIAM
CHINÆ
HONAO
PARS
I.de Lamao
I.Brancos
Pulo Cao
Sanchoam
Omandari
I.de Pracel
Pulorio
Pulo Coram
QVANCII
CAMBO
Pulo condor
Pulo hube
Naruma
Ariabo
Tagima
Solor
PuloTigao
MonPracem
Borneo
FVQVAM
SANCII
IVNNA
QVICHEV
SVCHVAN
SIAM
PEGV
SVINAM
INDIÆ
BRAMAS
Pulo Sambilaom
Andemaon

同様であったかは、それぞれの背景を探る必要がある。

当代随一の儒学者であるだけでなく、神道や幕府法にも精通していた清原枝賢は、後に棄教している。枝賢は宗教としてのキリスト教よりも、ヨーロッパの文化や知識に対する探究心から、キリシタンになったのであろう。

また、家臣や与力がキリシタンに改宗した松永久秀は梟雄《きょうゆう》のイメージが強いが、強引な弾圧は行っておらず、宗論による結果を重視した。その結果が自分の意向に反しても受容しており、久秀の甥の内藤如安ジョアンもキリシタンに改宗し、高山右近ジュストと共にマニラに追放されている。久秀は公平な裁許（宗論）によって決するという為政者としての姿勢を優先した。

三好長慶は宗教については寛容な姿勢を示し、キリスト教宣教師にも保護を加えた。当時、長慶やその次弟で淡路水軍を統括する安宅冬康《あたぎふゆやす》は、大阪湾や東瀬戸内から種子島に至る要港に教線を展開した法華宗日隆門流の寺院や外護商人に特権を付与した。その背景には、この教団が鉄砲や硝石、明国・琉球・屋久島の絹織物を独自に入手し、本山である京都の本能寺へ献上するシステムをつくりあげていたことがある。

また、長慶・義興親子や長慶の末弟である十河一存《そごうかずまさ》、松永久秀の妻は、臨済宗大徳寺北派に帰依し、堺に南宗寺を造営した。その背景には、この宗派が琉球の禅僧や堺の豪商との交友関係を代々形成してきたことがある。

足利将軍が代々保護してきた五山禅僧による明国との勘合貿易体制が崩壊した直後の日本において、長慶は独自に海外貿易のルートを持つ教団を保護することで、石見銀山の銀を求めて来航する明人やヨーロッパ人により、活況を呈する東アジア貿易に参画しようとしたのである(6)。

また、飯盛山城で受洗した池田教正シメオン・三木判太夫・庄林コスメは、長慶の後継者の三好義継の側近となっていく。清原枝賢が関心を示したように、キリスト教は宗教であるだけではなく、ヨーロッパの知識や文化の結晶であった。長慶は次代を担う家臣団の育成に、キリスト教を用いたのではないだろうか。飯盛山城と同様に、多聞山城には久秀家臣団が集住し、さらには柳生氏・井戸氏・十市氏・奏楽寺氏など大和国人の人質も居住していた。高山飛騨守ダリオも右近やその弟妹を多聞山城に置いていたのではないだろうか。当時の人質は、徳川家康が今川義元の参謀である太原雪斎の薫陶を受けたり、蒲生氏郷が織田信長によってその才能を見いだされ婿に迎えられたりと、主家に役立つ部将となるよう育成される側面もあった。

家臣団や人質が集住し育成の場でもあった多聞山城は、フロイス『日本史』第一部六十章によると、塔と堡塁の外装が白壁と黒瓦によって統一されただけでなく、城内は杉材の芳香に包まれ、日本と中国の古い歴史物語が描かれた障壁画や、真鍮や金が塗られ薔薇の浮彫に彩られた柱によって装飾されていたという。多聞山城は単に「戦う」ための城ではなく、久秀の権威や美意識を「魅せる」ための城であった。

この多聞山城には、興福寺の僧侶である成福院や、京都の名医の曲直瀬《まなせ》道三《どうさん》、奈良の豪商の松屋久政、堺の豪商の若狭屋宗可・津田宗及・今井宗久・千利休らが来訪し、頻繁に茶会が催され、竹内秀勝や瓦林秀重ら家臣も列席した。

また、家臣同士の交流も深まった。[7] 清原枝賢は堺で印刷された『天文版論語』(慶應義塾図書館に現存)を用い、楠正種に講義した。同様に枝賢の薫陶を受けたと考えられる楠正虎は、自ら『建武式目』(群書類従本)の写本を作成するまでに学問を深めた。また『柳生連也(厳包)自筆相伝書』によると、結城忠正は柳生宗厳に新陰流にはなかった「シユリケン」という技を伝えたという。

高山右近ジュストは、このような日本でも一流の学者や武士、豪商たちの交流を肌に感じることができる環境で少年時代を過ごしたのであった。

## 三、松永久秀と足利義昭

永禄七年（一五六四）、三好長慶が満四十二歳で早すぎる死を迎えると、三好氏と将軍足利義輝の間に微妙な緊張関係が生まれつつあった。フロイス『日本史』第一部六十七章によると、この頃、高山飛驒守ダリオは近江甲賀から京都にやってきた幕臣の和田惟政と共に教会で説教を聞いており、京都は表面上平穏を保っていた。しかし、長慶の跡を継いだ三好義継は、三好長逸《ながやす》や松永久秀の子久通を率いて、永禄八年（一五六五）五月に義輝を討ち、七月にキリスト教宣教師を京都から追放するという強硬手段に出た。

ところが、久秀自身は多聞山城を動かず、義輝の弟の義昭を奈良で軟禁するに留めるなど、急進派の久通とは異なり、慎重な態度を示している。和田惟政も堺に退去したキリスト教宣教師を招くため、高山飛驒守ダリオに書状を送るなど、二人の交友は続いていた。

『続英雄百人一首』「松永弾正忠久秀」
（高槻市立しろあと歴史館蔵）

しかし、七月下旬に義昭は奈良を脱出して惟政の下へ逃れ、反三好の姿勢を明らかにした。そして、八月には久秀の弟の内藤宗勝が戦死して、丹波は反三好勢力に奪われてしまった。失態が続いた久秀は、十二月に三好三人衆（三好長逸・三好宗渭《そうい》・石成《いわなり》友通）によって、三好家から排除されてしまう。

この久秀の窮地を救ったのが、久秀が失脚する原因をつくった足利義昭であった。永禄九年（一五六六）になると、義昭は上洛を目論み、叔父の大覚寺義俊や和田惟政を使者として、上杉謙信や織田信長など諸大名に支援を求めた。そのうち、義昭は誘いに応じた伊賀の仁木長頼に対して、久秀の守る勝龍寺城へ加勢するよう命じた。(8)

この時の義昭の上洛作戦は、久秀が三好三人衆の攻撃から勝龍寺城を守り抜くことができず、信長も斎藤龍興に足止めされたため、失敗に終わった。しかし、永禄九年の段階で義昭・久秀・信長の三者は既に同盟を結んでいた。すなわち義昭の使者として活躍した和田惟政と、久秀の家臣の中で義昭が拠点とした近江や、信長の尾張へ向かう街道を押さえる沢城を任され、交渉術に長けた高山飛騨守ダリオは、お互いにキリシタンというだけでなく、三好三人衆包囲網を形成するため、交渉を重ねた間柄であったのではないか。

そして、永禄十一年（一五六八）九月、義昭と信長は近江方面から京都に迫った。この時、三好三人衆は久秀の北上を防ぐため、三人衆の一人の三好宗渭を木津に出兵させざるを得なかった。軍勢を分散させた三人衆は信長に敗れ去った。

久秀は通説では上洛した信長に「降伏」「臣従」したとされるが、それは事実と異なる。久秀はあくまでも義昭を擁する信長の同盟者であった。そして、成立した足利義昭幕府の下で、信長は近江を、久秀は大和を、和田惟政は摂津上郡（高槻市、茨木市、島本町）を支配するようになる。この時、高山飛騨守ダリオは久秀の下を離れ、惟政に登用されて、かつての三好氏の本拠地である芥川山城に入城したのである。

# おわりに

高山右近ジュストの少年時代は、二百年続いた室町幕府体制が崩壊しつつある激動の時代であった。国内では、三好長慶が足利義輝を追放し、首都京都を中心とし当時「天下」と呼ばれた地域を支配していくだけでなく、人々の足利将軍家を頂点とする思考や家格秩序をも克服しようとしていた。そうした志向は長慶自身の家臣団編成についても同様で、長慶は阿波譜代という家格にこだわらず、外様の摂津や山城の中小国人を抜擢していった。

国外では勘合貿易体制が崩壊する一方、石見銀を求め、明国やヨーロッパの商人の往来が盛んになり、鉄砲やキリスト教など新しい知識が伝来した。三好氏はこうした東アジア世界に連なるため、独自に海外との交易ルートを持つ教団やその外護者である豪商を保護していく。

彼らは三好長慶や松永久秀の下に集結し、交流を深め、多くの才能を開花させて、茶道や南蛮文化、印刷術、医術、剣術、築城術を大きく発展させる担い手となった。高山飛騨守ダリオもその一人であったといえよう。

また、久秀が将軍足利義輝を殺害した梟雄というのは誤りで、事実はその弟の義昭を保護する慎重派であり、義昭や信長の同盟者であった。義昭方の和田惟政と久秀方の高山飛騨守ダリオは、お互いキリシタンであると共に、交渉相手としても熟知した間柄であったろう。それ故に、惟政は飛騨守ダリオを求めたといえる。

飛騨守ダリオ以外にも、久秀の下から巣立った者として、織田信長や豊臣秀吉の右筆《ゆうひつ》になった楠正虎（長諳）や、徳川家康に新陰流の奥義を披露し、子孫を徳川将軍家や尾張徳川家の指南役とした柳生宗厳（石舟斎）がいる。

高山右近ジュストも、このような松永久秀のサロンの気風を受け継いだといえよう。

〈註〉

（1）高槻市立しろあと歴史館『北摂の戦国時代　高山右近』二〇〇九
（2）天野忠幸『戦国期三好政権の研究』清文堂出版、二〇一〇
（3）中西裕樹「松永久秀の出自と高槻」『しろあとだより』五、高槻市立しろあと歴史館、二〇一一
（4）天野忠幸「松永久秀家臣団の形成」天野忠幸・片山正彦・古野　貢・渡邊大門編『戦国・織豊期の西国社会』日本史史料研究会、二〇一二
（5）『沢氏古文書』「今村慶満・結城忠正連署状」（永禄三年）十一月二十三日付
（6）注（2）
（7）天野忠幸「松永久秀を取り巻く人々と堺の文化」『堺市博物館研究報告』三一、二〇一二
（8）『京都市立歴史資料館所蔵和田家文書』「仁木長頼書状」（永禄九年）七月十八日付

# 織田信長・豊臣秀吉と高山右近

中西裕樹

## はじめに

高山右近の運命は、織田信長と豊臣（羽柴）秀吉に大きく左右された。信長は、天正六年（一五七八）の荒木村重の謀反に際して、与力であった右近にキリスト教弾圧を楯に寝返りを迫り、その結果、右近は信長に取り立てられていく。信長亡き後、秀吉は右近を従えて山崎合戦など天下統一の歩みを進めるが、天正十五年の伴天連追放令では右近から大名の地位を奪って追放した。信長・秀吉は右近の信仰生活に影響を与えたが、彼らが右近を大名とし、その立場を規定したともいえる。両者と右近の関係は、当該期の摂津国での権力動向を示すものであり、茶人としての右近の活動も天正五年の『宗及他会記』などにみえるとおり、信長・秀吉政権下で知られるようになる。

本書序章では、右近の地域支配が茨木城主中川清秀との対立をはらみ、大きな課題であったことを述べた。また、家臣と水陸交通との接点や、受け継いだ前高槻城主和田氏の権力基盤は、戦国期の摂津の特徴を反映したものでもあった。そこで、小文では、天正六年の荒木村重謀反以降の織田政権と高槻城主高山右近の関係について、中川清秀を含めて検討し、あわせて豊臣政権下における右近の立場を素描したい。

## 一、織田信長と高山右近

### （一）荒木村重の謀反と摂津国における織田政権

高山右近は、元亀四年（天正元・一五七三）に和田惟長との対立を制した後、間もなく織田政権の摂津支配者である荒木村重の与力となる一方、高槻城主として独自に文書を発給するなどの独立性を保っていた（下川二〇一一）。天正六年十月の荒木村重謀反に際しては村重から離れて高槻城主として存続していく。この時点での右近と織田政権との関係を示すと思われる次の文書を取り上げたい。

［史料1］

其方と高山右近方、去年已来出入済口之事
一、五ヶ庄の儀、従去年相究、如筋目高山方可為知行之事
一、一屋城廻にて三千石之内、当所務之義者、半分宛双方江可有知行之事
一、一屋城之儀者、為四人当年中者預り可申事
右此分可然存候、不相紛通、別紙ニ以誓紙申候、以上
天正七年五月三日
惟住五郎左衛門長秀
蜂屋兵庫助頼隆
武藤宗右衛門
滝川左近允一益
中川瀬兵衛尉殿

**図1　織田信長像**（部分・神戸市立博物館蔵）

史料1は、中川清秀の子孫の豊後岡藩が編纂した『中川氏御年譜』所収の「高山右近長房卜堺目出入ノ節ノ書附」という表題を持つ文書で、所収文書の多くが「中川家文書」と一致するなど、史料的価値は高いとされる（竹田市教育委員会 二〇〇七）。差出の丹羽（惟住）長秀らの四人は摂津に在陣中で、内容も当時の右近と清秀の関係に合致するため、ここでも検討に堪えると判断した。天正七年（一五七九）五月に織田信長の武将・丹羽長秀、蜂屋頼隆、武藤舜秀、滝川一益が清秀に対し、昨年以来の右近との「出入済口」、つまり争論の和解内容について誓詞を添えて伝えたものである。過去にチースリク氏も取り上げた史料であるが、ここでは当時の右近を取り巻く状況をふまえて理解したい（チースリク 一九七六）。

右近の知行とされた「五ヶ庄」は、現在の大阪府茨木市北部の銭原・泉原・佐保・上音羽・下音羽・忍頂寺などに及ぶ山間地域、「一屋城」は淀川沿岸の一津屋（大阪府摂津市）の城郭で、ともに摂津上郡の西部（島下郡）に位置している。右近にとっての五ヶ庄は、一族の拠点である高山（大阪府豊能町）や余野（同上）に接する一方、清秀にとっては茨木城（同茨木市）の勢力圏であった。有力寺院である忍頂寺は、本書序章でみたように右近から寺領安堵を受ける一方、天正十年前後においても清秀と結ぶ動きを示している。また一津屋は、両者の家臣鳥飼（鳥養）氏の拠点に接したが、天正六年十二月には右近の軍勢が荒木攻めの付城を構えていた（『信長公記』）。結果的に周辺三〇〇〇石は右近と清秀で折半とされたが、「一屋城」は丹羽長秀らが預かっている。

［史料2］

尚々此御返事ニ委敷可承候、様体郡二郎左可被申候、以上、

急度申入候、仍関戸院之儀付而、可助之通、申付候処、従堀久太郎殿折紙被成候付候由候之間、則高右へ申下候へ者、幸一所ニ御座候而、堀久太へ可有御申之由候、乍去理までも不入□候、摂州当知行被仕分者、朱印を以被仰付候て、別ニ兎角被申仁も有間敷候、於此方大伝十様へも得御意中候、従彼方伝十様へ理候へ共、荒木当知行分之儀者、御違乱御無用之由、我等ニ被仰聞候、今明日中於無納所者、譴責入候へと、下より申来候間、可被成其御心得候、為御心得一筆申候、恐々謹言

高山助兵衛尉

十二月十八日　正吉（花押）

関善右衛門尉殿

御宿所

史料2は、右近家臣の高山正吉が郡二郎左衛門を申次とし、摂津・山城国境の西国街道に沿う大山崎（京都府大山崎町）の住人と思われる関善右衛門尉に宛てた文書（奈良大学文学部史学科蔵「円満院関係文書」）である。堀秀政（久太郎）と大津長昌（伝十郎）は信長の側近であり、大津長昌は荒木攻めの天正六年十二月十一日に「高槻城の御番手」をつとめ、翌年三月十三日に城内で病死した（『信長公記』）。堀秀政は天正七年十一月、右近と清秀の争論に関する「書附」に「拙加判形候様ニと承候」として、「茨木城御番手」の信長側近福富秀勝、

下石頼重に「おほへ書」への意見を求めた。「従上意ニ可随意候」とし、同じく側近の矢部家定にも伝えるとしている（『中川氏御年譜』）。これらの点をふまえると、史料2の年代は天正六年に比定できる。

高山正吉は、関善右衛門尉に対し、関戸院（領主が園城寺円満院）の件を申し付けているにもかかわらず、信長側近の堀秀政による右近への命令（折紙）は無意味で、摂津国の当知行は信長の朱印状が基本であると述べる。そして、荒木方の当知行への申し立ては無用という大津長昌の判断を得たとして年貢納入を強く求めた。史料2は、関善右衛門尉が村重の謀反に乗じ、関戸院の当知行（押領）を堀秀政に働きかけて正当化しようとしたものの、高山氏が大津長昌の判断を得ることで攻勢に転じたことを示すと解釈したい。荒木謀反時の摂津では、信長の側近が高槻城と茨木城を預かり、高山氏と中川氏の地域支配に対応した。そして、混乱を生じつつも彼らが権限を行使し、最終的には織田家の武将が確認する形であったと思われる。

## (二) 茨木城主中川清秀と織田政権

『信長公記』によれば、天正六年（一五七八）十一月十六日、信長に降った右近は「御膚にめさせられ候御小袖」と「芥川郡」、すなわち高槻城が所在する島上郡の支配権を与えられた。続いて降伏した清秀は、二十七日に信長から「御太刀拵の御腰物、幷ニ御馬皆具」を拝領し、織田信忠・北畠信雄・神戸信孝・津田信澄からも刀や馬を賜った。この前日、信長は右近と清秀に金子を与えたが、内訳は右近に二十枚・同家老二人に四枚であるのに対し、清秀は黄金三十枚・同家臣三人は六枚であった。清秀の支配に関する記述は無いものの、両名の降伏に際して信長は清秀を優遇したようでもある。

『中川氏御年譜』によれば、降伏に際して清秀嫡男の長鶴丸と信長娘・鶴姫の縁組が進められ、翌月に婚礼が成立した。この間に立ったのは、永禄十二年（一五六九）に清秀の妹が嫁いでいた信長配下の古田重然《しげなり》（左

**図2　中川清秀像**（部分・梅林寺蔵）

介。後の織部）で、天正七年に清秀と重然の間にいさかいが生じた際、茨木城御番手の福富秀勝らから報告を受けた信長は「所詮令和合、知行方以下堪忍成候様」などと気を配っている。

また、天正八年六月には、羽柴秀吉が清秀との「兄弟之契約」を起請文に認め、「本知之儀者不及申、河内国・摂津国かけの郡之儀申上可遣之候」と述べた（大阪城天守閣所蔵文書）。河内や摂津国欠郡は、和睦したばかりの大坂本願寺の膝下に位置し、茨木入城以前の清秀は新庄城（大阪市東淀川区）で欠郡の細川藤賢の跡を押さえたという。この条件は、清秀にとっても現実的な内容だったのだろう。そして九月、信長は毛利氏攻めに勝利した際には、「中国一両国」を与えようと約した（「中川家文書」）。

元々の織田政権で中国方面を担当したのは、摂津の荒木村重であった。しかし、天正五年には秀吉が関わりはじめ、調略を進める播磨の姫路城主小寺孝高（黒田官兵衛）に「我らおとゝの小一郎めとうせん」と述べて、十月には「其の御城の事」などの条々を連ねた起請文を認める。そして、播磨に進出した秀吉は、いわば義兄弟となった孝高の姫路城へと入った（小和田 二〇一二）。天正九年十二月、秀吉は安土で信長から名物の茶道具を拝領し、播磨への帰路の途中、茨木城で津田宗及らを招いた茶会を開催したが、そこに清秀の姿がみえない点が注目されている（中村 二〇〇七）。この秀吉が清秀と「兄弟」の契約を結んでいたのは先述した。

織田政権は、播磨の小寺孝高と同様、対毛利戦争において摂津の清秀の存在を重視したように思える。そして、いち早く誼《よしみ》を通じたのが、その方面を担当する秀吉であり、天正十年四月には信長の娘婿の中川長鶴（清秀の子。後の秀政）に対し、清秀の武田攻めへの参加を労うとともに、中国方面の戦況を詳細に伝えた（「中川家文書」）。畿内において、他に信長の娘を迎えた勢力には大和の筒井氏がおり、筒井順慶は大和一国を率いる武将であった。そもそも古田氏との婚姻など、早くから清秀と信長周辺の関係構築は図られている。荒木村重の謀反以降、織田政権は摂津を代表する武将に清秀を位置づけ、毛利攻めでの活躍を期待したのだろう。

## （三）高槻城主高山右近と織田政権

『信長公記』によれば、右近は、天正八年（一五八〇）に信長から安土城下（滋賀県近江八幡市）で屋敷を賜った。信長は、閏三月十六日に側近の菅谷長頼・堀秀政・長谷川秀一を奉行に城の南を埋め立て、宣教師や新たに信長馬廻となった布施公保に屋敷を与えた。城の周りでは馬廻や御小姓らが参加する埋め立てが進み、他にも右近を含む一三人へ新たな屋敷地が下された。右近を除く彼らの立場は、馬廻八人（稲葉刑部《ぎょうぶ》・日根野六郎左衛門ら）、馬廻一族二人（与語久兵衛・野々村主水《もんど》）、織田信忠旗下二人（水野監物《けんもつ》・河尻与兵衛）と考えられる（谷口二〇一〇）。このとき、安土に屋敷を拝領した主な面々は、信長の側近ともいえる直属の馬廻らであった。

天正九年八月、右近は、信長から鳥取城攻めを行う羽柴秀吉の許へと派遣され、『信長公記』には「御秘蔵の御馬三疋、羽柴筑前かたへ遣はされ候。御使高山右近。とつとり表懇に見及び、罷帰り言上候への趣上意にて、御馬ひかせ参陣」とある。翌月、右近は絵図などを用いて現地の様子を復命し、信長も満足したという。織田政権下において、このような検使役は信長近習などがつとめることが多かった。

また、年代不詳であるものの、右近家臣の高山正吉は、猿楽師観世豊次（彦右衛門尉）の当知行分の引き渡しを「上様」の命とし、新儀は上使を下すとの文書を出した（「観世新九郎家文書」）。「上様」とは、織田信忠に家督を譲った天正三年以降の信長を指すと思われる。観世豊次は、元亀四年（一五七三）に荒木村重から摂津国島下郡鳥飼（鳥養）の一部を与えられ、天正三年以降には清秀が文書を発給していた。したがって、右近の家臣は、茨木城が所在する島下郡内で信長の命を受けた行動をしたことになり、しかも鳥飼の近くには天正六年以降に右近と清秀が争った一津屋があった。

谷口克広氏によれば、天正九年頃の信長は、近江から西美濃、越前などを含む畿内「近国掌握構想」を計画し、安土がある近江国の武将（国人）を旗本とし、側近を大名に取り立てる一方、重臣層を織田領の最前線に国替する人事構想を持った（谷口 一九九八）。また、前年の大坂本願寺降伏の後、信長は摂津大坂に拠点を移す意思を持ったといい、毛利攻めに際して摂津は畿内における水陸交通の起点でもあった。

右近は、織田政権下で信長の側近的な行動を取ることがあり、かつ茨木城主中川清秀の膝下にあたる係争地周辺において、家臣が信長の意思を受けた行動を示すことがあった。その理由として、信長が畿内の直接掌握を意図する中、織田政権は摂津を重視し、清秀には摂津国外での活躍を期待する武将、右近には政権中枢を固める旗本的な立場を与えたと仮定してみたい。

右近は、天正八年に織田政権が摂津国で実施した検地を実施する一方、高槻城下町は戦国期畿内の都市構造である惣構を採用したと考えられ、織田政権の城下町政策をリードしたともいえる。摂津上郡という地域は、戦国期に在京を基本とする細川京兆家、畿内中枢を支配した三好氏との関わりが特に東部（島上郡）で深く、以前の高槻城主和田惟政は将軍家臣であった。右近と信長との関係には高槻城主が持つ性格、さらには戦国期以来の地域性が反映しているようにも思える。

# 二、豊臣秀吉と高山右近

## (一) 山崎合戦と大坂築城

高山右近は、天正十年(一五八二)六月十三日に行われた山崎合戦で羽柴秀吉方に属し、以降は秀吉陣営の大名として行動していく。六月二日の本能寺の変で織田信長が明智光秀に討たれた後、秀吉は「中国大返し」の過程で右近や中川清秀とやりとりを行ったことが知られる。まず、このときの右近の立場を確認していく。

右近は、信長から中国出陣を命じられ、一五八二年十一月五日付のフロイス書簡によれば、信長入京の五月二十九日の一、二日前には出陣していた。本能寺の変の際、織内では四国攻め直前の織田(三好)信孝が堺におり、直ちに光秀との戦に向かおうとしたが兵が集まらなかったため、光秀の娘婿の津田信澄がいる大坂城に向かい、丹羽長秀とともに信澄を討った。その結果、河内の諸侯は信孝を主君と仰いだという。一方、光秀も河内、摂津へと進出したが高槻城などは接収せず、交渉のみであったという。「中川家文書」によれば、秀吉は六月五日付で清秀に信長らの存命情報を流し、十日付で右近との飛脚のやり取りと光秀の京都南の着陣と光秀が河内か摂津に動くとの情報を伝えた。河内ではキリシタン武士の三箇サンチョが山崎合戦後に没落したように、光秀の働きかけはある程度成功している。光秀にとって、河内には大坂にいる信孝と結ぶ勢力がおり、摂津よりも急いで確保する必要を感じたのではなかろうか。秀吉によれば光秀は河内に乱入し、信孝殺害を企てたとされる(「金井文書」)。このため、逆に信孝は大坂を離れることができなくなったように思う。

フロイスによれば、右近は光秀を討つことで一致していた信孝と秀吉に与したという。秀吉は信孝と光秀

**図3　豊臣秀吉像**（部分・堺市博物館蔵）

が河内を注視する中、正確な状況把握と伝達を行い、間隙をぬって高槻城の右近、茨木城の清秀という摂津の勢力を味方につけた。摂津は西国と京都を結ぶ水陸交通の要衝であり、右近は山崎合戦でも先陣をつとめている。山崎合戦は、秀吉にとって、摂津を掌握する契機をもたらした。右近にとっては、早い段階で秀吉に属する契機となり、戦後に摂津山間部の能勢郡に三〇〇〇石を獲得するなど、勢力基盤を強める結果にもつながった。

秀吉は天正十一年八月から大坂築城に着手し、城下にはいち早く細川忠興や筒井順慶、右近といった旧信長配下の武将が屋敷を構えた（大澤 二〇一三）。右近はオルガンティーノらに家臣を派遣し、秀吉が「自分から寵愛されたいと思う者は、すべからく同所に屋敷を構えよと命じている」と語り、大坂での教会建設用地を乞うように勧めている（フロイス『日本史』）。右近らは、畿内近国の大名であり、大坂に屋敷を構えることで秀吉方の旗幟を明確にしたのだろう。一五八四年一月二日付のフロイス書簡によれば、秀吉は摂津の在地勢力を追い出して所得を家臣たちに与えたが、右近と他の一貴族（中川氏に比定）には従来の俸禄を認めた。当該期と思われる秀吉の書状には、近江国北部から伏見に近い六地蔵（京都市）へと米を運び、船で「芥川郡内大塚」の蔵へ運んで厳重に管理するようにとあり、「我等舟にても陸海ニも上下候ハ、彼所へおちつき心安在之様」に右近と十分に談合せよとしている。秀吉の大坂築城は、摂津の領主の再編成をもたらし、右近にとって秀吉との関係強化は命題にもなったといえよう。

## (二) 豊臣政権における右近と追放後

フロイスによれば、秀吉は右近を戦場で挙用したが、自身の護衛にあたらせる側近に留めることを欲したという(フロイス『日本史』第二部四十七章)。また、右近は「伯爵や侯爵の如き」大名と「天下人」の外出に従う馬廻の「権威」を持ったとする(一五八五年八月二十七日付フロイス書簡)。右近は天正十一年(一五八三)の賤ヶ岳の合戦以降、小牧長久手の戦い、紀州攻め、四国攻めに参加しつつ、大坂城膝下の摂津に拠点を持つ武将として信長の代と同様、秀吉の側近的な働きもつとめていたのだろう。やがて右近は、他の秀吉配下の大名や武将との関わりを深め、キリスト教への入信を導くことにもなるが、その点については本書第二章の拙文を参考願いたい。

天正十三年、秀吉は近親者による畿内近国の支配体制の構築を意図して大規模な大名の国替を実施し、右近は直前の四国攻めで軍船の集結地となった播磨明石に移された。「筑前殿は、この領地を明石と謂ひ、室に近く海岸にある播磨国に与えた。又彼は二百艘の船を彼に用立てた」と秀吉(筑前)は右近に二百艘の船を用意したという(一五八五年十月三十日付セスペデス書簡。ラウレス一九四八)。室(兵庫県たつの市)は、古くから瀬戸内海の要港であり、キリシタンで秀吉側近の小西行長の所領とされた。

そして、天正十五年の九州攻めに際し、秀吉は右近とともに海路を進み、水軍を束ねたのが行長であったという。出兵に際して、秀吉は右近と行長の父である小西立佐(隆佐)に肥前国を与えると語っていた(フロイス『日本史』第二部七十五章)。肥前国は、後の朝鮮出兵に際して名護屋城(佐賀県唐津市)が築かれ、豊臣政権の本営となっている。行長は畿内最大の港町・堺ゆかりの人物で、キリスト教に入信している点からも海外の文物に通じ、遠隔地との交易にも造詣が深かったのであろう。後に豊臣政権の長崎代官寺沢広高が室と小豆島《しょうどしま》（香川県）の代官を兼ね、徳川政権下では長谷川藤広が長崎・小豆島・堺の代官を兼務したように、統一政権は瀬戸内海を経由して、九州の直轄都市と堺を一元的に支配しようとした（清水二〇〇一）。つまり畿内と九州との水上交通の一体的な掌握が意図された。豊臣政権は、摂津に勢力を培った右近に対し、政権中枢の武将として畿内と九州、さらには朝鮮をつなぐ役割を期待していたように思う。

同年、右近は九州で発せられた伴天連追放令によって大名の地位を失い、小豆島で行長に匿われた後、加賀前田家を頼った。しかし、秀吉は右近の才能を惜しみ、小松茂美氏は、「殿下さま、高山殿へあすのあさ、おなり成りけり〳〵」とある年未詳の蒲生氏郷に宛てた千利休書状（個人蔵）から、加賀へと向かう天正十六年秋、秀吉と右近が京都で会談した可能性を指摘する（小松一九九六）。また、氏郷に右近の金沢出立を伝えた同年九月二十二日付の千利休書状（大阪城天守閣蔵）では「先〻仕合目出度下向にて本望此事存候」とあり、右近の金沢行きは好意的にとらえられた。

文禄三年（一五九四）四月の「豊太閤前田亭御成次第」（前田育徳会蔵）によれば、京都の前田屋敷に秀吉を迎えた前田家家臣に「高山右近」の名がみえる。当時、右近は「南坊」と呼ばれることが多く、若干の不審があるものの、前田家中での存在を示すものだろう。またこの前年と前々年には肥前名護屋に滞在中の右近が博多の商人である神屋宗湛を招いて茶会を催した（『宗湛日記』）。名護屋では徳川家康らを茶会に招き、秀吉の許にも祇候したという（フロイス『日本史』第三部五十六章）。また、加賀前田家ゆかりの本阿弥光悦とも親交があり、光悦は文禄四年の豊臣秀次死後に前田家に仕えた今枝重直に対し、「今日者南坊サマ長九サマト咄申候」と右近や前田家の長連龍との会話を伝えている（前田育徳会蔵「本阿弥光悦消息」）。追放後も右近は、豊臣政権周辺の人物や京都の文化人らとの交流を保っていた。

# おわりに

高山右近は、高槻周辺でキリスト教の信仰を広め、今でも領民の約八割がキリシタンとなったという数字が注目されている。しかし、織田信長や豊臣秀吉にとって、摂津国は政権中枢の地であり、右近の寺社「焼き討ち」を記す一五八四年一月二日付のフロイス書簡に「ジュスト（右近）の領内にいた仏僧たちは信長が生きていた頃、決して我らの教えを聞かなかった」とあるように、信長による既存宗教の保護があったとも受けとれる。

信仰の問題を含め、この時期の右近の動きは、信長・秀吉というフィルターを通じてとらえる必要があろう。特に畿内という地方については、政権の拠点のあり方として信長と秀吉の段階では違いがあり、これは配下の武将による支配のあり方、さらには布教などキリスト教との関係についても変化が生じた可能性があったのではないか。また、右近とその周辺を考えることで、逆に織田・豊臣政権をめぐる権力動向の一端が垣間見られるように思う。

〈参考文献〉

大澤研一「上町台地の中世都市から大坂城下町へ」『中世都市研究一八　中世都市から城下町へ』山川出版社、二〇一三
小和田哲男『黒田如水』ミネルヴァ書房、二〇一二
小松茂美『増補版　利休の手紙』小学館、一九九六
清水紘一「博多基地化構想と禁教令」同『織豊政権とキリシタン―日欧交渉の起源と展開―』岩田書院、二〇〇一（初出は一九九三）

下川雅弘「織田政権の摂津支配」戦国史研究会編『織田権力の領域支配』岩田書院、二〇一一
竹田市教育委員会『中川氏御年譜 年譜』竹田市教育委員会、二〇〇七
谷口克広『信長の親衛隊 戦国覇者の多彩な人材』中央公論社、一九九八
谷口克広『織田信長家臣人名辞典』第二版、吉川弘文館、二〇一〇
中村博司「豊臣秀吉と茨木城」同編『よみがえる茨木城』清文堂出版、二〇〇七
フーベルト・チースリク「高山右近領の山間部におけるキリシタン―布教・司牧上の一考察―」キリシタン文化研究会編『キリシタン研究』第十六輯、吉川弘文館、一九七六
ヨハネス・ラウレス『高山右近の生涯―日本初期基督教史―』エンデルレ書店、一九四八

〈付　記〉

小文は、拙稿「高槻城主 高山右近の家臣と地域支配―織田政権下の茨木城主 中川清秀との比較から」(高槻市立しろあと歴史館『高山右近の生涯―発掘戦国武将伝―』二〇一三)を再構成し、補訂したものである。

# 加賀前田家と高山右近

木越隆三

## はじめに

高山右近の六十四年の生涯のうち後半二十六年は、加賀前田家に客将として招かれ、応分の働きをするとともにキリシタン家臣として比較的平穏に布教と信仰の日々を送った。しかし、徳川幕府が発した禁教令により慶長十九年（一六一四）正月、右近は前田家を追われ京都所司代に身柄を送られた。やがて幕府の裁定で国外追放と決まり、家族ともども長崎に送致されマニラへ送られた。マニラに到着したあと五十日足らずで、熱病に冒された右近はその生涯を異国の地で閉じた。

本論は、右近が前田利家のもとに寄寓した天正十六年（一五八八）から慶長十九年までの二十六年を対象に、右近の足跡・生涯を新たな視点から再考し課題を明確にすることを目的としている。

高山右近に関する伝記的研究は、戦前期よりカトリック教会関係者を中心に進められ、多くの秀作が生み出されたが、右近をキリシタン大名の中でも類希《まれ》なる偉人として顕彰することに急で、依拠史料の批判・検証に課題を多く残してきたように感ずる。たとえば片岡弥吉『高山右近大夫長房伝』（昭和十一年）は日本側史料を丹念に収集し、これにイエズス会史料を加え右近の生涯を学術的に描いた最初のもので、使用した日本側史料は当時刊行されていた『大日本史料』『加賀藩史料』などに掲載された古文書や軍記・旧記はもちろん、それ以外の史料も縦横に博捜しており高く評価された。しかし、利用した日本側史料は玉石混淆という状態であり、戦後歴史学の史料学の成果にたって改めて見直す必要がある。近年の加賀藩研究の成果も参照すれば、イエズス会史料の批判・吟味もより徹底できよう。

戦後の右近研究に大きな影響を与えたのは、ヨハネス・ラウレスの二つの著作である。とくにラウレス『高山右近の生涯―日本初期基督教史―』（昭和二十三年）は、主としてイエズス会員の日本通信・日本年報等を典拠に右近の生涯を克明に描いた労作で、以後の右近研究に与えた影響は大きい。海老沢有道『高山右近』などは片岡の研究成果とラウレスの著作に依拠して達成されたといっても過言ではない。

右近に関する史料は日本側史料に比べイエズス会側史料のほうが圧倒的に多く、膨大な量にのぼる。しかし、原文書はローマのイエズス会の管理下にある私文書で閲覧自体に制約があり、現在翻訳等で我々日本人に周知されている大半は、西欧で刊行・公開された二次史料である。その結果、日本史研究者が手軽に利用できるのは、翻訳されたイエズス会士日本通信・日本年報、日本通で知られる宣教師ルイス・フロイスが著述した『日本史』などに限られ、ヴァリニャーノ『日本巡察記』（平凡社）は非公開史料の数少ない翻訳であった[1]。しかし、ラウレスの『高山右近の生涯』は、右近の動向に関説するイエズス会史料をじつに広く渉猟しており、刊行されて七十年近くたった今も右近関係のイエズス会史料の多くをカバーした優れた研究書といってよい。

だがイエズス会史料のうち公開された刊行史料は、イエズス会のプロパガンダが目的であり、編集過程で作為された二次史料であることに留意しなければならない。松田毅一によれば、イエズス会員の日本通信・日本年報には公開性のものと非公開のものがあり、活字になったものは公開にあたり一定の改変や編集がなされたものであるといい、松田はその点に再三注意を払うよう求めている。(2) ラウレスはその点をわきまえており、イエズス会史料相互に見られる齟齬《そご》・矛盾を確認しつつ、執筆意図を批判的に検証している箇所がいくつもある。日本通信や年報の虚飾性を斟酌《しんしゃく》し、イエズス会史料の主張を鵜呑みにせず批判的である点は評価したい。ラウレスのような問題意識をもってイエズス会史料に接しないと、間違った右近像が固定化されることになる。

これに対し日本側史料は極めて限定され、良質の史料となるとさらに限定される。江戸時代二五〇年以上にわたりキリシタン弾圧が猛威をふるったことが大きな原因であるが、加賀藩でも寛永以後弾圧が激しくなり、右近関係者は関連文書・記録等を棄却せざるを得なかった。それで金沢時代の右近関係の一次史料もごくわずかである。真贋判定を厳密に行うべきものも含まれるので、右近関係の古文書を、信頼のおける右近発給・授受文書に限定し表2に示してみた。

**高山右近像**（カトリック金沢教会）

右記により本論ではイエズス会史料を利用する場合、できるだけ日本側の良質史料と合わせて検証することにつとめた。イエズス会史料の批判的検証は、外国語文献であるため日本人にとってハードルの高い作業であり、さしあたっては日本側史料との齟齬・矛盾を積極的に発見し、検討の俎上《そじょう》に乗せることが重要な課題と考えたからである。

そのような観点にたって、本論ではまず、秀吉は右近を、なぜ前田利家のもとに送ったのかという点に絞り検討を加えたい。続いて利家没後、前田利長のもとでの右近の行動について、日本側史料とイエズス会史料とを突き合わせ、齟齬・矛盾の発見につとめる。とくに、利長のキリシタン布教の保護容認姿勢については評価が分かれるので、そこに焦点を合わせ考えたい。

## 一、前田家に身を寄せた背景を探る

九州役の狙いであった島津氏が降伏し博多に凱旋した秀吉は、天正十五年六月十九日夜、周知のバテレン追放令を発した。追放令五ヵ条の趣旨は、①日本は神国であるから宣教師がキリスト教を布教することは悪い行為である。②入信したキリシタンたちが神社仏閣を破壊していると聞くが前代未聞のことだ。秀吉から知行を得た給人領主たちは、その土地の当座の領主であり、天下（秀吉）の法を守りその土地を支配しなければならない。③宣教師の布教はキリスト教の教義により、日本人の心ざし次第に入信させるものと聞いているが、右のごとく日本の仏法を破壊する事態に至っているのは許し難い。それゆえ宣教師は日本に置きがたいので今日から二十日のうちに帰国せよ。④黒船の寄港は貿易のためだから支障なく、南蛮貿易は今後長く続けよ。⑤今後仏法を破壊しない者なら、商人だろうとどのような者もキリシタン国から出入国してよい。以上の五点である。じつはこの五ヵ条の追放令発令前日の六月十八日に出された、大名向け入信制限令ともいうべき十一ヵ条「覚」写（以下「十八日付禁教令」と呼ぶ）が伊勢神宮に残っており、十九日付バテレン追放令とどう関連するのか、その真偽や発令経緯などをめぐって議論が重ねられている。(3)

このバテレン追放令の発令過程をイエズス会側の史料に沿ってみていくと、準管区長コエリョと宣教師

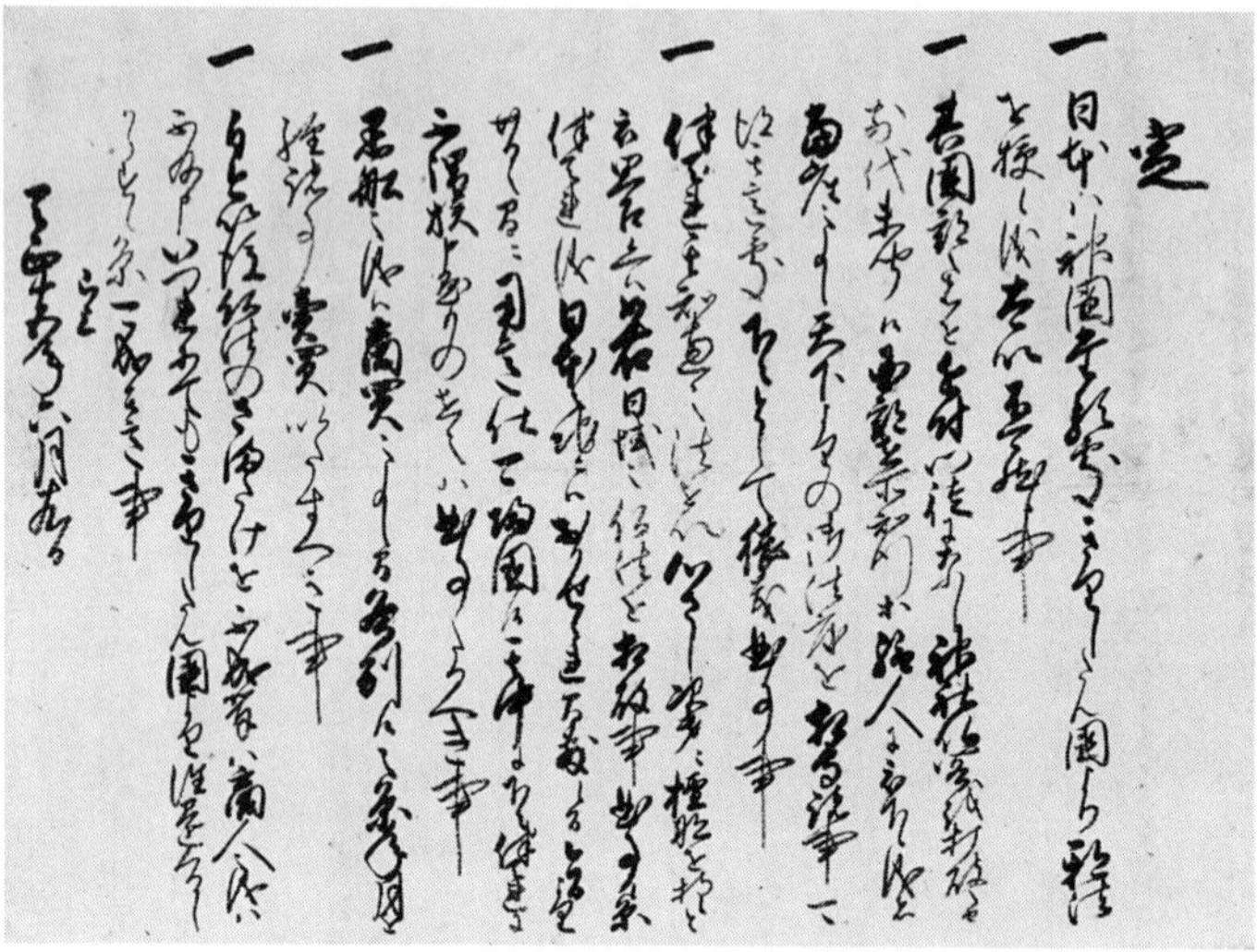

バテレン追放令（天正15年6月19日付・松浦史料博物館 蔵）

フロイスの不用意な発言や行動が招いた事件だと理解できる。また十九日夜に秀吉の使者が突如コエリョのフスタ船を訪ね四ヵ条の詰問を行ったが、この詰問内容と十八日付禁教令の内容が連関すると指摘されている（五野井一九九〇など）。こうした研究成果から、バテレン追放令の発令理由は大きく①イエズス会の布教戦略の背後にある領土的野心を秀吉が直感した、②イエズス会の布教活動（とくに寺社破壊）に本願寺・一向一揆的性格を看取した、③日本布教長コエリョの不用意な政治介入（秀吉の九州出陣に積極的に関与し秀吉の疑念と警戒心を招いた）の三点にまとめられよう。

これに加え見逃してはいけないことは、秀吉は発令同日（十八日ともいわれる）に明石の船上城主、高山右近に棄教を促したが、右近は断固これを拒絶したという事実である。秀吉の狡猾な策略に乗らず決然と棄教を拒否し、右近が大名の地位と領地を潔く棄てたことは、宣教師からは模範的殉教精神を示すものと高く評価されたが、秀吉にとっては家臣が主人の命令に背いたことを意味する。しかも、その理由が君命よりキリシタン信仰が大事という強烈な信仰心にあったとなれば、秀吉の法度を真っ向から否定するもので、右近の生命すら危うくする行為であった。あまつさえ秀吉に禁教・弾圧の絶好の口実を与えるものでもあった。右近の家臣はじめ多くの知人が秀吉との正面衝突を恐れ様々な助言をしたが、右近は説得を退け棄教を拒否した。

ではなぜ秀吉は六月十九日に突如、右近に棄教を迫ったのか。ラウレスはこの間の事情を語るイエズス会史料として、フロイス書簡（一五八八年二月二十日付）は採用すべきでないとし、未刊のプレネスチーノの書簡が事実を知るに適しているとみて、それに依拠し、つぎのように右近に対する秀吉の棄教要求の顛末を詳述する（ラウレス 一九四八）。

まず秀吉が右近に棄教を迫った理由は、①キリシタンの教えは悪魔のものであり、それがこのように日本の武将の間に広まったのは右近の感化によるものだ。これは秀吉にとって好ましくないことである。②キリシタンの間では兄弟以上の親密な団結があり、それは天下の統治にとって重大な障りとなるものと秀吉は恐れている。③右近はさきに高槻の民をキリシタンにした。いま明石の民もキリシタンにするため寺社を破壊し偶像を破壊しているが、これは秀吉としては容認できない。以上を理由に右近に棄教を要求し、これに従えないなら秀吉に仕えることはできないと通告した（第一通告）。

これに対し右近は、高槻・明石でのキリシタン急増は自分の手柄であり、秀吉に何ら無礼をした覚えはない、また全世界に代えてキリシタンの教えと霊魂の救いを棄てる意思はないと述べ、明石六万石は即刻秀吉に返すと答えた。その場にいた者は、うわべだけでも秀吉に恭順するよう促したが、右近は信仰に関し神を裏切る二枚舌は使えないと拒否。使者に対しても自分の真意を正しく秀吉に伝えるよう晴れやかに告げたという。

秀吉は右近の拒絶を聞き、武士らしい見事な態度と感ずるところがあったようである。山崎合戦以来秀吉のため忠節を尽くしてきた右近の高潔な人格を、秀吉自身も高くかっていたからであり、右近の拒絶に激怒と厳刑で応えるようなことはしなかった。右近の本心をさらに確かめ、あわよくば右近の変節を誘おうと再度の使者を送り、「お前が断固として棄教しないというなら知行も大名の身分も没収する。しかし一介の侍として肥後の佐々成政に仕えることは認めよう。これも拒否するなら中国へ追放するしかない」と通告した（第二通告）。この秀吉の妥協案は、右近の功績に免じ武士の身分は奪わないが、今後の棄教・変節を期待するものであった。しかし、右近はこの通告も毅然と拒否し「佐々成政に仕える意思はなく、国外追放するというなら従う覚悟だ」と答えた。そこで秀吉の怒りは爆発し、右近の改易・追放が決まった。この動きと並行し秀吉は十九日、コエリョへ詰問の使いを送り、十九日付追放令五ヵ条を二十日早朝にコエリョに渡した。そこでは右近処罰のことに何も触れていないが、二条目はおそらく右近の所業を念頭に、「当座の領主」が関白秀吉の法に背き領民に信仰を強制することは、もってのほかだとする考えのもとに書かれ、寺社破壊を進める右近に対する怒りと弾劾の思いがこもったものと読まねばならない（岡田 一九七七）。

十八日付禁教令の意図する点は、大名による領民のキリシタン入信の強制を禁じ、大名の入信は「公儀の御意」すなわち秀吉の許可が必要とするところに止まり、宣教師追放にまでは言及していない。だから「禁教令」ではないというのは適切ではない。十一ヵ条の禁教令は伊勢神宮の要請をうけ、まず伊勢神宮に通知されたと指摘されているが、一方で右近に棄教を要求し拒絶されたことにも注意を向けるべきであろう。十八日付禁教令は右近弾劾と密接に関わる法度とみなければならないからだ。この十一ヵ条の日付は後年付けたとの説もあるが、むしろ十八日夜に右近弾劾の策略が施薬院全宗らによって進められたことを示すとみるべきで、この禁教令をもとに右近への詰問と棄教要求がなされ彼の改易と追放が決まったことに注目したい。十八日付禁教令には大名の入信は「秀吉の御意次第」と記されるが、秀吉の右近に対する御意は棄教であったし、それは大友義統・蒲生氏郷にも要求された（五野井 一九九〇）。さらに小西行長・有馬晴信・大村喜前も棄教勧告をうけたが、黒田孝高など棄教を要求されなかった大名もいたようで、すべてのキリシタン大名に等しく棄教を迫ったわけではない（神田二〇一二）。

バテレン追放令を発した秀吉のその後の行動を子細にみていくと、不可解な点がいくつかある。一つは改易・追放を決断するほど右近の所業を憎んだのに、その後も右近に関心をもちその復仕に期待を寄せた点である。二点目は、当時の秀吉政権には右近のほかにも、黒田孝高・小西行長など多数のキリシタン大名がいたのに、前述の通り彼ら全員を対象に厳しい棄教要求がなされていない点である。なぜ右近を標的にあれほど執拗に棄教を迫り、他大名に対しては緩かったのか不可解である。右近の断固とした拒否と秀吉政権からの離反がショックで、ほかのキリシタン大名への態度を変えたのであろうか。右近の拒絶にあい秀吉の標的は十九日令で宣教師に向けられたと理解することも、十分可能なのである（五野井一九九〇）。

しかし、宣教師に二十日以内に国外退去と命じておきながら、何かと理由をつけ国内に留まろうとするコエリョらイエズス会側の「ぶらかし」戦略を秀吉は甘受し、ついに天正十九年にはインド副王の使節として来日したヴァリニャーノと謁見し、一〇人の宣教師滞在を認めるまで後退した点も不可解である。バテレン追放令が出たあとの五、六年間の秀吉の対応は、バテレン追放令・十八日付禁教令いずれも厳正に執行されたようにみえない。イエズス会史料によると、キリシタン大名は秀吉の法に従う限り容認されており、宣教師による目に立つ布教活動が抑制されただけであった。バテレン追放令は法として骨抜きにされ、布教制限は空洞化していた。しかし、秀吉の宣教師とキリシタンへの警戒心は根強く潜在しており、禁教志向は決して弱くなっていないし、大名の考えや方針によっては領内で過酷なキリシタン弾圧がなされた。バテレン追放と禁教に関する秀吉の態度は、かくも不可解で曖昧《あいまい》な状態にあった。

秀吉にとっては内心はともかく、秀吉（豊臣家）に誠意をもって忠節を尽くすこと、公儀の法度に忠実であることが重要であり、本当にキリシタンでないかどうかは二次的な問題であった。南蛮貿易独占と海外派兵

前田利家像（部分・個人蔵）

を意図していた秀吉にとって、キリシタン大名およびイエズス会とよき関係をもつことは、戦略的に必要なことでもあった。キリシタン大名といっても玉石混淆であり、モラル面で問題のある者もいた。そのような大名を秀吉は容赦なく処断したが、右近のように忠誠を尽くす者は重用した。天正十五年六月に出されたバテレン追放令と禁教令いずれも、右近のキリスト教布教者としての感化力の大きさが原因で出されたものである。これまで、この点を看過していた面があると思う。

さて右近の棄教拒否、政権離脱という事態に直面した秀吉は、ほとぼりの冷めるのを待って再び右近を政権に引きつける工作を始めた。世を捨て信仰の世界に純粋に生きる道を選んだ右近にとって忌まわしい勧誘であったが、天正十六年になって秀吉は、右近を大坂におびき寄せる工作を行う。それが秀吉の罠《わな》だと、右近を匿っていた小西行長やコエリョらは大坂行きを引き止めるが、自分が小西領に隠れていることは秀吉が把握しており、秀吉の関心が自分にあるなら逃げるわけにはいかないと敢然と大坂に赴き、秀吉から加賀行きを示唆され、これに従った（ラウレス・海老沢ほか）。

右近が天正十六年後半に加賀前田家に身柄を預けられたという事実は、イエズス会史料および日本側史料によって、古くから周知されていることであるが、なぜ秀吉は加賀前田家、つまり当時秀吉から篤い信頼を得て、筑前守の称号を許されていた前田利家のもとに、右近の身柄を預けたのであろうか。また、右近はなぜこれに従ったのであろうか。この点について、これまでいくつか見解が示されているが、どれも得心のいくものはない。

日置謙「基督教の伝播」は、「南坊（右近）、利家と旧知あり。因りてその領内に住せんことを希ひ、利家また為に高禄を与へて之を優遇す」「是より先蒲生氏郷・豊臣秀次等もまた彼を聘せんと欲したりしが、南坊の之に応ぜずして北陸に安住したりし所以は、一は利家の人格を憧憬したるが為なるべけれども、又利長と同門の茶人として親善なりしに由らずんばあらざるなり」と指摘するが、その典拠は示されていない。日置と同様の指摘を行った片岡弥吉は、『寛永南島変』にある「高山右近紀州へ浪人せし頃、伏見にて加賀大納言利家卿、紀州とて不自由ならば金沢へ来り給へ、三万石ばかり合力すべしと仰せられしに、禄は軽くとも苦しからず、耶蘇宗の一ケ寺建立下さらば参るべしとて加州へ来る」という記述を典拠に掲げるが、『寛永南島変』（森田文庫、石川県立図書館蔵）は加賀の文人堀麦水が宝暦十三年に著した実録体の「物語」（文学作品）であり、史料として利用することはできない（菊池 二〇〇八）。

片岡は同時に『混見摘写』という、寛保年間から安永四年（一七七五）にかけて金沢の吉田守尚なる人物が集めた雑記録を引き、利家は流浪中の右近を「深く労い給ひ、且つ武功の士ゆえに少知にて召し置かれたき旨秀吉公へ仰せ上げられ、御免ありて二万七〇〇〇石にて御国に」招聘《しょうへい》したと述べ、利家の推挙で金沢に来たことに注目した。日置の主張もこうした文献に拠ったものであろうが、『混見摘写』全二十一巻（森田文庫）をみる限り、良質の伝聞・旧記は決して多くなく、奇談・奇聞の類まで併載する雑記録なので史料として価値が劣る。参考史料としての利用にとどめるべきであろう。

『混見摘写』の中に、秀吉の命をうけた千利休が、棄教拒否した右近に翻意するよう説得に行った逸話を載せる。右近は「武士に二言なし」と断固として秀吉への回答を変えようとしなかったので、その覚悟と志操の堅固さに利休も感銘したと記す。しかし、これは右近の真意を曲解した問題のすり替えである。本来はデウスへの信仰の深さ、殉教精神の強さが称賛されるべきところ武士道精神の発揚にすり替えたのは、江戸中期「泰平の世」に書かれた右近伝説の宿命ともいえ、その意味でも『混見摘写』の記述は採用しにくい。

これに対しイエズス会史料を博捜したラウレスは、前田家寄寓の事情を以下のように述べる。「（秀吉が）右近の追放を撤回し、加賀で以前と同様の知行を得ることを望み、妻子ともに加賀へ移住することを認めた」という情報が九州まで流れたが、それは誤報であり秀吉は約束した年俸を右近に与えず、前田家は期待されるような友情や親切を示さなかったという。さらに日本布教長であったコエリョの書簡によれば、金沢の右近は遺憾ながら貧乏と困窮の中にあり、「自由を奪われ、より一層追放人となっている」「我らは、関白殿が同地で彼を殺しはせぬかと大いに憂慮している」（カルタス・エヴォラ　一五九八）という状態で、前田家は右近が期待したような待遇を与えず右近はひどく失望した。右近は加賀で囚人同様に扱われ、それは関白秀吉の委託で行われたとラウレスは指摘した。

ところが巡察師ヴァリニャーノが一五九〇年に京都を訪問し、秀吉と聚楽第《じゅらくだい》での謁見に成功したあと、ラウレスの記述は一転する。右近は前田家から好遇されており、ヴァリニャーノはこれを聞きひどく喜んだと記す。コエリョの一五八九年二月二十日付書簡は確かに、右近は金沢で囚人同様に扱われ秀吉に殺されるかもしれないと案じたが、同年十月七日付コエリョ書簡は、右近は秀吉から二万石（俵）、父は六〇〇〇石（俵）の俸禄を得ていると述べたことを根拠に、加賀での不遇は長く続かず、金沢到着後まもなく、秀吉から俸禄が与えられ相当の待遇をうけることになったとしている。さらにフロイスの年報（一五九一・九二年）によれば、一五八九年頃に秀吉の弟秀長の嘆願によって、右近は「五畿内以外はどこに住んでもよい」との許しが出たという。そこで前田家は右近を加賀国に召し抱え俸禄を与えたというが、秀長の嘆願時期と前田家召抱時の間に若干のずれがあり、なお疑義を残す。

このようにイエズス会史料に目を向けると同時代の多くの証言が入手できるが、多くの齟齬・矛盾を含んだ情報である点にも注意しなければならない。ラウレスは、これら公開性のイエズス会史料の記述を検証・総括し、「おそらく右近は、暫らくの間は囚人として貧困の中に金沢で過ごし、秀長の世話でそれから間もなくより自由と身分相応の収入を得たものであろう」と結論付けるが、おおむね妥当な理解とみてよい。

したがって、キリシタンに同情的な利家が秀吉へ「取りなし」、前田家召抱が認められたという理解は、日置・片岡説のみに依拠したもので賛同できない。誇張や矛盾を含むとはいえ、同時代の日本にいた宣教師たちの語るところを慎重に吟味し採用したほうがよい。イエズス会士通信から窺える加賀行きの事情によれば、秀吉の強い意向がまずあり、前田利家や大納言秀長らの取りなし・嘆願は二次的なものと理解できる。右近の加賀行きは秀吉の掌中でなされ、その監視をうけていたといえる。文禄四年に前田利家が得た越中新川郡（太閤蔵入地）は、右近のような客将を抱えていた前田家への代償とみることもできる。

右近の加賀行きの事情は、まずは上記のようなものと理解してよいが、私はこれに加え、加賀がかつて一向一揆の国であったことも理由の一つであったと考えている。そう考えた根拠は、十八日付禁教令に書かれた「一向宗其国郡に寺内をたて、給人へ年貢を成さず幷加賀一国門徒に成り候て国主の富樫追出（中略）天下のさわりなり候儀、その隠れなき候事」という記述である。前述の通り十八日令は右近の行為を弾劾するため用意されたもので、右近が高槻や明石で領民にキリシタン入信を強制し神社仏閣を破壊したことは、かつての一向一揆よりもたちが悪いと秀吉は考えていた。かつて一向一揆が守護を追い出した加賀を、前田利家がいまどのように治めているか右近に実見させ、右近の布教活動、感化力を掣肘《せいちゅう》しようと意図したのではないか。一向宗がなお隠然たる力をもって加賀に存在したからである。

前田領の本願寺と一向宗の勢力は、慶長年間のイエズス会日本年報が語るほど凋落したとはいえない。むろん、その勢いは一向一揆の時代ほどでないにしても、城下町金沢や加賀では篤信門徒が在地の有力者となっており、依然影響力は強かった（神田 二〇〇七ほか）。そのことを端的に示すのが慶長二年の真宗門徒誓詞である。これは教如を崇拝する篤信門徒一七八名が、秀吉の定めた新宗主准如を認めず、豊臣家と前田家に背いたことを強く叱責されたあと、新宗主に参詣すると誓約したものである（木越隆三 二〇一二・塩崎

**金沢城甚右衛門坂下**

**金沢の切支丹寺**（「金沢城図」・所蔵者不明）
金沢に建設した右近の教会位置については金沢城甚右衛門坂下の大谷廟所付近とする説と、紺屋坂下にあったとする説（絵図）があるが、いずれも伝承の域を出ないものである。

二〇一二)。秀吉は天正十一年以後の戦争において、一向一揆のリーダー格の寺院や有力者に、味方するよう呼びかけ、彼らと盟約を結び和解していた。それゆえ右近が金沢に行った頃、加賀や金沢の庶民の間で浄土真宗は勢力を回復していたし、前田家は菩提寺の曹洞宗寺院のほか、白山社、法華宗・浄土宗寺院などへの寄進や再興事業を盛んに行っていた。

信仰面で感化力の大きい右近を、あえて真宗門徒の勢いの強い加賀に送ったのは、一向一揆の伝統を受け継ぐ加賀門徒の世界に送れば、右近の宗教的感化力は十分押さえられると見込んだからである。模範的なキリシタンを一向宗の僧と対決させるという秀吉の「悪意」も垣間見える処置といえる。

## 二、前田利長と高山右近の人格的関係

金沢に寄寓した高山右近が、利家家臣として二万石を超える知行を得たのは、おそらく文禄年間のこととみられる。右近は前田家客将として、天正十八年(一五九〇)の関東の役(小田原の北条氏攻め)に出陣し手柄をたて、秀吉からも忠節を尽くしたと認知されたあと、一定の知行が下されたのであろう。利家は秀吉の意向を重んじて行動したはずで、家中から不満が出ないようにも配慮していたから、いきなり高額の知行を与えたとみることはできない。

同年六月巡察師ヴァリニャーノが再来日し、秀吉に謁見するため大坂・京都まで来たとき、右近はヴァリニャーノと会談した。そこで布教活動再興のための方策を模索したが、武将として陽の当たる場に出ることを拒む右近は、ヴァリニャーノから説得されたようである。「世捨て」を望んでいた右近は、ヴァリニャーノ

**前田利長像**（部分・長光寺本・高岡市立博物館蔵）

の要請をうけ徐々に地位回復に主体的になったようにみえる。翌年閏正月、ヴァリニャーノは秀吉に聚楽第で謁見、秀吉は上機嫌でヴァリニャーノの行動の自由を認めた。この直後、前田利長はヴァリニャーノ一行に洗礼を願い出たが、有力大名の利長が入信したとなれば、秀吉の怒りが再燃する恐れがあったから、ヴァリニャーノは洗礼を先送りするよう助言し利長の思いをかわした（一五九一・九二年年報）。こうしたイエズス会側の配慮によって、秀吉の右近に対する怒りは和らぎ、秀吉は肥前名護屋で謁見をうけると指示するまでになった。ヴァリニャーノの政治手腕によるものである（ラウレス 一九四八）。

文禄元年（一五九二）、秀吉は念願の朝鮮出陣を断行した。諸大名に動員令が下り、利家は京都を経て肥前名護屋に着陣した。利長（越中守山城主）は金沢城に来て留守を預かり、その間金沢城の石垣普請を行った。肥前名護屋では秀吉から右近に再仕の働きかけがあり、右近は肥前名護屋で秀吉に謁見したが秀吉は再度の出仕までは求めなかった。同年十一月に行われた秀吉の前田邸御成（肥前名護屋）においては、右近も相伴したのであろう（海老沢 一九五八）。

伏見城に戻った秀吉は文禄三年（一五九四）、伏見の前田邸に式正の御成を行ったが、この御成記（表2）に右近の名があり、前田家重臣として礼物を献上したことがわかる。この頃、秀吉の右近に対する勘気が解けたとみてよい。右近の序列は列席した重臣二二人中六番目であり、当時の知行高が二万石を超えていたことは確実である。その頃、右近はキリスト教から離れつつあった蒲生氏郷の信仰回復に尽くしたが、氏郷は病を得ており、看病のかいなく病死している。また天正十六年から利長の領地越中にいた父ダリヨ(飛騨守)の病状がすすみ、文禄二年京都に転地させたが、文禄四年京都で死去した。さらに文禄五年九月におきたサン・フェリペ号事件が穏便に済むよう裏方で右近も奔走したが、二四人の宣教師・信者が畿内で逮捕され長崎西坂の丘で処刑されるという結果になった。秀吉の禁教姿勢は何も変わっておらず、秀吉の怒りは右近に向けられる可能性があったが、利家は右近を説得し、秀吉には「右近は加賀で民衆への布教はしていない」と説明し取りなした(ラウレス・海老沢)。右近は殉教の機会を逸したと悔しがったという。

慶長三年八月、秀吉が大坂城にて薨去《こうきょ》、続いて慶長四年閏三月には利家も秀吉のあとを追うように大坂で亡くなった。利長は前田宗家の家長として三ヶ国を支配し、能登にいた弟利政はじめ前田家の歴々たる重臣団を率い、前田家の命運を名実ともに担った。利長は利家家臣団に自分の家臣団を融合させ、秀吉なきあと混迷する政局にどう対処したのか。高山右近は二万五〇〇〇石前後の知行高をもって利長に仕えたが、両者の関係はいかなるものか、イエズス会側の史料を批判的に検証したい。紙数が限られているので、慶長四年から慶長十九年までの前田家と加賀藩家臣団の動向は、青山玄らの詳細な考察や表1に譲り、利長の右近およびキリシタン布教への親和的態度をどう評価するかの問題に限定し述べたい。

右近の経歴や高潔な人格に、利長が格別の敬愛を抱いていたことはイエズス会史料から容易に窺えることである。それは父利家以上のものといえ、三十歳頃の利長がヴァリニャーノに洗礼を求めたのは、数年前より利長領に右近の父ダリヨを住まわせ、その人となりに影響されたためと指摘される(ラウレス　一九四八)。確かに「一六〇一・〇二年の日本の諸事」などのイエズス会年報(4)を読む限り、慶長四、五年の政治危機を乗り越えたあとの利長は、右近の布教活動に対し極めて好意的な対応を示している。しかし、一向宗の凋落を指

## 表1　金沢の高山右近年表

| 西暦 | 和暦 | 齢 | 事績 |
|---|---|---|---|
| 一五八六 | 天正十四年 | 35 | イエズス会準管区長コエリョを伴い、大坂城で秀吉に謁見。 |
| 一五八七 | 天正十五年 | 36 | 九州出兵に加わる。六月バテレン追放令出る。右近は棄教を拒否し改易、追放。小西行長の援助で小豆島に隠棲。 |
| 一五八八 | 天正十六年 | 37 | 小西行長、肥後に移封。右近は肥後から大坂に行き、秀吉の内意をうけ前田利家のもとに寄寓。家族とともに加賀藩領へ。 |
| 一五九〇 | 天正十八年 | 39 | 前田勢の客将として小田原役に出陣し軍功をあげ、秀吉に報告される。 |
| 一五九二 | 文禄元年 | 41 | 朝鮮出陣のため肥前名護屋に行く。名護屋にて秀吉に謁す。 |
| 一五九四 | 文禄三年 | 43 | 父飛騨守、死去。四月秀吉が伏見の前田邸を訪問、右近も列席。 |
| 一五九六 | 慶長元年 | 45 | サン・フェリペ号事件おき、右近も奔走する。 |
| 一五九八 | 慶長三年 | 47 | 秀吉、大坂城にて死去。富山城主の前田利長、家督相続する。 |
| 一五九九 | 慶長四年 | 48 | 前田利家、大坂にて死去。利長、家康から謀反の嫌疑をかけられ、横山長知らが上方に行き弁明する。戦争に備え金沢に惣構を建設する。 |
| 一六〇〇 | 慶長五年 | 49 | 利長は母芳春院を人質に出し、徳川方に服属する。大聖寺城を攻め凱旋。九月小松の丹羽長重と和睦し上方へ出陣（右近も先手として出役）。家康から南加賀二郡を加増され三ヵ国一一九万石の太守となる。 |
| 一六〇一 | 慶長六年 | 50 | 家督を継ぐ予定の利長弟利常に、徳川秀忠二女珠姫が嫁す。右近は私費を投じ金沢に教会を建設。 |
| 一六〇三 | 慶長八年 | 52 | 右近の周旋で内藤如安を前田家に招聘。金沢に司祭館ができ、能登に教会を建設。 |
| 一六〇四 | 慶長九年 | 53 | 金沢の教会に宣教師を常駐させることが決まり、翌年よりイルマンと二人で常駐。 |
| 一六〇五 | 慶長十年 | 54 | 利長、家督を異母弟利常に譲り富山城に隠居。 |
| 一六〇七 | 慶長十二年 | 56 | 前田家に受洗した豪姫が戻り、キリシタンの宇喜多休閑を召し抱える。 |

| | | | |
|---|---|---|---|
| 一六〇九 | 慶長十四年 | 58 | 富山城が焼失。利長、右近らに縄張を命じ高岡城を建設。 |
| 一六一一 | 慶長十六年 | 60 | 幕府、諸大名に三ヵ条の誓約書を出させる。利長、家臣団引き締めのため本多政重を三万石で招聘。利長は病気が重くなり、遺戒や遺言を作成し下す。 |
| 一六一二 | 慶長十七年 | 61 | 幕府、直轄地に禁教令を出す。利長は右近の棄教を望む。 |
| 一六一三 | 慶長十八年 | 62 | 十二月、幕府は全国に禁教令を発令、武士以外の庶民まで禁教の対象とし迫害始まる。 |
| 一六一四 | 慶長十九年 | 63 | 幕府からキリシタン家臣の追放・召放が指令され、前田家は右近・如安・休閑らキリシタン家臣を幕府役人に引き渡す。右近は国外追放となり、長崎からマニラへ。 |
| 一六一五 | 慶長二十年 | 64 | 正月五日(西暦二月三日)、マニラにて病死。全マニラ市が葬儀執行、イエズス会聖堂に葬る。 |

摘した箇所や、利長が母や姉妹にキリシタン入信を勧め、これに母芳春院が応じたと記述した部分は、史実として疑義がある。現在残る多くの芳春院書状にほとんどキリシタンに関する記述がなく、(5)彼女は曹洞宗総持寺を支援し白山社の再興にも熱心であった。そうした仏教寺院擁護の姿勢から、キリシタンに傾く息子利長をどうみていたのだろうと、逆に疑問が増す。

右近が私費を投じて設立した金沢の教会に、京都から宣教師を迎え大勢の前田家中がそこに集うことを利長が容認したことまでは、事実と認めてよいが、家臣たちに入信を勧めたとする記述は誇張ではないのか。慶長十七年・十八年に家康から禁教令が出されるやいなや手のひらを返すように、右近らキリシタン家臣をいとも簡単に徳川幕府に差し出してしまう利長の態度に、ラウレスは大きな疑問を呈しているが同感である。

ラウレスの疑問は加賀藩研究者も共有できるものであり、日本側史料、とくに加賀藩関係の史料をみる限り、利長がキリスト教に心を奪われていたとはいえない。それは、のちに史料のロンダリングがなされ、キリシタンを保護したと読める文献がすべて抹殺されたからとみることもできる。しかし、利長の行った政務や交際の範囲は広汎であるから、すべて抹消することは難しい。残された史料を丹念に読めば片鱗は出てくるはずである。同様にイエズス会年報を批判的に読んでいけば、イエズス会の作為・虚飾は剥がれるはずである。日本側史料も改めて批判的に読み直し、その上でイエズス会史料との齟齬・矛盾を検証すれば、両者の間の乖離《かいり》はもっと近くなるのではないか。

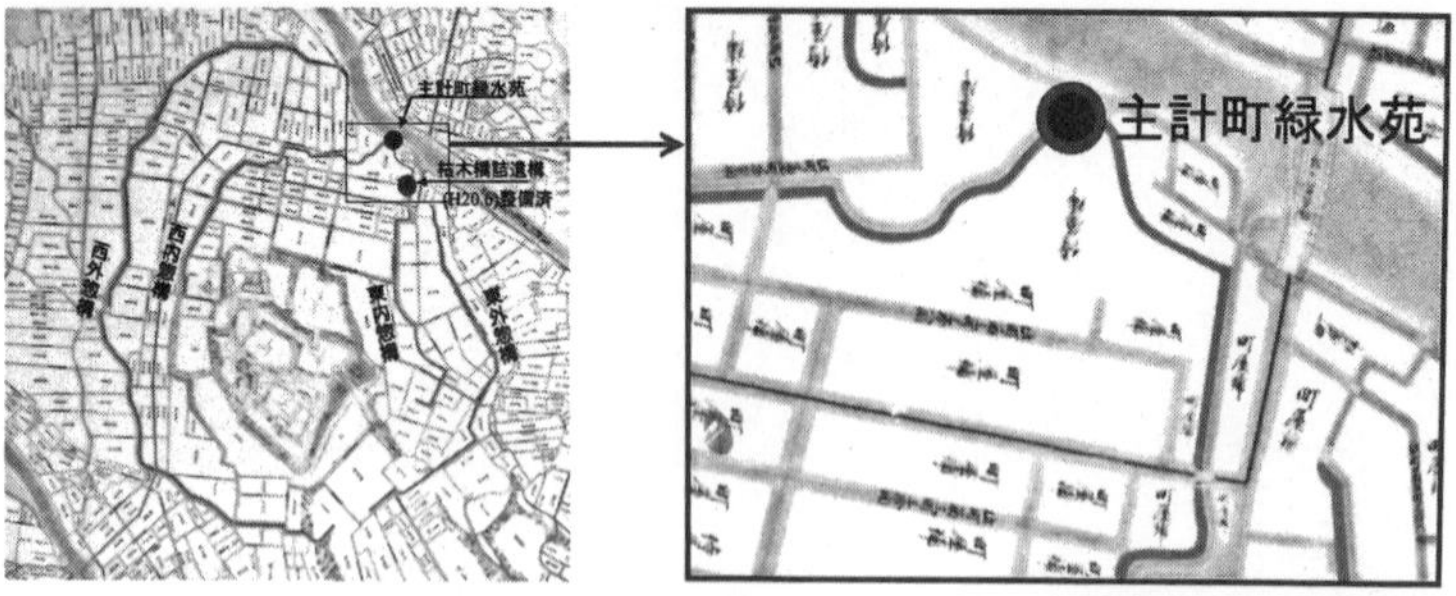

慶長四年末から五年にかけて造営された金沢の惣構は高山右近が縄張したと伝承されるが、確たる史料による裏付けはない。可能性のある伝承だが、右近だけの功績だったのか、なぜそのような伝承が江戸期に流布したのか検討する必要がある。

〈上〉**金沢惣構絵図**〔金沢市提供〕〈下〉**西内惣構 緑水苑**

表2に掲げた慶長五年九月の右近宛書状から、右近が関ヶ原などの戦陣においては「先手」を構成する軍団に属する武将であることがわかる。加賀藩ではこれを人持組頭《ひともちくみがしら》というが、右近が人持組頭であったことは間違いなく、表2の3・6・7からは、平時にあっては村方からの訴訟に裁定を下す横目衆に右近は就任しており、百姓目安を取り扱う民政官として活躍したことがわかる。慶長十年から家督を嗣いだ三代利常の政治を補佐した三年寄衆（横山長知・篠原一孝・奥村家福）は、常置の年寄衆として大きな権限をもっていたが、そのほか右近のよ

表2　高山右近関係古文書リスト

| | 西暦 | 年月日 | 発給者・作成者 | 宛名ほか | 史料の内容 | 典拠・所蔵 |
|---|---|---|---|---|---|---|
| 1 | 一五九四 | 文禄三年四月八日 | 「豊太閤前田邸御成記」（内題）「加賀之中納言へ御成之事」 | | 太閤秀吉が前田邸を訪問したときの記録。「家中御礼」の項に同席した前田家臣二二名の献上品を列記。高山右近は上から六番目にみえ「杉原百帖・御袷弐つ」献上。秀吉と同席したことが明瞭にわかる史料。 | 前田育徳会蔵 |
| 2 | 一六〇〇 | 慶長五年九月二十五日 | 前田利長 | 南坊・長連龍・山崎長鏡・太田長知・横山長知・其外先手中 | 家康の出兵要請に応じて九月十一日に金沢を発した利長は、小松城の丹羽長重と講和し南下し、家康から関ヶ原での勝利の報せをうけたのち、同月二十二日大津で家康に謁見し、京都から大坂に進軍。二十五日、右近はじめ先手の諸将に、明日西岡へ進軍するが、「武者押し」に乱れなく行儀を正して行軍・陣取するよう命じた。 | 「加賀古文書」（『加賀藩史料』） |
| 3 | 一六〇三 | 慶長八年六月十六日 | 南坊等伯・斎藤景継・江守元家・寺西宗与・篠原一孝・山崎長鏡・長連龍・中川宗重 | 河崎村・今里村など七村肝煎中 | 砺波郡七ヵ村から訴えてきた井波村との山境争論に、右近は横目衆の一員として裁定を下した。 | 「越中古文書 二」（加越能文庫） |
| 4 | 一六〇五 | 慶長十年十二月五日 | 南坊内坂井勘左衛門・大膳内荒川三郎左衛門・青山佐渡ほか五人 | （柳瀬村中か） | 砺波郡の柳瀬村に領地をもつ八人の給人の一人であった右近（家臣の坂井氏）は、八人で取り決めた統一税率を村方に通知した。 | 「旧記」菊池文書（富山大学） |
| 5 | 一六〇六 | 慶長十一年二月二十七日 | なし | なし | 砺波郡柳瀬村一四四九石に所領をもつ八給人と蔵入地高の内訳を記述した覚書。「給人分　南坊助」の知行高は八九石七斗四合と記す。 | 「旧記」菊池文書（富山大学） |

| | 西暦 | 年月日 | 発給者・作成者 | 宛名ほか | 史料の内容 | 典拠・所蔵 |
|---|---|---|---|---|---|---|
| 6 | 一六〇六 | 慶長十一年九月十六日 | 南坊等伯・岡嶋一吉・横山長知・篠原一孝・山崎長鏡・中川光重 | なし | 羽咋村から利家が認めた諸役免除の特権を安堵するよう請求してきたので、他の横目衆とともに裁定を下した。 | 「国事雑抄」（『加賀藩史料』） |
| 7 | 一六〇八 | 慶長十三年二月十四日 | 南坊等伯・岡嶋一吉・横山長知・篠原一孝・山崎長鏡・中川光重・奥村栄明・江守元家 | なし | 走百姓の詮索は公儀より仰せ付けるので代官・給人に届ける必要はない、また走り百姓の捜索と跡地維持などを十村組の責務とするなど十村の職務に関する五ヵ条定書を横目衆として下達。右近も横目衆の一人。 | 「万治已前御定書」（『加賀藩史料』） |
| 8 | 一六一一 | 慶長十六年五月十五日 | 肥前守利長 | 前田長種・山崎長徳・前田知好・村井長次・中川光重・篠原一孝・高山南房以下四一名と馬廻組頭中・鉄砲弓頭衆中・小姓番頭中 | 公儀御恩を大切にし、自分の死後も利常が将軍に逆乱せぬよう諭し、前田家の存続を願った七ヵ条遺訓を重臣に示した。重臣の上位に右近もいた。 | 「両亜相公治命書」（『加賀藩史料』） |

うな人持組頭クラスの重臣が多数、横目衆として随時政務に参画していた。とくに慶長十三年二月令は、大名前田権力が「公儀」を標榜し十村制度の充実を図った法令であり、ここに右近が連署している意味は大きい。前田家民政の基本政策（走り百姓対策と夫役徴用政策）に右近は関わっていたのである。ここに連署する重臣団のうち、右近・横山・山崎・長は近しい仲間で、中川・篠原・岡島はこのグループと対抗する別の仲間だと述べる記録（「象賢紀略」）もあるが、このグループ分けを固定的にみるのは危険である。当時の重臣それぞれが個性豊かで自律性をもっていたと理解すべきことなのであろう。利長はこうした歴々の重臣をまとめるのに腐心していた。だから右近にばかり肩入れしていては、家中の統合は難しかったはずで、むしろ右近がど

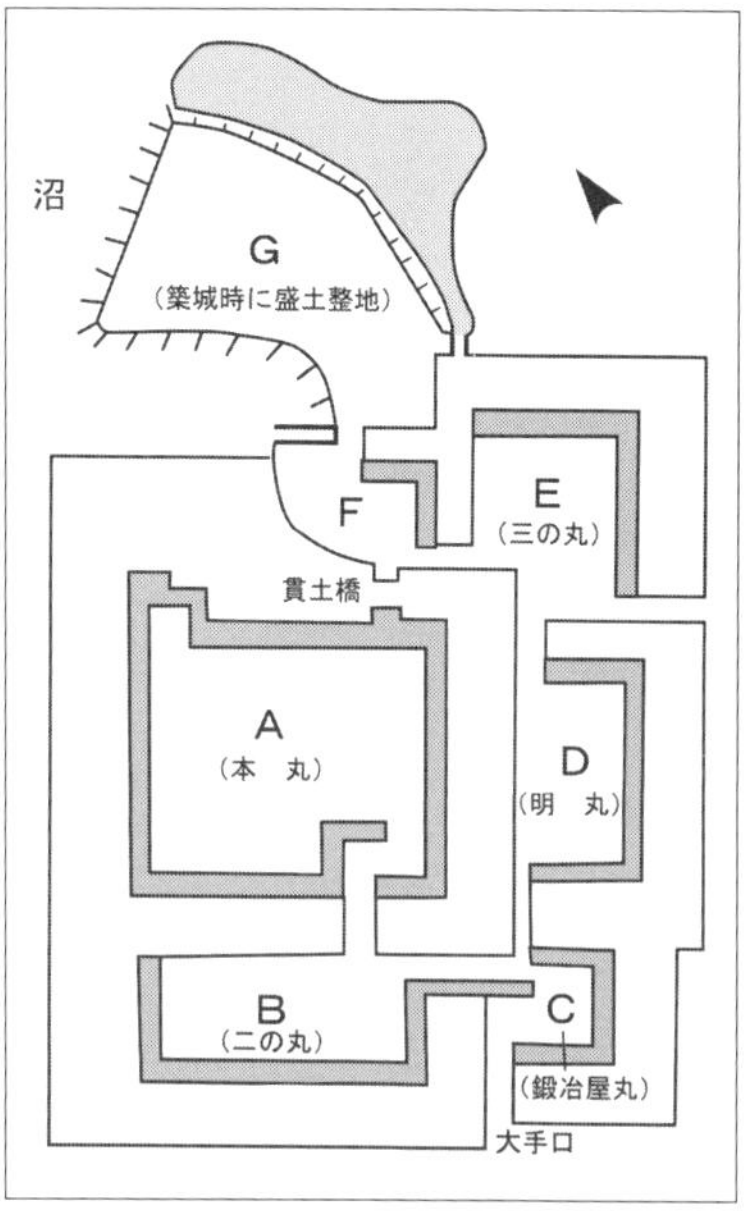

慶長十四年の五月～九月にわずか五ヵ月で建設された高岡城は、庄川と小矢部川が合流する関野に新たに作られた城下町の拠点であった。右近はこのビッグプロジェクトの計画策定にあたり、利長のブレインとして助言したのではないか。

〈左〉**高岡城縄張模式図**　〈上〉**高岡城遠景**
〔いずれも高岡市教育委員会『富山県高岡市高岡城跡詳細調査報告書』より転載〕

のように主君利長を助けたのかを知りたい。

これまで、慶長五年以後の前田領では右近の模範的キリシタン生活が展開され、利長がそれを容認し入信を奨励したので、加賀でキリシタン文化が花開いたと指摘されている（海老沢・見瀬ほか）。しかし、ラウレスは利長の好意的態度の裏にある不誠実さを読み取り、利長の態度は極めて表面的なものと判断した。そしてラウレスはいう。大きなキリシタン弾圧がないこの時期、もっと多くの武士・庶民が入信してもよいはずなのに、結果として目覚ましい布教成果が出ていないと。さらにその大きな原因は利長の「慎重な態度」にあったとラウレスは理解した。とくに庶民の入信が少なく、武士ばかりの教会になっていたことを問題にしたが、金沢の右近は彼の奉公人たちに対し「異教徒たちの感情を損なうことは、少しでも行わぬよう厳しく戒め」（パシオ長崎発「一六〇一年日本年報」）、金沢の異教徒たちに慎重な態度で臨んでいた。一向宗の人々とのトラブルを避けていたのだろうか。高槻とは異なる自制的態度が看取できる。

ラウレスは「かくも度々信仰を望み、心の中でキリシタン宗を尊敬し、高山右近のおどろくべき力を嘆賞したその同じ人物が、三年とたたぬ中に、家康の寵を失ふまいとして、この高山に信仰を棄てるやうに勧誘することを望んだ」（ラウレス　一九四八、三四二頁）と述べ利長に不信感を表明するが、右近の慎重な布教態度も、利長の曖昧な姿勢によるものであった。慶長十七年に幕府直轄地で禁教令が出されると、利長は右近に棄教を促そうと考えたが、説得する自信がないので、右近と親しい重臣横山長知《ながちか》に「家康はキリシタンを強く嫌悪している。表向きだけキリシタンでないことを家康に示せたら利長は大いに喜ぶ」という内容の書面を託した。しかし長知は利長に、右近ほどの人物が事ここに至って、このような書面に心を動かし棄教などするはずがないと諫言したので、利長はそうした工作をあきらめ、以後右近らキリシタン家臣の心を煩わせることはしなかったという（ラウレス　一九四八）。

以上はいずれもイエズス会史料に描かれた利長の姿であるが、それまでのキリシタン擁護の姿とうって変わり、家康を恐れ前田家の存続を第一に考える政治家としての姿が前面に出ており、慶長期の多くの大名に共通するものであった。慶長十七年・十八年の禁教令以後の利長の姿勢こそが利長の本質であると断ずるラウレスの指摘は、日本側史料に一致し都合がよいが、それですべて解決するようにも思われない。利長の曖昧な態度の究極の原因は、家康の暗黙の禁教意図や前田の家を存続させる強烈な意志だとしても、天正末年あるいは慶長五、六年頃に示したキリスト教への関心は何だったか、もう少し利長の内面を探る必要がある。異国の「一神教」という独特の宗教文化を、西洋人と日本人では全く異なる次元で理解していた可能性があるからだ。

# むすび

バテレン追放令の要因の一つは、秀吉が高山右近の宗教的感化力に脅威を感じたことにあった。だから秀吉はまず右近に棄教を迫ったが、拒否されると宣教師に国外退去を命じた。さらに九州各地でイエズス会に与えた特権を否定し宣教師迫害を行ったが、右近は結局棄教せず改易・追放され、宣教師も多くが日本に留まった。バテレン追放令の意図した大半は有名無実となった。右近が棄教を拒否し大名の地位を潔く投げ出したため、秀吉の目算は狂った。秀吉が右近を再び引き寄せ加賀に行かせた理由は、前田利家もその統制に手を焼いていた一向宗の国に送ることで、右近の宗教的影響力を最小限に抑え、同時に右近を監視するためであった。これが本論前半で指摘したかった点である。

本論後半では、右近の高潔な人格に傾倒した前田利長と右近の交わりをどう理解すべきか、ラウレスの解釈を紹介した。日本側史料からみるとラウレスの解釈は妥当であるが、利長の内面やキリシタン認識を想像すると、イエズス会史料が語るキリスト教への親近感を、一方的に偽善・擬装と切り捨てるのも問題がある。それは、日欧の一神教に対する理解・受容の違い、その溝の深さが背景にある「食い違い」だと私は想定している。この点は、右近と深い交流をもった横山長知・康玄《やすはる》父子についてもいえる。横山父子に与えた右近の感化については、本論で十分言及できなかったが、それなりに大きな影響を与えたと考えている。右近らキリシタン家臣追放直後の慶長十九年二月、長知は菩提寺である松山寺《しょうざんじ》(曹洞宗)にて剃髪出家し、康玄ら男子を引き連れ上方へ牢籠する。主人である三代利常は、主人に断りもなく出奔したことに激怒したが、本多政重が取りなし、幕府からの嫌疑も避けた。同年十一月、大坂冬の陣の出陣途上にあった利常は、横山父子の前田家帰参を許し、元和以後横山氏は本多政重と並び藩政の重職に復帰した（木越隆三 二〇〇七・八）。若き康玄は右近の娘ルチアと結婚し洗礼を受けていたが、右近追放時に右近の強い意向でルチアと別れ康玄は金沢に残り、ルチアはマニラに去った（ラウレス 一九四八）。横山父子出奔の動機は、前田家の安泰を図るためのケジメだったといえるが、横山父子にとっては高山右近と訣別する意味もあった。復帰後の康玄はキリシタンであったことが嘘のように、藩重臣として禁教政策などの政務を推し進める。慶長十九年二月から十一月までの十ヶ月の間に、横山父子は右近との関わりで得た何を棄てたのであろうか。何か残したものはないのか。(6)

横山父子は重臣として正保年間まで利常を補佐し、加賀藩政の確立に貢献した。寛永期の藩農政や村・町支配の基本政策立案にも関わったが、そこに右近の影響を間接的ながら読み取れないかと考えている。その前提として、右近は高槻・明石で武家領主としてどういう領民支配を展開したのか解明される必要がある。従来の武家領主像に変化をもたらすような支配者モラル（倫理）をいかに実践していたのだろうか。それが今後の大きな課題だと考えている。

〈註〉

（1）村上直次郎訳『耶蘇会士日本通信』京畿編・豊後編（聚芳閣、一九二七～一九二八）、松田毅一監訳『十六・七世紀イエズス会日本報告集』（同朋舎出版、一九八七～一九九八）、松田毅一・川崎桃太訳『完訳フロイス日本史』（中央公論新社、二〇〇〇）、ヴァリニャーノ著 松田毅一訳『日本巡察記』（平凡社、一九七三）など。

（2）前掲『完訳フロイス日本史』『日本巡察記』に付された松田毅一による史料解題・解説。

（3）三鬼 一九八三・岩澤 一九七九・五野井 一九九〇・山本 二〇〇九・神田 二〇一二などで、バテレン追放令と前日の大名禁教令の関係を論じているが、十八日令の呼び方は様々である。バテレン追放令の一つ（一部分）とみる者もあれば別物とみる見方もある。本論では法令の文言だけでなく社会的影響力も考えるなら「禁教令」と呼んでもよいと考え、仮称を掲げてみた。十八日令は大名の入信規制を定めただけで、「キリスト教入信は各自の心ざし次第」という原則があるから「禁教令」ではないとする説（山本 二〇〇九・神田 二〇一二ほか）もあるが、十八日・十九日の法度が高山右近らキリシタン大名やイエズス会関係者に与えた動揺・混乱は大きいと言わざるを得ないから、私は「禁教令」の嚆矢とみてよいと考える。

（4）松田毅一監訳『十六・七世紀イエズス会日本報告集』第一期一巻（同朋舎出版、一九八七）。なお木越邦子 二〇〇六の史料編に前田利長関係分を抜粋抄録する。

（5）まつの書状の中の一点だけがキリスト教会にふれる。奥歯からの突然の出血に対処するため、「ダイウス所には奇特なる薬が御入候、まま問い候へ」（『図録芳春院まつの書状』一八、前田土佐守資料館、二〇一一）とキリスト教会から良薬を求め治療したという内容である。この教会が江戸にあるのか京都にあるのか不明だが、非常時に医薬の要請を教会に求めたことが窺え、そこに利長の影響を認めることは可能であるが、過大な評価は慎みたい。

（6）木越隆三 二〇〇八では、高岡城の利長が危篤という情報に接し、生涯利長に仕えてきた長知は殉死する覚悟で剃髪・出奔したと述べ、右近との関係を清算する意味に言及していない。今後さらに右近追放と関連させ出奔の意味を検討すべきと考えている。重臣団の不和・対立、対幕府の嫌疑という現実的な問題の処理のほか、心の内の問題として右近への贖罪、長崎に連行された右近一族への援助といったことも想定されるが、すべて史料がないので後考をまちたい。

〈主な参考文献〉


青山 玄「金沢における高山右近とその周辺」『キリシタン文化研究会会報』第一六年三・四号、一九七四

安野眞幸『バテレン追放令 16世紀の日欧対決』日本エディタースクール出版部、一九八九

岩澤愿彦「豊臣秀吉の伴天連成敗朱印状について」『國學院雑誌』八〇巻一一号、一九七九

海老沢有道『高山右近』吉川弘文館、一九五八

岡田章雄『キリシタン大名』教育社、一九七七

片岡弥吉『高山右近大夫長房伝』カトリック中央書院、一九三六

神田千里『一向一揆と石山合戦』吉川弘文館、二〇〇七

神田千里「伴天連追放令に関する一考察―ルイス・フロイス文書を中心に―」『東洋大学文学部紀要』史学編三七号、二〇一二
菊池庸介「実録「作者」堀麦水」『近世実録の研究』汲古書院、二〇〇八
木越邦子『キリシタンの記憶』桂書房、二〇〇六
木越隆三「横山長知と藩年寄衆の成立」『金沢城代と横山家文書の研究』金沢城調査研究所、二〇〇七
木越隆三「横山長知の出奔と本多政重」『地域社会の歴史と人物』北國新聞社、二〇〇八
木越隆三「武家地に付けられた町名」『金沢城研究』一〇号、二〇一二
五野井隆史「徳川幕府初期の禁教政策」『徳川初期キリシタン史研究』吉川弘文館、一九八三
五野井隆史『日本キリスト教史』吉川弘文館、一九九〇
塩崎久代「天正～慶長期の一向一揆」『石川県立歴史博物館紀要』二〇号、二〇一二
高瀬弘一郎『キリシタンの世紀』岩波書店、一九九三
高橋裕史『イエズス会の世界戦略』講談社、二〇〇六
日置謙「基督教の伝播」『石川県史』第二編（復刻版）、一九三九（一九七四復刻）
藤井譲治『日本近世の歴史一　天下人の時代』吉川弘文館、二〇一一
三鬼清一郎「キリシタン禁令の再検討」『キリシタン研究』二十三輯、一九八三
見瀬和雄「加賀藩におけるキリシタン禁制の展開」『市史かなざわ』一号、一九九六（『利家・利長・利常』に再録、北國新聞社、二〇〇二）
山本博文『天下人の一級史料』柏書房、二〇〇九
J・ラウレス『高山右近の生涯―日本初期基督教史―』エンデルレ書店、一九四八
J・ラウレス『高山右近の研究と史料』六興出版社、一九四九
渡辺良次郎「本阿弥光悦と加賀藩」『國學院雑誌』五九巻八号、一九六一

# 第二章　高山右近とキリシタン大名の周辺

# 蒲生氏郷と黒田官兵衛
## ——右近と豊臣政権のキリシタン武将——

中西裕樹

## はじめに

高山右近は、豊臣政権下の武将たちをキリスト教へと導き、その代表が蒲生氏郷と黒田官兵衛（以下、孝高）であった。当時のイエズス会士らは布教の契機拡大として期待し、先行研究では右近による布教の成果として取り上げてきた。特に氏郷は、同じく右近によって入信した牧村利貞（秀光）や瀬田左馬丞（掃部《かもん》）、そして右近とともに利休七哲に数えられる茶人であり、茶道とキリスト教との関係や茶を通じた親交なども注目されている（ラウレス一九四八・四九、チースリク一九九五など）。

しかし、彼らは、右近とは異なって、父の代からキリスト教が受容されていた環境に育ったわけではない。また、他にも秀吉配下には同様のキリシタン武将が多く存在したが（五野井二〇〇二）、天正十五年（一五八七）の伴天連《ばてれん》追放令で大名の地位を失い、追放刑を受けたのは右近だけであった。そこで、小文では、キリスト教を含む氏郷、孝高の経歴を通じ、豊臣政権と右近が関わったキリシタン武将の動向、また彼らと従来の右近による布教の違いについて、その一断面を素描したい。

# 一、氏郷・孝高とキリスト教

## (一)蒲生氏郷

蒲生氏郷は、弘治二年(一五五六)に近江国人の蒲生賢秀の子として生まれた(以下、伊藤 二〇〇九、藤田 二〇一二)。洗礼名はレオン。蒲生氏は室町幕府奉公衆であったが、戦国期には近江守護六角氏の重臣となり、蒲生郡日野(滋賀県日野町)を拠点とした。永禄十一年(一五六八)に賢秀は織田信長に降り、氏郷は人質となったものの翌年に信長の娘冬姫を娶《めと》る。やがて、父の賢秀は旗本武将として活動し、本能寺の変では日野城に信長の家族を保護した。この直後に家督を継いだ氏郷は、秀吉に属して各地を転戦し、天正十二年(一五八四)には南伊勢に一二万石で移って松坂城(三重県松阪市)を築く。

**図1 蒲生氏郷像**(部分・西光院蔵)
〔福島県立博物館寄託〕

翌天正十三年、氏郷は秀吉の紀州攻めに出発する直前、キリシタンとなった(一五八五年十月一日付フロイス書簡)。当初、氏郷はキリスト教を説き、教えを広めようとする右近の行動に好意を持たなかったが、牧村利貞の助力で入信した後は周囲に信仰を勧め、右近とともに黒田孝高を入信に導いたという(一五八五年八月二十七日付フロイス書簡)。氏郷が生まれた近江は、キリシタンの布教史と無縁の土地ではない。松田毅一氏は、天文二十年(一五五一)

**安土セミナリオ想像図**（『ローマ教皇グレゴリオ13世伝』所載・大分市歴史資料館蔵）

に畿内を初めて訪れたフランシスコ・ザビエルは、比叡山への紹介を求めて近江商人が拠点とする蒲生郡得珍保（滋賀県東近江市）を訪れたと推測する。また、永禄二年にはガスパル・ヴィレラが同様に野洲郡永原（同野洲市）に滞在し、国人永原氏一族と接触した（松田一九六八ａ）。

後に永原には「永原キリシタン」という集団が成立し、右近と永原氏との間には、婚姻関係も推測されている（本書序章）。しかし、その成立は、三箇サンチョが永原に置かれた城にいる佐久間信盛に預けられた天正五年以降とされる。サンチョは右近の父高山飛騨守らと三好政権下で活動した「河内キリシタン」であった（松田一九六八ｂ）。近江では考古学的にも遺物などキリシタン信仰の広がりはうかがえず、氏郷が右近のキリスト教布教に好意を持たなかったのもうなずける。安土のセミナリオ（神学校）建設は、同九年のことであった。

天正十五年の九州攻めに際して氏郷は軍功をあげ、伴天連追放令以降も同十八年には奥州会津に転封し、葛西・大崎一揆を鎮圧し、伊達政宗らの動きを抑えるなど、豊臣政権における東北の押さえ役を果たした。やがて、氏郷は徳川家康、毛利輝元に次ぐ一〇〇万石近い石高を領する大名となり、若松城下町（福島県会津若松市）の建設を行った。

この前後、氏郷の信仰は入信から日が浅く、秀吉からの優遇や、右近や教会関係者との距離ができたことのために冷めていたという。また伴天連追放令の際、右近以外にも小西行長ら何人かの大名が秀吉から棄教勧告を受けており、氏郷はその一人でもあった（神田 二〇一二）。しかし、文禄元年（一五九二）に秀吉と右近が肥前名護屋で和解したことをきっかけに、名護屋在陣中の氏郷は右近によって信仰熱を取り戻したとされる（ラウレス 一九四九）。氏郷家臣では、文禄三年に小倉良清（パウロ）、遅れて蒲生郷成（ジョアン）らがキリシタンとなった。氏郷は、広く会津の領民にも改宗を勧め、会津若松市内には天子神社という教会跡があり、支城の置かれた猪苗代（福島県猪苗代市）にはセミナリオがあったとされる。

ただし、名護屋在陣中から氏郷は重病にかかっており、文禄四年に京都で最期を迎えた。臨終に際しては右近が示す十字架に痛悔し、真のキリシタンとして死んだという（ラウレス 一九四九）。遺骨は、大徳寺塔頭《たっちゅう》昌林院（現在は黄梅院）に葬られた。

## （二）黒田孝高

**図２ 黒田如水像**（部分・崇福寺蔵）〔福岡市博物館提供〕

黒田孝高は、天文十五年（一五四六）に、播磨中部に勢力を拡大していた守護赤松氏の庶流小寺氏に仕えた黒田職隆《もとたか》の子として生まれた（以下、小和田 二〇一二a、諏訪 二〇一三）。洗礼名はシメオン。通称官兵衛、後には如水と号した。黒田氏は、近江の佐々木京極氏の庶流とされるものの、確定はできない。職隆の代に「小寺」と「職」の一字を与えられる小寺政職の有力家臣として、飾磨《しかま》郡姫路（兵庫県姫路市）に拠点を構えた。天正三年（一五七五）、小寺氏は織田信長に属し、孝高はやがて対毛利戦争を担当する羽柴秀吉との関係を深める。

天正六年に摂津の荒木村重が信長に謀反を起こすと、孝高は翻意するよう村重を説得するために、その居城である有岡城（兵庫県伊丹市）を訪ねた。このとき、孝高が幽閉されたことは有名であろう。そして主家である小寺氏も織田方から離反した。やがて救出された孝高は黒田姓に復して秀吉側近の武将として活躍し、同十年の本能寺の変後は毛利氏との交渉を担当した。そして天正十三年、孝高は小西行長の働きかけにより、右近と氏郷に導かれてキリシタンとなった（一五八五年八月二十七日付フロイス書簡）。コエリョによる『一五八一年度日本年報』には「一キリシタン武士の所領」である播磨の一地方で布教が行われ、五〇人がキリシタンになったと記されているものの、これ以前の播磨や孝高周辺にキリスト教との関係を見出すことは難しく、フロイスは孝高の入信に「播磨の国で布教をする入口」と期待した。孝高は、家臣や秀吉配下の武将、「彼を父のように思っている備前の国の大身」に布教しようと決心したという。

天正十五年の九州攻めに際し、孝高は前年から毛利氏とともに北九州の平定を進め、戦後には豊前六郡一二万石を与えられて九州の大名となった。九州攻めの過程で、孝高は毛利領内での布教に助力し、毛利一族の小早川秀包《ひでかね》（毛利元就の子。小早川隆景の養子）が受洗し、秀包の妻にはキリシタン大名として有名な大友宗麟の娘（洗礼名マセンシア）を迎えた。また宗麟の息子である大友義統を入信へと導いている。小早川氏は筑前と筑後、大友氏は豊後を領している。また、兄弟や子の長政もキリシタンとなり、伴天連追放令では、秀吉による棄教勧告を受けなかったようであるが、以降はその信仰故に秀吉から疎まれたという（一五八八年二月二十日付フロイス書簡）。しかし、孝高の信仰心は強く、コリンによれば後に異母弟の黒田直之とともに秋月や甘木などの筑後に教団を作ったともいう（佐久間・チースリク　一九七七）。秋月からは十字の紋入りの瓦が出土している。また、孝高が号と洗礼名による「Josui Simeon」の印を使用したことも有名であろう。

天正十七年、孝高は家督を長政に譲り、四十四歳で隠居した。この背景には、秀吉周辺からの警戒、石田三成ら奉行衆との軋轢があったと考えられている。慶長九年（一六〇四）三月、孝高は京都伏見で没した。孝高は息子の長政（洗礼名ダミアン）に遺体は博多の教会に埋葬するようにと頼んだという。結局、遺体は別の場所に埋葬されたが、長政らはキリシタンとして葬儀を行ったようである（諏訪 二〇一三）。遺骨は、墓所の大徳寺塔頭龍光院に納められた。

## 二、高山右近とキリシタン武将

### （一）キリシタンとなった武将

高山右近に説得され、もしくはその影響でキリシタンとなった武将に牧村利貞、前野長康、瀬田左馬丞、市橋兵吉らがいる（以下、谷口 二〇一〇）。利貞の通称は長兵衛で、兵部大輔となった。文書では秀光の名も確認される。美濃の稲葉重通の子で牧村氏を継ぎ、馬廻として織田信長、羽柴（豊臣）秀吉に仕え、文禄二年（一五九三）に朝鮮で死去している。一五八五年八月二十七日付のフロイス書簡では、天正十二年（一五八四）に入信して真のキリシタンとして尊敬されたという。他にもキリシタンとなった「播磨の国の三木の城と領主」がいた。この人物は時期からみて前野長康を示し、長康は尾張の出身で秀吉配下として早くから働いた武将であった。天正十三年には但馬出石城主となり、朝鮮出兵時には石田三成らの奉行衆と渡海したが、後に豊臣秀次の事件に連座して文禄四年に切腹している。なお、同書簡には、秀吉の養子で丹波亀山城主の御次秀勝（信長の子）の家臣、摂津茨木城主の中川秀政の家臣、医師の曲直瀬道三《まなせ》らも入信したとある。

一五八五年十月三十日付のセスペデス書簡写は、同年から受洗者が急増し、多くは右近の領内であった

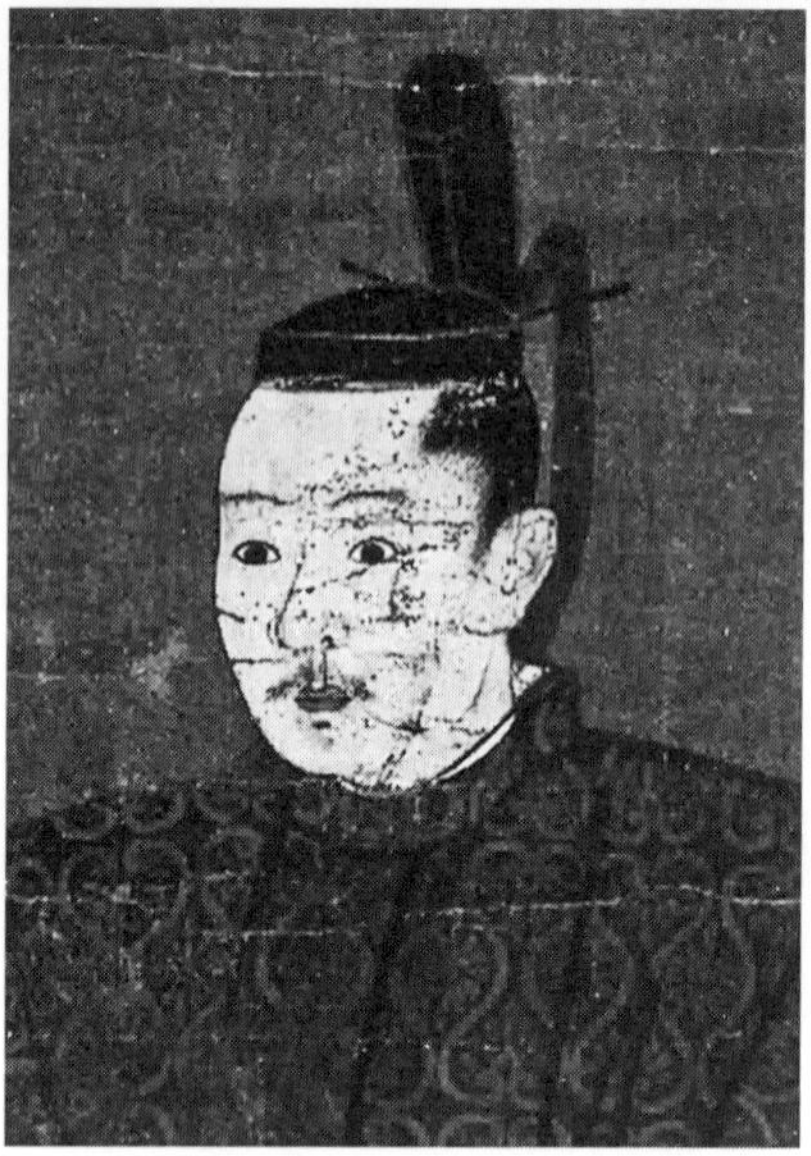

**図３　牧村利貞像**（部分・雑華院蔵）
〔『利休と七哲 それぞれの茶風を知る』より転載〕

が、大坂では秀吉配下の主要な人物が入信したと伝え、近江の瀬田左馬丞、美濃の市橋兵吉の名が記されている。瀬田左馬丞とは掃部の名で知られる茶人でもあり、天正十六年の後陽成天皇の聚楽第行幸の際に「前駆之馬上」をつとめたが秀次事件で死刑になったという（小和田 二〇一一b）。市橋兵吉は不詳であるが、信長近臣の市橋長利か子の長勝の可能性が指摘されている（結城 一九九九）。

さて、これらの面々には美濃・尾張の出身者が多く、「一五六五年十月アルメイダ書簡」に右近の父飛驒守が斎藤龍興を訪れた際、美濃で貴人二人を入信させたとあり、フロイスも永禄十二年（一五六九）と元亀二年（一五七一）に岐阜を訪問していた。ただし、さほどキリスト教は広がらず、活発となるのは文禄元年に自身がキリシタンであった織田秀信が岐阜城主となって以降とみられている。ただし、岐阜にキリスト教が根付くようなことはなかった（土山 二〇〇三a・b）。これは氏郷の近江、孝高の播磨も同様で、彼らの入信は天正十二年以降の大坂城下という環境においてであった。

大坂城下には教会が設置され、本書第一章の拙文でみたように右近らは屋敷を構えて築城工事にも多くの武将が従事した。また、同年以降の小牧・長久手の戦いや紀州攻め、四国攻めには右近や氏郷、孝高らが参加し、特に小牧・長久手の戦いの陣立書（「浅野家文書」）には先陣に氏郷と孝高、前野長康を記すもの、同じ陣に氏郷と牧村利貞を記すものがあり、地縁・族縁を重視した関係の良好な武将が同一の備に編成されたことも指摘されている（藤田 二〇一二）。

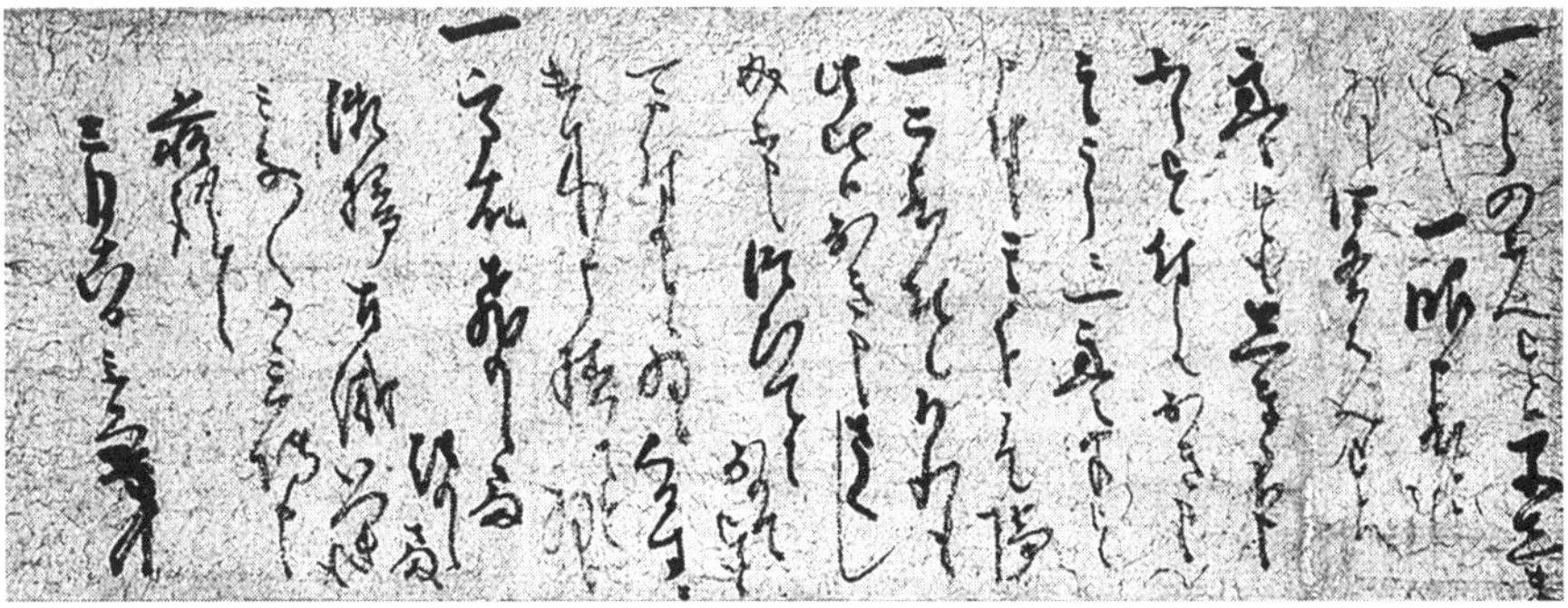

**千利休書状**(年未詳3月18日付・滴翠美術館蔵)

彼らの多くは茶人でもあり、右近が茶会記に登場するのは、天正八年八月と同十一年十二月、及び同十二年十二月の『宗及自会記』、天正十一年閏正月と翌年十月の『宗及他会記』で、そこには牧村利貞の名もみえる。千利休は右近、氏郷、瀬田掃部、そして古田織部、細川忠興が登場する書状を認めており(滴翠美術館蔵)、本書序・第一章拙文でみたように大名改易後の右近の動向を氏郷に伝えた(小松 一九九六)。当該期のキリシタン武将たちは、秀吉の政権が発足する中、大坂城下の暮らしや戦争を通じた親交を開始し、茶道やキリスト教もその一環ととらえることが許されよう。

## (二)キリシタン武将と豊臣政権の動向

天正十五年(一五八七)、豊臣秀吉は自身も出陣し、本格的な九州出兵を開始した。すでに孝高は先兵として九州で活動しつつ、毛利・小早川氏や周辺の大名たちにキリスト教への理解を求め、大友氏には改宗を説得していく。

藤田達生氏によれば、天正十三年の北国国分までの戦争は、豊臣配下の武将にとって自己の支配地に関わる直接的なものであったが、九州攻めは十分な恩賞が与えられないような遠国の戦争であり、豊臣政権にとっては彼らの戦意の高揚が深刻な課題となった。そこで、秀吉は孝高や氏郷を筆頭に、右近や小西行長らのキリシタン大名で軍を編成し、九州攻めを島津氏に抑圧されたキリシタンを解放する「聖戦」と位置づけたという(藤田 二〇一二)。確かに宣教師たちは、ロザリオを身に着けてクルスの旗を掲げた軍隊の姿を目撃している。

しかし戦後間もなく、秀吉は九州の博多で伴天連追放令を発した。清水紘一氏は、九州攻めの後、秀吉は博多の大陸出兵の基地化を目論み、秀吉自身の築城と、外国船の集中、長崎からのイエズス会の移転などを通じ、政権の国際的な認知を意図したとする。しかし、秀吉による国際貿易港・博多の復興は国内外の勢力に支持されず、長崎の領主権の喪失と武装解除を伴うイエズス会の拒否などによって頓挫したため、その余波が伴天連追放令と右近の追放を招いたと理解している(清水 二〇〇一a・b)。

伴天連追放令は、キリシタン武将が結束する契機となったキリスト教自体を否定するものではなかった(神田 二〇一一)。しかし、秀吉は右近の他、氏郷や小西行長らに棄教を求めたのも事実である。彼らの信心が浅く、表立っては信仰活動を控えたために問題化しなかったとの理解もできるが、九州攻めが従来の統一戦争と質を異にしたとするならば、その先頭に立ったキリシタン武将の面目をつぶすことは、豊臣政権に動揺をもたらしたとしてもおかしくないように思う。しかし、右近の追放があったものの、政権自体に大きな影響はみられなかった。この意味において、同追放令が博多で発せられたことは興味深い。キリシタン武将らは軍勢を率いているものの、国元とは切り離されており、後の徳川幕府による大名改易時の対応とも似ているように思える。

キリシタン武将の九州攻め以降の動きを確認すると、政権を担う直接的な役割を果たしたのは氏郷、小西行長に限られる。一方、以降の博多の復興や豊臣政権の全国支配の中、指導的な役割を果たしていくのは石田三成らの奉行人層であり、この新しく台頭した人々に顕著なキリシタンはみられない。発足直後の秀吉政権が畿内の基盤化を図る中、大坂には畿外に勢力を持つ武将が集まったが、彼らの出身地とは異なり、畿内には遠隔地との交流を前提として、キリシタンを輩出する戦国期以来の社会が存在した。フランシスコ・ザビエルが来日した天文十八年（一五四九）頃、堺の商人と山口の大名大内氏周辺、そして本願寺が政・商・教で連携した人々のネットワークが瀬戸内海を通じて形成されていたとする「瀬戸内海リンク」も指摘されている（川村二〇一二）。そこで、彼らはその土壌の吸収を図り、キリスト教や茶の湯に関心をいだいたのではないか。やがて、本書第一章拙文でみたように右近や行長、そして孝高らはそのツールを活かして、九州攻めという畿内と遠国を結ぶ戦争を遂行していく。

しかし、政権が確立する中、その必要性が薄れていっても不思議ではないだろう。天正十七年の孝高の隠居の背景に石田三成ら奉行衆との軋轢が指摘され、秀次事件で死を賜った武将がいることも興味深い。右近による秀吉配下の武将への布教は、秀吉側のニーズと合致し、また政権の動向の中でその価値が変わりつつあった。その転換点が伴天連追放令であり、氏郷や孝高の動向でもあるように思う。

## （三）豊臣政権のキリシタン武将と布教のあり方

蒲生氏郷が領した会津地方や黒田孝高の影響下にあった北部九州では、彼らの影響によってキリスト教の影響力が強まったことは間違いない。天正十三年（一五八五）は、キリシタンの数が増えた年とセスペデスは述べ、宣教師たちは大坂に集まった豊臣政権の武将を中心にキリスト教が広まることに大いに期待した。それは「他の大名を改宗する道具となることが期待」できるからであり、「大坂において上げた収穫を、司祭たちはもっとも重要なものと考えている。というのは、貴族、および貴人だけで約百名が洗礼を受けたが、彼らは後に自分たちの土地の人々を改宗させるためのものとなる」からであった（一五八五年八月二十七日付フロイス書簡）。しかし、布教の展開上、彼らの入信はどのように有効であったのだろうか。

例えば、右近は天正十三年に播磨明石へ移封されたが、右近は短期間に「同地の臣下を心服」させる一方、彼らも右近を喜ばせるためにキリシタンとなったという（一五八八年二月二十日付フロイス書簡）。「同地の臣下」とは、おそらく大名の家臣となるような人々、つまり明石周辺における在地領主（土豪）たちであったであろう。これは右近が新しい土地を領するに際し、摂津での布教と同じく、地域の領主や有力者との関係を重視したことを示す。明石でも彼らを通じた布教が展開し、地域社会にキリシタンが根付く可能性がありえたということになる。ただし注意したいのは、後に右近が過ごした金沢時代のキリシタンの旧臣に多くの摂津関係者がいた点である（序章参照）。右近の明石時代は二年に満たず、すでに大名であった右近には多くの家臣がおり、その多くは摂津出身者であったとみられる。この時点において家臣＝在地領主を介した地域社会への布教というあり方は効果を発揮しなかった可能性が高い。

右近が高槻を去る以前、天正十年の本能寺の変による混乱や翌年の秀吉による大坂拠点化に伴い、すでに畿内におけるキリスト教の展開の画期となった「河内キリシタン」、すなわち三好長慶の家臣であった在地領主層の多くは没落、もしくは国替えになっていた。秀吉による天下一統の過程において、武士らが在地性を否定されつつ、給人として大名の城下への集住が進められ、さらに政治状況の変化の中で大名は移封、取り潰しにあうケースが多々あったことは周知の事実である。在地性の否定は、かつて領主として接した大名家臣の地域社会に対する役割や立場の否定でもある。

天正十三年前後、豊臣政権の武将たちがキリシタンとなり、布教の機会は増えた。しかし、それは表層の現象であって、地域社会へと根付く信仰の契機は逆に失われつつあったようにもみえる。この点を考える上で興味深いのが、墓碑などのキリシタン関連資料の分布状況である。美術品などの伝世品については後世の操作が加わる可能性があり、その存在が信仰の展開を証明するとは限らない。ただし、発掘調査による資料はキリシタンの存在を裏付けるものとなり、石造物も準ずるととらえてもよいだろう。そして、これまでの調査では、その分布に偏差があることが把握され、日本国内で確認できる地域は長崎県の天草地方周辺に多く、他は豊後、そして畿内の京都と摂津・河内にみられるだけである。初期のイエズス会による教区設定（下・豊後・都）との関係が鋭く指摘され、編年も含めて緻密な考察が加えられている（大石 二〇一二）。これらの地域以外にも確実にキリシタン大名や武将は存在していた。在地領主と大名権力の変質をふまえ、キリスト教の展開をとらえることも必要であろう。

## おわりに

蒲生氏郷や黒田孝高について歴史的な考察が進んでいるが、高山右近、そして他のキリシタン武将については史料が限られている。豊臣政権とキリスト教を考える上で、伴天連追放令の解釈は重要であるが、論述するだけの力量は毛頭無い。しかし、前後の政権におけるキリシタン武将の役割を考えることも一つの視点となるように思う。

また、全国には氏郷や孝高らのキリシタン武将に関連するキリシタンの遺跡や伝承が存在する。一方、右近の領地であった摂津国北部の山間に位置する千堤寺地区（大阪府茨木市）は、近代になってキリシタンの信仰が続いていたことが確認された「隠れキリシタンの里」である。聖フランシスコ・ザヴィエル像など多くのキリシタン遺物が伝来しており、現地には墓碑が残されている。氏郷や孝高については、キリシタンとしての検討が十分ではないが、キリシタン関連の遺跡や遺物を視野に入れた研究が期待される。

〈参考文献〉


伊藤真昭「蒲生氏と豊臣政権」日野町史編さん委員会編『近江日野の歴史』第二巻、日野町、二〇〇九

大石一久「日本キリシタン墓碑総覧―分析と課題―」同『南島原市世界遺産地域調査報告書 日本キリシタン墓碑総覧』長崎文献社、二〇一二

小和田哲男『黒田如水』ミネルヴァ書房、二〇一二a

小和田哲男「生涯」(「瀬田掃部」の項)『別冊淡交 利休と七哲』淡交社、二〇一二b

川村信三『戦国宗教社会＝思想史 キリシタン事例からの考察』知泉書館、二〇一一

神田千里「伴天連追放令に関する一考察―ルイス・フロイス文書を中心に―」『東洋大学文学部紀要 史学科篇』三十七号、二〇一二

五野井隆史『日本キリシタン史の研究』吉川弘文館、二〇〇二

小松茂美『増補版 利休の手紙』小学館、一九九六

佐久間正翻訳 フーベルト・チースリク解説・註「コリン著の高山右近伝」キリシタン文化研究会編『キリシタン研究』第十七輯、吉川弘文館、一九七七

清水紘一「博多基地化構想と禁教令」同『織豊政権とキリシタン―日欧交渉の起源と展開―』岩田書院、二〇〇一a（初出は一九九三）

清水紘一「高山右近の改易」同『織豊政権とキリシタン―日欧交渉の起源と展開―』岩田書院、二〇〇一b（初出は一九九六）

諏訪勝則『黒田官兵衛 「天下を狙った軍師」の実像』中央公論社、二〇一三

谷口克広『織田信長家臣人名辞典』第二版、吉川弘文館、二〇一〇

土山公仁「信長・信忠と美濃のキリシタン」『特別展―南蛮 信長・秀吉・家康のみた東西交流―』岐阜市歴史博物館、二〇〇三a

土山公仁「キリシタン大名織田秀信」『特別展―南蛮 信長・秀吉・家康のみた東西交流―』岐阜市歴史博物館、二〇〇三b

藤田達生『蒲生氏郷』ミネルヴァ書房、二〇一二

フーベルト・チースリク『高山右近史話』聖母の騎士社、一九九五

松田毅一「京畿に於けるシャヴィエル」同『近世初期日本関係 南蛮史料の研究』風間書房、一九六八a

松田毅一「三ヶのキリシタン」同『近世初期日本関係 南蛮史料の研究』風間書房、一九六八b

結城了悟『キリシタンになった大名』聖母の騎士社、一九九九

ヨハネス・ラウレス『高山右近の生涯―日本初期基督教史―』エンデルレ書店、一九四八
ヨハネス・ラウレス「高山右近と蒲生氏郷」同『高山右近の研究と史料』六興出版社、一九四九

〈付　記〉

小文の一部は、拙稿「高山右近とキリシタン―キリスト教の展開と北摂の戦国時代―」（公益財団法人大阪府文化財センター『シンポジウム 発掘！検証！キリシタン墓―高山右近とキリシタン―』二〇一四）を再構成し、補訂したものである。

# 小西立佐と小西行長
## ——秀吉側近キリシタンの一形態——

鳥津亮二

## はじめに——運命の天正十五年六月十九日——

天正十五年(一五八七)三月、九州へ出陣した豊臣秀吉は、五月に薩摩川内に到達して島津氏を降伏させ、九州制圧を実現。その帰途、秀吉は博多滞在中の六月十九日に、従軍中の高山右近に対して突如キリスト教の棄教を要求した。すなわち「キリシタン宗門の布教のためそれほど尽くし、神や仏の末寺を破壊し、家臣たちを自由意志というより強制的にキリシタンにする者は、天下人に良く仕えることはできない。したがってキリシタンをやめるか、さもなくば領国より追放する」と(一五八八年二月二十日付フロイス書簡、『報告集』Ⅲ-7)。

しかし、右近はこの要求に屈せず、「私はキリシタンであり、家臣をキリシタンにしてそれを大きな富と思っている。というのはそれがデウスに仕えると思うからである。この教え以外に救いはない。そして殿下がもしそのために追放しようというのであれば、喜んで追放を受け入れ、領地を返すであろう」と、自身の信仰を貫き通す意志を秀吉に回答した(同上)。こうして、右近は改易処分となり、一日にして播磨船上城主の身分を失ったのであり、この日が右近の生涯において大きな分岐点となったことは間違いない。

ところが、右近とは対照的に、同じキリシタンでありながら、これ以降の豊臣政権において地位を向上させた人物がいる。その名は小西立佐とその子・小西行長である。このとき、右近と立佐・行長の立場を左右した要因は何だったのか。本稿では立佐と行長の前半生を概観し、キリシタンとしての右近との個性の違いについて考えてみたい。

## 一、小西立佐の活動と個性

### キリスト教と堺商人への接近

立佐は天正二十年（一五九二）段階で「六十歳を超えた老人」であった（『日本史』第三部四〇章）。よってその出生時期は享禄年間（一五二八～三二）頃と推定される。出自については、フロイスが堺を「彼の郷里」と述べていること（『日本史』第三部四〇章）、天文年間の堺に「小西」姓の有力商人の存在が確認できることなどから、堺の小西一族出身者と推定される（鳥津 二〇一〇）。

立佐とキリスト教との関係について、フロイスは立佐が「我らのフランシスコ・ザビエル師を識っていた」（『日本史』第三部四〇章）とする。さらに「ガスパル・ヴィレラ師が都地方に行った時以来の、その地における最古の改宗者」（『日本史』第三部四〇章）ともされており、ヴィレラが将軍足利義輝から京都での布教を認められた永禄三年（一五六〇）までに立佐は京都へ移住し、この頃にキリスト教の洗礼を受けたようである。

この後、永禄八年（一五六五）京都から宣教師が追放された際、河内まで同行した「都のキリシタン」三人の一人が「ジョウチン立佐」であった（『日本史』第一部六七章）。さらに永禄十二年（一五六九）には岐阜の織田信長に面会するために京都を出発したフロイスに同行しており、フロイスはその様子を伝える書簡で「このキリシタンが我らに抱く愛情により、我らがどれほど彼に負うているか尊師に到底語り得ない」と述べている（一五六九年七月十二日付フロイス書簡、『報告集』Ⅲ–3）。

このように、立佐は早くから積極的にイエズス会宣教師を支援する行動を取ることで、イエズス会宣教師たちと密接な信頼関係を築いていった。そして、この信頼をもとに、立佐は権力者との接近を図っていく。

## 権力者への接近

例えば、立佐は永禄十二年（一五六九）、信長との面会結果を伝えるフロイスの使者として、摂津高槻城主の和田惟政のもとに赴いているが、フロイスは「奉行（惟政）はこのキリシタンが我らによく受け入れられており、教会が事あるごとに同人（ジョウチン立佐）を用いていることを知ると、その貧しさ故に同人を援助することに決め、生命ある限り恩恵を施した」と記している（一五七一年九月十八日付フロイス書簡、『報告集』Ⅲ–4）。

また、元亀四年（一五七三）には、「都のもっとも古参のキリシタンの一人である（小西）ジョウチン立佐」が、フロイスの指示を受けて上洛中の信長に謁見し、日本布教長カブラルの書簡と「塗金の円楯」を献上している。さらに後日、立佐は信長に「一瓶の金平糖」を献上した上で、宣教師たちの活動の説明を行い、信長は満足を示したという（『日本史』第一部一〇一章）。このように、宣教師からの信頼をもとに、イエズス会と権力者との仲介役を果たし、逆に権力者からは宣教師たちとの「交渉窓口」として認識されることで、立佐は独自の政治的地位を確立していったのである。

立佐は京都を基盤にキリシタンとして活躍しつつも、堺の町衆や豪商たちとのつながりを持ち続け、『宗及自会記』に「京之小西立佐」はたびたび登場している（天正三年正月二十五日条・天正八年二月十五日条）。そしてこの後、立佐の嫡男如清と堺の商人・日比屋了珪の娘アガタが婚姻を結ぶが、これは堺において特に人望と財力を持つ日比屋氏との関係強化を図る立佐の思惑が背景にあったと考えられる。権力への接近を志向する立佐と、堺のキリシタンの柱石であり、九州での対外通商ルートを持つ日比屋了珪。この二人は意図的に、宗教的にも血縁的にも結束を強め、激動の時代を乗り切ろうとしたのである。フロイスが「思慮に富み、交渉に長けて」いたと記すように、おそらくは立佐自身、とても優秀な能力の持ち主だったのだろう。それに加えて、九州―堺の海上輸送ルートと資金力を持つ日比屋氏ら堺の町衆・豪商たちとのつながり、そして、南蛮貿易のカギを握るイエズス会宣教師たちとの太いパイプ、この二点を持ち合わせていることが立佐の最大の個性であった（鳥津 二〇一〇）。

## 秀吉の側近として

そして、こうした独自の個性をもとに、立佐は秀吉の側近として活動し始める。立佐が秀吉の書状に初めて登場するのは天正八年（一五八〇）で、同年のものと考えられる四月二十六日付羽柴秀吉書状（網干郷文書、『兵庫県史』中世編三巻）に、播磨国網干《あぼし》郷の百姓衆掌握のための秀吉の使者として登場する。これにより、この段階で立佐が秀吉の命に従う立場にあったことがわかり、後述するように、子の行長もほぼ同時期に秀吉の配下として行動し始める。

この後、立佐は秀吉の側近として着実に信頼を得ていったようで、秀吉が信頼する五名のキリシタンについてのフロイスの記述には、「三人目は（小西）ジョウチン立佐と称するキリシタンで、貧しいがはなはだ才智豊かな人である。（羽柴殿は）彼に堺の市の財宝をことごとく委ねた」とある（一五八三年度フロイス年報、『報告集』Ⅲ-6）。また同年報には、天正十一年（一五八三）オルガンティーノが大坂の秀吉を訪問した際、交渉に同席した二人の人物のうちの一人が「ジョウチン立佐と称する財務長官」だったとも記されている。さらに一五八四年度年報（『報告集』Ⅲ-6）には、立佐が「（秀吉の）茶の湯の道具を保管」していると記されており、天正十四年（一五八六）に秀吉が司祭コエリョら一行を大坂城に招いた際にも「アゴスチイノの父（小西）ジョウチン立佐が先導し、関白がことごとく黄金で造らせたその（茶）室、および茶の湯の道具を（我らに）観覧せしめた」（『日本史』第二部七六章）。

このように、立佐は秀吉の相当の信用を得て側近として仕えており、「財務長官」や茶道具などの「物品管理担当」のような役割を任されていた。また、立佐は河内の豊臣蔵入地の代官を務めていたことも確認できる（一五八五年十月三十日付セスペデス書簡、『報告集』Ⅲ-7）。

そして、すでに秀吉から堺の財政管理を委ねられていた立佐は、天正十四年（一五八六）、石田三成とともに堺奉行に任じられた（一五八六年十月十七日付フロイス書簡、『報告集』Ⅲ-6）。この任は立佐が没する天正二十年（一五九二）まで続くこととなる（『日本史』第三部四〇章）。

## 二、小西行長の活動と個性

### 父と共に秀吉の配下として

小西行長は立佐の二男として永禄元年（一五五八）に京都で生まれ、父・立佐の影響のもと、「幼少より都の教会で教化されて育った」（一五八四年一月二日付フロイス年報、『報告集』Ⅲ-6）。

行長の青年期については不明な部分が多いが、フロイス書簡に「関白殿の水軍司令長官アゴスチイノ弥九郎（行長）殿は、三カ国を領し、備前の国主で関白殿の養子となっている（宇喜多）八郎（秀家）殿の生来の家臣」と記されている（一五八六年十月十七日付フロイス書簡、『報告集』Ⅲ-6）。この記述により、行長がはじめ備前の宇喜多氏に仕官していたことは確実である。

その宇喜多氏は天正七年（一五七九）、攻勢を強める織田信長に降参。翌天正八年（一五八〇）、織田軍の中国担当である羽柴秀吉は、戦略上の要地である西播磨地域で地盤固めを進めていく。先述のように、父・立佐が秀吉のもとで活動し始めるのはこの頃であり、これまで宇喜多氏に仕えていた行長も、おそらく同時期に秀吉の配下に加わったと考えられる。

行長（弥九郎）の名が初めて秀吉書状に登場するのは、天正九年（一五八一）に比定される九月二十四日付の羽柴秀吉書状である（黒田家文書四巻一六号、『黒田家文書』第一巻）。この書状は秀吉が黒田孝高に対し、阿波の国人衆からの人質の取り立てと牢人者の成敗を命じるもので、この中で行長は孝高への指示伝達・相談役として登場する。これを見る限り、行長は天正九年段階には秀吉の命を諸将に伝え、実行させる立場にあった。

## 瀬戸内海を舞台に活躍

こうして秀吉の配下となった行長の最大の個性は「海」である。天正九年に比定される十一月六日付の織田信長黒印状写（『増訂織田信長文書の研究』補遺・索引）によれば、毛利方の警固船二百艘が瀬戸内海を上ってきたところ、室津から「小西」が「安宅（船）」で乗り出し、敵を家島まで追い上げるという働きを見せている。この時点で室津は「アゴスチイノと称する一キリシタンの所領」（『日本史』第二部三二章）であったから、この「小西」が行長を指すことはほぼ間違いない。そして天正十年（一五八二）段階で行長は秀吉から小豆島の管理権をも任されるようになる（松田　一九六七）。

このように、行長は信長方に属し、秀吉の配下となった直後から、高い船団把握・統率能力を発揮していた。むしろ、もともと行長にこうした能力があることを秀吉が見抜き、行長を登用して室津・小豆島という海上交通の要衝の管理を担当させたのだろう。無論、その能力の前提には、立佐が築き上げた、瀬戸内海の海上輸送ルートを持つ日比屋氏ら堺商人とのパイプがあったに違いない。この頃中国方面攻略を担当していた秀吉にとって、その任務遂行には瀬戸内海の海上交通の掌握が急務であった。立佐・行長の登用は、こうした問題を解消しようとする秀吉の目論見が背景にあったと考えられる。

室津港（兵庫県たつの市）

天正九年以降、「小西弥九郎（行長）」の名は秀吉書状を主とする諸史料の中にしばしば登場するが、そのほとんどが物資・兵糧の海上輸送や船舶確保に関する内容であり（鳥津　二〇一〇）、このことは秀吉の天下統一過程における行長の役割を如実に示している。特に天正十三年（一五八五）の四国攻めは、秀吉が陸続きではない地域を対象にした初めての大規模戦闘であった。よって、その達成には大量の兵士・物資の海上輸送が不可欠であり、この部分において行長の役割は大きなものだった。同年七月に関白任官を果たした秀吉にとって、四国攻めの成功の意味は大きく、これにより瀬戸内海交通の掌握を果たし、次の九州攻めへの地盤固めに成功したからである。

フロイスによれば、この直後「筑前殿は、アゴスチイノに多くの栄誉と恩賞を与え、全領土の水軍司令長官という称号を授けた。アゴスチイノは、一島を受け持っていたが、それは管理権だけで小豆島と呼ばれた。羽柴は彼の功績に対し、そこの収入のすべてを付して与えたが、それは相当な額であった」（一五八五年十月一日付フロイス書簡、『報告集』Ⅲ-7）。また、同時期にセスペデスは「（小西）立佐とその子（小西）弥九郎（行長）は、筑前殿に非常に可愛がられ、身分が上がり、日々、筑前殿に引き立てられ、立佐は、河内の知行一万四千俵の代官に任命され、その子アゴスチイノは、水軍司令長官と小豆島、室の港、およびその他二、三の港の預主にされ、合わせて二万俵近い収入を持つ」と記している（一五八五年十月三十日付セスペデス書簡、『報告集』Ⅲ-7）。

こうして、行長が瀬戸内海を舞台に奔走し功績を挙げるのと同時に、先述したように父・立佐は秀吉の側近として財政管理能力を発揮し、地位を高めていった。この父子による「両輪」が連動して働き続けたことにより、秀吉の天下統一過程に付随して、小西一族は地位を向上させることができたのである。

## キリシタンとしての行長の行動

キリシタンとしての行長の特徴がよくわかるのが、天正十四年（一五八六）の行動である。この年の正月、日本キリスト教界の最高責任者であるイエズス会準管区長コエリョは、島津氏による豊後大友氏への攻撃の中止と、日本での布教許可を秀吉に要請するため、大坂に向け長崎を出発。この一行の出発を聞いた行長は、堺から塩飽《しわく》まで迎えの船を派遣している（一五八六年十月十七日付フロイス書簡、『報告集』Ⅲ-七）。これにより、この時期の行長が堺―室津間に確かな海上ネットワークを持っていること、また、イエズス会宣教師らとの関係を積極的に深めようとしていることがうかがえる。

同年三月、秀吉は大坂でコエリョを引見し会談。そして秀吉は、イエズス会の活動に理解を示し、五月四日付で布教許可状を発給する。イエズス会は永禄十二年（一五六九）に織田信長・足利義昭らによる布教許可状を得ていたが、天正十年（一五八二）の信長の死により、その権利は事実上消滅していた。しかし、イエズス会はこの秀吉との交渉で、布教権の再獲得に成功したのである（清水 二〇〇一）。秀吉としては、イエズス会が持つ軍事力と、九州のキリシタン勢力を味方につけることは、来たるべき九州攻略に得策と考えたのであろう。

秀吉への謁見後、九州への帰途につくコエリョに対し、行長は小豆島への宣教師派遣を要請。これに応じて派遣されたセスペデスの布教活動により、小豆島では一四〇〇人以上の人が洗礼を受け、さらに室津でも三〇〇〇人を改宗に導く活動が行われた（一五八六年十月十七日付フロイス書簡、『報告集』Ⅲ-7）。

小豆島での領民に対する布教は、この前年に行長が小豆島を所領としたことが前提となっているが、その開始時期が、秀吉による布教許可状発給直後であることに注意すべきである。宣教師の記録や「リスボン屏風文書」中の小西行長書状（中村 一九八八）を見る限り、行長が積極的にイエズス会との関係構築を図り、聖堂建設や物資調達について支援していたことは間違いない。しかし、秀吉の正式な意思表明がない段階での領民への布教推進には慎重であった。

行長領での布教活動については、天正九年（一五八一）の出来事として「（修道士が）アゴスチイノと称する一キリシタンの所領・室の津」で布教したという記録がある（『日本史』第二部三二章）。しかしこれは巡察師ヴァリニャーノの指示を受けた修道士による活動で、行長が主体的に推進したものではない。行長が主体的に領民への布教を推進したのは、この天正十四年（一五八六）の小豆島布教が初めてである。ここに、イエズス会との関係を深めつつも、布教推進に関しては秀吉の顔色を窺い、慎重に行動する行長の姿勢がうかがえる。

## 三、伴天連追放令前後の立佐と行長

### 行長、九州へ

天正十四年（一五八六）七月、秀吉は中国・四国衆に命じて九州攻めに着手する。そこで行長に与えられた役割は、最も得意とする兵粮物資輸送であり、この時期に大坂と下関を船で頻繁に往復している。また、この任務は立佐にも与えられ、秀吉は「堺の代官（小西）ジョウチン立佐に対し、米を満載した船舶を率いて下関に赴き、そこから軍勢の補給を采配するようにと命じた」（『日本史』第二部九二章）。円滑かつ確実な兵粮物資輸送は九州攻めの成否のカギを握る重要課題であり、秀吉はこれを立佐・行長に託したのである。

秀吉は、海上交通の掌握が特に重要となる九州の地理的特性、すでにイエズス会が進出し、多くのキリシタンが存在するという九州の状況をしっかり理解していたのだろう。秀吉による立佐・行長の起用は、この父子しか持ち得ない、「キリシタン」「海上輸送」という個性の積極的な活用にほかならない。この段階で、秀吉は九州制圧後の構想をすでに持っていたのは間違いなく、その青写真の中で立佐と行長は不可欠な存在だった。

そして、天正十五年（一五八七）秀吉は自ら大軍を率いて九州に乗り込み、五月には薩摩の島津氏を降伏させた。このとき行長は、最前線の水軍の一員として動員されたが、フロイスは「アゴスチイノ弥九郎殿は艦隊を率いて急進し、肥前のすべての国衆、および殿たちを関白殿の前に出頭させたが、その中にはキリシタンの有馬殿や大村殿がいた」と記している（一五八八年二月二十日付フロイス書簡、『報告集』Ⅲ-7）。九州攻めにおいて秀吉が行長を前線に配置し、有馬氏や大村氏らキリシタン大名たちとの交渉を担当させているのも、行長のキリシタンとしての個性を知り尽くした秀吉の意向によるものだろう。

この九州制圧直後、「アゴスチイノ弥九郎に対しては、海に係る地方のすべての殿たちに及ぶ、一種の監督権が与えられた」（一五八八年二月二十日付フロイス書簡、『報告集』Ⅲ-7）。この「海に係る地方のすべての殿たち」とは、具体的には肥前の松浦氏・有馬氏・大村氏、対馬の宗氏など九州北部沿岸部の諸大名を指し、「一種の監督権」とは秀吉の命令を正確に伝達し、その実現に向けての指導・助言を行う「取次」の任務である。こうして行長は、豊臣政権の代行者として、北部九州を中心に極めて大きな権限を与えられたのである。

もう一つこのときに行長に与えられた任務が博多町割り奉行である。九州制圧後、次の大陸進攻と対外貿易強化を目論んだ秀吉は、荒廃していた博多の復興と兵站基地化を構想し、筥崎到着後、すぐさま博多の復興を命じた。『宗湛日記』によれば、秀吉は六月十一日に博多町の復興設計図作成を命じ、翌日から町割りを開始させ、行長はその奉行の一人に任じられている。堺商人の人脈をバックに持ち、加えて九州北部の「監督」を任された行長が、重要拠点である博多の復興の一翼を担うことは、秀吉にとって適材適所の人材活用であった。

このように、行長は秀吉の九州統治構想の中で不可欠の人物として、重要な役割と権限を与えられつつあった。この状況の中で秀吉は突如「伴天連追放令」を発令するのである。

## 棄教を求められた行長

冒頭に述べた、運命の天正十五年（一五八七）六月十九日。実はこのときにキリスト教の棄教を迫られたのは高山右近だけではなく、秀吉は小西行長、有馬晴信、大村喜前、大友義統、蒲生氏郷にも棄教を勧告していたことが、近年、神田千里氏が新たに訳出・紹介した一五八八年二月二十日付フロイス書簡によって明らかとなっている。

その書簡によれば、秀吉が行長に棄教を求めたところ、行長は「御意次第」と回答。フロイスによると、その理由について行長は「あることを、対面した場で頼んだり命じたりする君主に対して、したくないとか出来ないとか回答することは日本では忌避すべき不作法であり、常に「はい」と回答し、後に本人自身か仲介者を介して、まだそうする勇気がある場合には困難を表明するか釈明を述べることが習慣となっている」と述べた。そして秀吉は、行長の棄教意思の確認後、行長を使者にして有馬晴信・大村喜前に棄教勧告を伝えさせたが、その際秀吉は「アゴスティーノには他の（二人の）者に対して責任があるという言葉を付け加えた」という（神田 二〇一一）。このフロイスの書簡は、「伴天連追放令」に対する行長の態度を読み取ることができる重要な史料である。

第一に、「御意次第」という曖昧な回答ではあるが、表向きではあれ、行長が秀吉に対し棄教の意思を示したという事実である。先述のように、そもそも行長は幼少期に父の影響で受洗したのであり、信仰面から主体的に入信したわけではない。行長にとってのキリスト教は、立佐が築き上げたイエズス会との関係を繋ぐ「政治的手段」としての側面が強かった。よって、この瞬間に行長が信仰よりも「秀吉家臣」という立場を優先させたのは、至極当然のことだった。

第二に、有馬・大村両氏への棄教勧告が行長によって行われ、その際に秀吉が行長の「責任」について言及している点も重要である。これは先述した、行長に与えられた北部九州のキリシタン大名に対する「取次」任務にほかならず、行長は九州において秀吉の意思を伝達し実行させる重要な立場を与えられていた。よって、豊臣政権の代行者としての行長は、当然秀吉に従順な存在でなくてはならず、秀吉が行長に棄教を求めたのは、むしろ行長が秀吉の九州統治構想の中で重要な存在であったことを示している。

**小豆島**（香川県）

## 伴天連追放令直後の対応

こうして秀吉に従順な姿勢を示した行長は、この直後に自領である室津や小豆島に滞在中の宣教師たちに退去を促している。この行動をフロイスは「冷淡」と評しているが、秀吉の命令が絶対である行長にとっては、ごく当然の行動であった。しかし、室津に滞在していた宣教師オルガンティーノの必死の説得により、行長は「もし関白殿がこのことで彼を咎める時には信仰のために死ぬ絶対的な決意」をし、自らがイエズス会の保護に尽力することを表明する（一五八八年十一月二十五日付オルガンティーノ書簡、『報告集』Ⅲ-7）。

この行長の「改心」が、その後に宣教師や右近らを小豆島に匿う契機ともなるのだが、あくまでその改心は、イエズス会との関係を保ち続けるという意味でのものである。これまで述べてきたように、小西一族にとってキリシタンであること、それをもとに構築してきたイエズス会とのパイプこそが最大の個性であり、これを基盤とすることで立佐と行長は独自の立場を獲得し、秀吉の下で立身出世を果たしてきた。よって、行長は秀吉の下で政治的地位を維持しつつも、イエズス会宣教師たちに理解を示し、信用を保持することでしか活路を見出せなかったのであり、秀吉と宣教師たちとの板挟み状態の中で見せる曖昧な姿勢こそ、行長のキリスト教に対するスタンスを象徴するものといえよう。結果的に、このスタンスは翌年に肥後南部の大名となってからも一貫して続き、行長が秀吉に背いて信仰心を優先させる態度を示すことは一度もなかった。

一方、秀吉は立佐や行長がイエズス会宣教師たちとのパイプを持ち続けていることは承知の上であり、それを取り立てて問題とした形跡は認められず、むしろ、立佐にその後の宣教師や高山右近の動向について尋ねているぐらいである（一五八八年二月二十日付フロイス書簡、『報告集』Ⅲ-7）。さらに天正十六年（一五八八）にはイエズス会とのパイプを持つ立佐を長崎に派遣し、ポルトガル商人との交渉にあたらせるなど（一五八八年度コエリョ日本年報、『報告集』Ⅰ-1）、秀吉は立佐のキリシタンとしての個性を対外貿易政策の中で積極的に活用している。こうして立佐は堺と九州を基盤にして、秀吉の期待に柔軟に応え、独自の政治的地位を保ち続けたのである。

## おわりに

以上、小西立佐と行長というキリシタン父子について拙い推論を重ねてきたが、総括するならば、もともと政治的地位を持たない彼らにとってのキリスト教とは、戦国乱世の中で、権力に接近し立身出世を果たすために主体的に選択した「手段」だった。立佐や行長は積極的に堺商人やイエズス会宣教師との関係を構築することで、独自の存在価値を高め、それをもとに秀吉の天下統一過程の中で政治的地位を獲得していったのである。よって、彼らのキリシタンとしての個性が政治色の濃いものとなったことは、いわば当然の結果といえる。

そしてこれは、独立的な地域領主としての基盤を持つ環境で育ち、支配地域の拡大と統治安定など、自らが直面する様々な課題の中でキリスト教を享受し、自覚的に信仰を強めた高山右近とは、明確に性格を異にするものといえる。秀吉の棄教要求に直面した際の、右近と立佐・行長の行動の違いを生んだ根本的要因は、こうしたキリシタンとしての個性の相違によるものと考えられる。

一般的に、高山右近や小西行長は「キリシタン大名」という概念で画一的に扱われることが多い。しかし、「キリシタン大名」にもそれぞれ多様な個性や存在形態があるのであり、これまで述べてきた行長の事例は、その一端を示すものである。こうして個別事例の再検討を積み重ねることが、「キリシタン大名」とは何であるかを考え直す上で、最も堅実なアプローチではないかと私は考えている。

〈参考文献〉　※引用したもののほか、小西行長関係の基礎文献も含めた。


『黒田家文書』第一巻、福岡市博物館、一九九八

『小西行長基礎資料集』宇土市教育委員会、二〇〇五

松田毅一他訳『十六・七世紀イエズス会日本報告集』Ⅰ-1、Ⅲ-3・4・6・7、同朋舎出版、一九八七〜九四

松田毅一・川崎桃太訳『完訳フロイス日本史』中央公論社、一九七七〜八〇

奥野高広『増訂織田信長文書の研究』補遺・索引、吉川弘文館、一九八八

神田千里「伴天連追放令に関する一考察―ルイス・フロイス文書を中心に―」『東洋大学文学部紀要』史学科篇三七、二〇一一

国重（佐島）顕子「秀吉の国内統一過程における小西行長」箭内健次篇『鎖国日本と国際交流』上巻、吉川弘文館、一九八八

清水紘一「天正十四年の布教許可状をめぐって」同『織豊政権とキリシタン』岩田書院、二〇〇一（初出は一九八九）

鳥津亮二『小西行長―「抹殺」されたキリシタン大名の実像』八木書店、二〇一〇

中村　質『近世長崎貿易史の研究』吉川弘文館、一九八八
松田毅一『近世初期日本関係南蛮史料の研究』風間書房、一九六七
松田毅一「小西立佐、行長伝再考」『京都外国語大学研究論叢』二七、一九八六

# 丹波内藤氏と内藤ジョアン

福島克彦

## はじめに

内藤ジョアン（如安、汝安）とは、丹波出身のキリシタン武士として知られ、十六世紀後半から十七世紀前半まで活躍した人物である。後述するように、彼の前半生は、丹波守護代家内藤氏の当主として活動し、そして後半生は丹波を離れ、肥後の小西行長、加賀の前田氏に仕官していた。その間、一貫してキリシタンとして登場し、文禄の役では、明との外交交渉を担当した。十七世紀から加賀へ活動範囲を移したが、慶長十九年（一六一四）にキリシタン信仰のため、高山右近らとともにマニラへ追放され、その地で人生を終えている。

彼の事績については、おもにキリシタン関係史料から集約した松田毅一氏らの研究がある。(1) 特に『イエズス会日本報告』（『日本耶蘇会年報』）を縦横に駆使した研究は、氏の独壇場の感があり、本稿もこれに多くを学んでいる。一方、丹波内藤氏については、今谷明氏による丹波守護職徴証の研究があり、十五世紀中葉から世襲された守護代家の文書発給状況が明らかにされてきた。(2) ただし、その検討範囲は、ジョアンの父親と目される内藤宗勝（松永長頼）の永禄八年（一五六五）八月における戦死までに留まっており、信長入洛前後までは見通していない。したがって、丹波国については、中世後期の守護領国制の研究と信長の地域支配（一職支配）との間を埋める作業は充分なされていない。その地域史叙述も戦国末期の政治史との接続が不分明なまま、天正三年（一五七五）六月における明智光秀の丹波攻略を迎えるという書き方にならざるを得なかった。

本稿では、こうした地域史の欠を補うため、当該期の内藤氏とジョアンの前半生を中心に考察してみたい。前述した今谷明氏と松田毅一氏の考察に大きな溝がある要因として、やはり国内の古文書、記録史料と、海外のキリシタン関係史料の突き合わせが不充分であったことがあげられる。もっとも松田氏については近世期の二次史料や由緒書などを博捜し、ジョアンの事績の補強材料として参考にされている。ただし、一次史料が充分活用されているとは言い難いため、明確な一致点が見出せなかった。たとえば受洗名ジョアンとは別に、国内文書における実名さえもが明確ではなかった。本稿では、内藤氏の国内史料とキリシタン史料を、まずは別個に吟味し、その上で両者を照合していくという順序で検討を進めていきたいと思う。

なお、近年は戦国期における仏教の変化が注目され、当該期が宗教的に変革の時代であったことが強調されている。(3) 丹波国におけるキリシタン受容を位置づけるためにも、中世後期における同地域の仏教の様相について、概観を示しておきたい。さらに、ジョアンをめぐる政治的環境を捉えるため、彼の父と目される内藤宗勝についても、検討を加えておきたい。

## 一、戦国期丹波における宗教秩序と地域権力

大きな表題を掲げたが、本項では、キリスト教受容直前の戦国期丹波国の宗教秩序についておおまかに把

握しておきたい。

言うまでもなく、中世期は古代から続く天台・真言宗に加え、臨済宗・曹洞宗・浄土宗・浄土真宗・日蓮宗の「鎌倉新仏教」が展開した時代である。しかし、天台・真言宗の優位性は堅く、顕教、密教の融合が進められつつ、多くの学僧を輩出していた。彼らは各地で神仏の霊験を説いていたため、こうした宗教的秩序が保持され、百姓たちに年貢皆済の考えを広めて、顕密系寺院による荘園支配の維持に働いていた。

しかし中世後期に入ると、十四世紀から足利将軍家によって五山禅宗が保護され、天龍寺(京都市)をはじめ、多くの禅宗寺院の建立が進められた。さらに、十五世紀前半には、関東を基盤にした日蓮宗が、法華信仰として京都町衆の間に定着した(以下、法華宗とする)。そして十五世紀中葉には蓮如の教導によって、浄土真宗が畿内近国および北陸に広がった。以後、法華宗や真宗は地域社会や都市部に広がり、門徒たちの活動は商業、流通の一翼を担うことになった。民衆への受容が広がると、彼らの一部は、自らの生活圏を守るため、強い武力を保持するようになり、さまざまな軋轢を惹起《じゃっき》させた。戦国期は各宗派の教えが民衆に広がり、村落における講の展開、一向一揆や寺内町の成立が進展した。

さて、こうした宗教的様相は中世後期の丹波国において、どのように位置づけることができるのであろうか。従来、京都に近接した丹波国は、数多くの権門寺社領が広がり、中世後期も荘園が相対的に維持されていた。そして十四~十五世紀に入ると、こうした様相に、前述した足利将軍家の保護による有力禅宗寺院の建立、拡張が加わった。たとえば、足利尊氏生母の上杉清子が氏寺とした安国寺(綾部市)などは、幕府より強い庇護を受けていた。これに比例して、武家等による寄進が進み、丹波地域には禅宗系荘園が拡大した。

こうした禅宗保護の傾向は、守護大名の政治拠点たる守護所でも顕著に現れた。たとえば、守護所近辺では五山系統に連なる禅宗寺院の建立や保護が目立つようになった。[4] 十五世紀中葉に妙心寺派に帰依した細川勝元は京都に龍安寺を造営したが、ほぼ同じ頃、龍安寺の末寺として丹波八木（南丹市）に龍興寺を建立している。その建立年代は宝徳三年（一四五一）、あるいは享徳元年（一四五二）といわれている（『大雲山誌稿』）。

丹波国周辺地図

年未詳ではあるが、東寺領大山荘（篠山市）の一井谷では「八木嶋龍興寺御材木持人夫」が二〇名徴発されており（『東寺百合文書』ノ）、造営にあたっては、丹波各所に人夫が課せられた模様である。龍安寺妙心寺派は、細川京兆家の内衆の画像に書かれる像賛、号名の付与など、師壇関係を結ぶことで、その人的関係を密にしていた[5]。明応二年（一四九三）には、細川氏被官松井氏との関わりから、八木にも近い太田（亀岡市）の地に、同じ龍安寺末の龍譚寺が建立されている。丹波八木では、寺院建立以前の都市的様相が詳らかでなく、十五世紀における城館の存在も不明である。むしろ、龍興寺のような京兆家

八木城下 龍興寺

庇護の禅宗寺院建立が、後の守護所の呼び水となった可能性が高い。

　武家権力による禅宗寺院の保護は、後世にも影響を与えた。すなわち、現代でも丹波国では禅宗寺院の割合が高いといわれている。[6] 十五〜十六世紀の動向は、以後の丹波における禅宗寺院の優位性を決定的にしたことになる。さらに、禅宗寺院の隆盛は、丹波の交通路にも影響を与えた。すなわち、中世前期までの桑田・船井郡では、大堰川左岸（東岸）に、国分寺や国府など、国家的施設が集中していた。ところが、前述した十五世紀中〜後期の龍興寺、龍譚寺の建立は、右岸（西岸）の開発へと変更せしめる要因となり、前述した丹波八木の守護所化への伏線となった。

　こうした武家による禅宗保護とは別に、民衆側による新しい展開も見られた。十五世紀前半には京都洛中に根付き始めた法華宗は、都市民の信者を着実に獲得していった。しかし、応永二十一年（一四一四）頃に「応永の法難」が起こり、山門（延暦寺）側と鋭く対立した法華宗は、四条法華堂、妙本寺（妙顕寺）などが排撃された。これによって、宗派最大の大寺妙本寺の宗主月明は、丹波国北方の知見谷（南丹市）へ逃れ、妙本寺も同地に寺籍を移動した。[7] 知見谷とは丹波桑田郡最北端にあたり、若狭国と接する丹波国有数の山間部である。そのため、禅宗寺院領荘園が分布する丹波において間隙となった区域であった。その一方で、若狭国から丹波国へ抜ける山道が複数通じており、このルートは京都へつながる長坂街道と接続していた。知見谷は北陸、東国から京都へ至る情報や物資のルートに沿っていた地域でもあった。

この法華宗の知見谷雌伏時代は、かえって門徒の危機感と結集心を育むことになり、後に信者による新たな京都の法華寺院旧地の買得、寄進が進展したという。これによって、洛中には、再び新たな法華寺院が建立され、同二十八年七月頃には、知見谷に逃れていた月明も帰洛することになる。

一方、この知見谷は、蓮如巡錫《じゅんしゃく》伝説を持つ浄土真宗の一大信仰拠点でもあった。よく知られるように、十五世紀中葉登場した蓮如は一時畿内・近国を離れ、越前吉崎（福井県えちぜん市）に拠点を移した。しかし、北陸の布教の後、彼は文明七年（一四七五）に畿内・近国へ戻ることになる。蓮如は帰還ルートとして丹波路を選んだが、それは若狭から知見谷へ抜ける知見坂からだったという。それが契機となり、南丹市美山周辺には、真宗道場が多く開基されたといわれる。実際、十六世紀後半、大坂本願寺では織田信長との石山合戦が長期化すると、丹波野々村の門徒から援助を受けた。地元には「丹波野々村門徒衆中」「丹波野々村惣中」に宛てた、若狭からの街道保全、鉄砲、火薬の輸送に対する本願寺の礼状が残されている。[8]

このように丹波における仏教の展開には、京都における俗権力の各宗派の保護、さらに宗派間の対立や迫害が大きく作用していた。しかし、次第に地域権力と結びつくケースも見られた。前述したように、十五世紀中葉に禅宗寺院龍興寺が八木に建立され、後の内藤氏の拠点化へとつながったことは、その好事例である。

真宗寺院の中には、大坂本願寺と密接に関係を保持しつつも、地域権力と結びつく動向も見られた。現在篠山城下町（篠山市）に残る多紀郡尊宝寺は永正三年（一五〇六）の開基と伝えられ、以前は篠山の前身の城下町八上にあったという。当寺院の縁起によれば、八上城の丑寅（北東）の方角に立地し、鬼門除けの祈願所だったと評価されている。[9]八上城は十五世紀中葉より多紀郡の守護所の系譜を持ち、後に国人波多野氏の拠点となった山城である。[10]波多野氏は永正年間頃から細川氏被官として多紀郡に勢力を伸ばしつつあった。尊宝寺の建立年代も、その時代と重複する。この後、丹波守護家の細川京兆家は澄元系と高国系に分裂するが、天文元年（一五三二）七～九月、高国系の晴国が澄元系の晴元に対抗するため、若狭経由で丹波に入国した。当時、晴元は山科本願寺と激しく対立し、同年八月にこれを焼き討ちした。そのため、本願寺は晴元と敵対する晴国と同盟を結んだ。

これと関連して重要なことは、八上城の維持主体だった波多野秀忠が、この晴国支援にまわった点である。[11]後に晴元と本願寺が講和を結ぶと、今度は晴国方から離脱して、晴元側の側近に入るなど、彼は基本的に本願寺と協調していた。実際、この時期に尊宝寺は大坂本願寺を支え、天文八年（一五三九）四月には関係者が番衆として入り、同九年二月には斎《とき》に招かれている（『天文日記』）。波多野秀忠の政治的動向と城下の尊宝寺の活動はつながっていたものと思われる。

ところが永禄二年（一五五九）になると、内藤宗勝の攻勢の前に波多野氏は、これに屈することになった。八上城には、内藤宗勝の一族の松永孫六が入った。彼は当時城下にあった妙福寺の日蓮聖人坐像について彩色の施主となっている。

永禄五年壬戌七月吉日
彩色施主　松永孫六郎敬白
開眼導師法印　権大僧都日洞敬白

この坐像は十三世紀末の作品と伝えられるが、上記の銘によれば、永禄五年（一五六二）七月に松永孫六郎が彩色の施主となっていた。[12]

孫六は松永久秀の甥にあたる。詳細は後述するが、久秀の弟長頼は内藤家中に入り、宗勝と名乗った。その後備前守を称し、本格的に丹波守護代家を継承している。彼は同二年に多紀郡の波多野氏も傘下におさめ、八上城も管轄下に置いたが、この時の維持主体（城主）が、孫六であった。しかし、永禄八年八月、宗勝が敗死すると、丹波における三好・松永勢力は退潮を余儀なくされた。翌九年二月には波多野元秀が孫六に八上城開城を迫ったため、城から追い出されている（『細川両家記』）。久秀は、法華信者として著名であり（フロイス『日本史』）、近年は三好権力と堺などの法華信者との緊密な関係が指摘されている。[13]こうした点を想起すれば、孫六が八上城下の法華寺院妙福寺を保護した可能性が高い。

以上の様相から、八上城下では、十六世紀前半に波多野氏による真宗寺院尊宝寺、十六世紀中葉に松永孫六による法華寺院妙福寺の保護などが見られた。ここで確認しておきたいことは、城館における維持主体の変化、各々の武家の個性によって、当該地の寺院宗派が変化する場合があった点である。その意味で、武家領主と宗派との間には密接な関係があったものと思われる。ただし、真宗や法華宗への個別的な庇護が、他宗派の仏教寺院に対して排他的であった傾向までは見られない。

戦国期の丹波地域は、他の畿内・近国と相違して、真宗や法華宗による寺内町が形成されなかった特徴を持つ。さらに武家の城下町、あるいは門前町や市場の発達も相対的に抑制的であった。これは権門都市京都と隣接し、これを中核とした流通体制に規定されたためと思われる。丹波国は京都における権門寺社による荘園が相対的に長く存続した地域であり、荘園から京都への貢納物輸送などが強固で、地域における物流の結節点が形成されにくかったものと思われる。ただし、十五〜十六世紀における禅宗寺院の建立によって、交通路が大堰川左岸から右岸へと次第に変遷した傾向はうかがえ、それが八木の守護所化につながっていた。あるいは、八上城下のように、城の外縁において、法華宗、真宗寺院が建立、保護されていく動向が見られた。つまり武家の居住区域や信仰の場が次第に集約化しつつあり、商業、流通をめぐる発展の契機は見出しつつあった。実際畿内のような社会的分業が進展したか（戦国期都市が形成されたか）という結果論は別として、その分業を生み出す基盤は着実に準備されつつあった。

十六世紀後半に入ると、畿内・近国ではキリスト教が受容されていき、一部の都市や村落に広がった。これもまた、変革期における民衆救済という戦国期を象徴する宗教的動向であり、前述した戦国期仏教と同じ目線で位置づける視点も必要であろう。丹波南部でも、十六世紀後半から十七世紀前半にかけて、キリスト教をめぐる信仰が散発的に広がりつつあった。三好義継の家臣で、キリシタンだった庄林コスメは丹波船井郡小山（南丹市）の出身かと推定されている。[14] 摂津国と隣接し、特に高槻に近い桑田郡別院（亀岡市）では、こうしたキリスト教の受容が推定され、在地土豪長沢氏とも関連が注目されている。[15] 同じく摂津国と隣接する多紀郡では大渕村（篠山市）において十六世紀後半の塑像マリア観音立像が残存し、同郡のキリシタンの拠点であったといわれている。[16] このように見ると、摂津国との関わりの中でキリスト教が受容されてきた可能性は高い。こうした動向は、桑田郡に近い丹波八木の内藤ジョアンとも関係したと思われる。

## 二、内藤宗勝とその家督継承

次にジョアンの父親といわれる宗勝の内藤氏家督の継承について検討する。前述したように、彼は松永久秀の弟で通称甚介、実名長頼と呼ばれた。内藤氏家中に入った後に改名し、松永蓬雲軒宗勝、内藤蓬雲軒宗勝、内藤備前守宗勝と順次名乗っている。

十五世紀頃、丹波国は細川京兆家が代々守護職を担ってきた。しかし、より丹波との関係が深かったのは、十五世紀中葉から守護代職を世襲していた内衆の内藤氏である。十五世紀段階は内藤氏も細川京兆家と在京していたが、十六世紀前半頃から丹波八木に本拠を持つようになっていた。[17]

当時、丹波国の守護代職は、船井郡の内藤氏と多紀郡の波多野氏によって争われていた。すなわち、大永六年（一五二六）以降の細川高国と晴元の対立を契機に、内藤国貞と波多野秀忠は守護代職をめぐって抗争を続けた。そして、天文二十二年（一五五三）九月十九日、桑田郡周辺と考えられる「波多野与兵衛尉城」（数掛山城か、亀岡市）の戦いにおいて「内藤備前守、池田、堀内、同紀伊守、松山、岩成等討死云々、但松永弾正忠無殊事云々」（『言継卿記』）という結果となり、内藤氏当主国貞は不慮の死を遂げ、指揮していた松永久秀らは退いたという。この時、久秀の弟松永長頼は、亡き国貞と内藤氏家督を継承する契約を結んでいたため、その居城八木城へ入った。『細川両家記』には「此時内藤方の城丹波八木難儀候所に、松永甚助（介）は内藤備前守聟也ければ、此八木城へ懸入、堅固なる働ども見事なるかなと申候也」と記され、国貞の婿であることを根拠に、八木城に懸け入っている。ここでわかることは、甚介長頼が国貞の娘婿であり、婚姻関係を結んでいた点である。以後、長頼は内藤家中に入り、宗勝と称し、丹波に君臨することになった。

ところで、この経過説明については、長頼（宗勝）が、従来国貞に子息がありながら、内藤家中に入り込み、その権力を簒奪したという意味合いが強かった。すなわち国貞の子息「千勝」がいるにもかかわらず、長頼が内藤氏の権力を奪ったという解釈である。今谷氏は「長頼が『分別を以て』国貞の子千勝

**八木城跡**（背後の城山一帯に残る）

を跡目に立てたので、従前と変わらず内藤氏に忠節を尽くすよう指示した」と記しており、千勝は国貞の嫡男としている。また「長頼が千勝の後見として守護代職を継承し」たと、述べている。[18] なお、近世に記述された『丹東城塁記』には「任弾正忠国貞生貞勝、任備前守貞勝生貞俊、号五郎貞俊」と記されており、貞勝なる人物が、やはり国貞の子としている。ちなみに、筆者も、この千勝を国貞の嫡男として取り上げてきた。[19]

　これに対して、仁木宏氏は「細川氏綱が内藤氏の家督を国貞の遺志であるとして、松永甚介の息子千勝に継がせるよう命令した」と記し、千勝はあくまでも長頼の子息としている。また「松永甚介（長頼・久秀の兄弟か）の息子千勝に継がせるように命令した。これは松永長頼の方針であったが、内藤家中の者たちが同意しなかったらしく、翌天文二十三年四月、甚介自身が内藤家を継ぐことになった。しかし、これにも反発があったのか、最終的には、松永長頼が内藤蓬雲軒宗勝と名乗り、内藤家の家督となるのである」と評価し、継承をめぐる細かい変遷に着目する。[20]

　つまり、継承候補となった千勝が国貞の子息か、甚介長頼の子息かで、基本的に相違する。以下、この松永長頼（内藤宗勝）による内藤氏継承に関する四点の史料について検討してみたい。関係史料を時系列で並べる。

［史料1］細川氏綱奉行人奉書『野間建明家文書』[21]

内藤家督事、国貞契約筋目依在之、松永甚介息被定置千勝上者、如先々可被致馳走由候也、仍執達如件、

天文廿二

十一月十五日　長隆《（茨木）》（花押）

出野日向守殿

片山左《（右）》近丞殿

［史料2］細川氏綱書状『片山家文書』[22]

内藤跡目事、備前国貞《（内藤）》雖契約松永甚介《（長頼）》候、長頼以分別、息千勝《（内藤）》相続上者、如先々、相談内藤、忠節肝要候、猶三好筑前守可被申候、謹言、

三月廿日《（天文二十二年）》　氏綱《（細川）》（花押）

片山右近丞とのへ

［史料3］龍源軒紹堅書状『片山家文書』

尚々、左衛門尉殿へも御言伝申度候、

甚後久不申通候、御床敷存候、細々可申承之処、兎角罷過、本意外ニ候、仍当家督之儀付而、被成、御書、御下知、三筑《（三好長慶）》副状幷長頼《（松永）》以書状被申候、既国貞《（内藤）》契約之以筋目、甚介在城候、同名年寄共、各無別令馳走候条、向後之儀、前々ニ不相替、御馳走肝要ニ存候、此表少取静候者、急度参可申承存候、猶安源可被申候、恐々謹言、

四月廿一日　紹堅（花押）

片山右近丞《（康隆）》殿

御宿所

［史料4］龍源軒紹堅書状『片山家文書』

好便之条令啓候、仍国貞《（内藤）》・永貞《（内藤）》被進置候折紙捻共ニ以上六通預置候、先度可進由承候つれ共、見失候て不進候、此間見出候、春辺備州《（備前守貞勝）》御帰城候ハヽ、尚以懇ニ懸御目、取合可申与存候へ共、以前御乞候つる、

殊大事之物にて候間、見出候を幸ニ返進申候、正月中ニ、宗勝も可被罷上様ニ申候、其時御所持候て御出候ハヽ、前々之様躰懇ニ申候て可令披露候、恐々謹言、

龍源軒

十二月廿七日　紹堅（花押）

片山右近丞殿

御宿所

まず史料1は、内藤氏の家督について国貞による「契約筋目」に基づいて、松永甚介の子息千勝を相続させるとし、和知（京丹波町）の土豪である出野日向守、片山左《右》近丞康隆の二名に対して、今まで通り馳走を求めた奉書である。当史料の差出人茨木長隆は細川晴元奉行人として辣腕を振るったことで有名であるが、[23]三好長慶の攻勢が強まったこの時期は、氏綱奉行人へと転身していた。この家督継承をめぐって、まずは細川京兆家奉行人奉書が発給されたことがわかる。さらに重要なことは本文では「松永甚介息」と「千勝」が同義と考えられ、前述した国貞の実子ではない点である。

次に史料2は、京兆家を相続した細川氏綱が直接片山右近丞に伝えた書状である。ほぼ同じ内容を奉行人を通じて、史料1で伝達したにもかかわらず、改めて同様の内容を念押ししている。史料1と比較すると、宛名は片山康隆単独であり、相手の立場をより尊重した様式になっている。国貞は松永甚介と契約を締結したが、「長頼」は「分別」をもって「千勝」を相続させるようにしたので、以後は「内藤」と相談し、忠節を尽くすことが肝要であると述べている。その際、実力者である三好長慶からも指示があると付け加えている。戦死した国貞と松永甚介との契約内容は、本来甚介本人が継承するはずだったが、甚介の「分別」によって、本人ではなく千勝としたと改めて述べている。史料1では千勝継承が既定路線であったが、史料2では「契約」

が家督継承者を甚介としていたことを示す書き方をしている。そして、わざわざ甚介の「分別」を殊更強調した書き方になっており、甚介に権力が集中しないようにする配慮を、あえて氏綱は記したことになる。同一内容の文書は『桐村文書』『湯浅文書』にも残存しており、丹波国衆に一斉に交付された。

史料3は龍源軒紹堅の片山右近丞に出した書状である。書面前半によると、差出人龍源軒紹堅は片山康隆と書状を交わす仲であり、名称からして内藤氏に近い禅僧と考えられる。特に今回の家督継承問題についても「当家督」と述べていることから、内藤家中に影響力のある人物であったことがわかる。今回の松永氏による内藤氏家督の継承について「御下知」（細川氏綱書状 史料2）、「三筑副状」（三好長慶副状）、「長頼」の「書状」などが発給されたことを強調している。さらに国貞の「契約」の「筋目」についても甚介が「在城」するため、内藤氏の「同名年寄」が馳走するようになったとする。内藤家の年寄らが在城する甚介長頼に従うようになったとし、康隆に今後も「御馳走」することを求めている。また「此表少取静候者」とも述べたように、松永氏による内藤家督継承がスムーズに進んだわけではなかった。

史料4は家督相続が成立した後の龍源軒紹堅の書状である。紹堅が康隆に対して、故内藤国貞・永貞の「折紙」六通を預かって保管していると伝えた内容である。これらの文書は当初紹堅方で一度紛失したが、それが改めて見つかったため、春頃に「備州」が「御帰城」する際、披露して康隆との関係を仲介しようとした。しかし、康隆が、それ以前に返却を希望したため、今回見つかったことを幸いに返却する旨を述べている。正月には宗勝もやってくるので、その時に持参して出て来られれば、文書を改めて披露すると伝えている。本史料では康隆が先代の国貞らの「大事之物」である文書六点を龍源軒紹堅へ一旦預けていた事実がわかり、紹堅もこの文書を「備州」と「宗勝」に披露しようと努めている。康隆所蔵の文書（後の『片山家文書』）六点を紹堅に預ける行為が、片山氏、あるいは内藤氏方の紹堅のいずれの発案か、明確ではない。現在、国貞・永貞による文書は案文を含めて『片山家文書』に一八点が残存しているが（表1）、基本的に本貫地から離れた新知の宛行に関わるものである。内藤氏への合力に関わるものであることから、新しい内藤氏の後継者へ披露し、知行の承認、継続を願ったものと思われる。また、本史料によって備前守と宗勝が別人だったことがわかり、備前守は前述した貞勝と推定される。備前守「御帰城」とは、やはり本拠地八木城を指すと思われる。しかし、当地にやってくる宗勝にも「披露」するとあり、彼もまた権限を持った最終保証者として認識されていた。

以上、時系列でまとめたが、これらの考察で確認し得る点をまとめておきたい。

第一に「千勝」が国貞の子息ではなく、長頼（宗勝）の子息であった事実である。長頼が国貞の婿であったことを想起すれば、千勝は国貞の孫にあたる。そうなると一次史料で確認し得る国貞の男子の実子は、一切存在しないことになる。今まで実子がいるにもかかわらず、長頼が継承したという、松永長頼の家督簒奪のイメージが見られたが、これは大きく変更を迫られる。内藤国貞には嫡男がおらず、その家督継承は内藤家中では焦眉の課題であった。天文七年、十四年と相次いで波多野秀忠との戦いに敗れ、一時丹波を離れる憂き目を見ていた内藤一族としては、国貞以後の家督相続は、特に憂慮した課題であったと思われる。

第二に、この内藤氏家督継承が京兆家細川氏綱によって丹波国衆らに伝達された点である。史料1～3のように、国貞が長頼と交わした契約自体も文面は具体的に伝わっておらず、家督決定には半年間も要した。契約内容についても史料1＝千勝継承、史料2＝長頼の分別をもって千勝継承、史料3＝長頼在城と微妙に変遷をたどっており、かなり曖昧な部分を残していた。ただ、当初の奉行人奉書で下した内容が、細川氏綱、三好長慶、松永長頼といった当時の畿内実力者の文書の発給へと変化し、順次決定が補強されていった。こうした家督継承を上位権力が認めたことによって、丹波の守護代職の権威が維持されていた。

**表1『片山家文書』における内藤国貞・永貞文書**

| 年号 | 西暦 | 月日 | 差出人 | 宛名 | 書止 | 備考 |
|---|---|---|---|---|---|---|
| 天文十五 | 一五四六 | 九月二十五日 | 内藤国貞書状 | 片山神三郎 | 恐々謹言 | 塩田村之内木村分并福本跡職 |
| 天文十八 | 一五四九 | 九月十四日 | 内藤国貞宛行状 | 片山右近丞 | 恐々謹言 | 木崎村内香林庵分 |
| 天文二十 | 一五五一 | 九月二十三日 | 内藤永貞宛行状 | 片山右近丞 | 恐々謹言 | 何鹿郡綾部郷之内梅原知行分 |
| 天文二十 | 一五五一 | 九月二十三日 | 内藤永貞宛行状 | 和久又七 | 恐々謹言 | 何鹿郡綾部郷内梅原知行分 |
| | | 一月七日 | 内藤国貞書状 | 片山右近丞 | 恐々謹言 | 申合知行分 |
| | | 二月二十日 | 内藤国貞書状 | 片山弾正左衛門尉 | 恐々謹言 | （祝儀への礼状） |
| | | 四月二十三日 | 内藤国貞書状 | 片山 | 恐々謹言 | 知行分之儀 |
| | | 六月一日 | 内藤国貞書状案 | 出野新左衛門尉 | 恐々謹言 | （音信への礼状） |
| | | 六月一日 | 内藤国貞書状 | 出野新左衛門尉 | 恐々謹言 | （音信への礼状） |
| （天文十四） | 一五四五 | 七月二十四日 | 内藤国貞書状 | 龍源軒 | 恐々謹言 | 片山可在陣候由 |
| | | 八月二十七日 | 内藤国貞書状 | 片山右近丞 | 恐々謹言 | |
| | | 九月一日 | 内藤国貞書状 | 彦田藤兵衛尉 | 恐々謹言 | 新庄本所分 |
| | | 九月一日 | 内藤国貞書状 | 片山右近丞 | 恐々謹言 | |
| | | 九月一日 | 内藤国貞書状 | 片山右近丞 | 恐々謹言 | 今度知行等之儀 |
| | | 九月十一日 | 内藤国貞書状 | 片山弾正左衛門尉 | 恐々謹言 | 至野々村令出張 |
| （大永七） | 一五二七 | 十月十八日 | 内藤国貞書状 | 片山助次郎 | 恐々謹言 | 本知事 |
| | | 十二月二十六日 | 内藤国貞書状 | 片山右近丞 | 恐々謹言 | |
| | | 十二月二十六日 | 内藤国貞書状 | 出野弥二郎 | 恐々謹言 | （音信への礼状） |
| | | 十二月二十六日 | 内藤国貞書状 | 片山助三郎 | 恐々謹言 | 御知行分不可有相違之旨 |

第三に、結果として、天文二十二～二十三年に家督を継承しなかった長頼は「在城」に留まり、それは家督相続とはイコールでなかった。甚介長頼は、この直後「蓬雲軒宗勝」と名乗ったが、この時点では内藤家は継承しておらず「松永蓬雲軒」と称していた。継承したのは、長頼の子息千勝であったと思われ、後の貞勝と考えられる。宗勝が「備前守」を名乗り、正式に内藤氏家督を継ぐのは永禄五年以降である。(24) したがって、家督継承と「在城」には、一定の期間のズレが存在する。この宗勝の「在城」の場所は内藤氏の本拠八木城に相違ない。その意味は、彼の軍事力を城に温存し続けることであったと考えられる。また、史料4にあるように、宗勝が片山氏の文書を披露する対象になっており、知行宛行に関する権限も担っていた。

第四に、天文二十二～二十三年の内藤氏家督相続の際、和知谷の土豪片山康隆が先代の故国貞からの文書を内藤氏の外交を担当する紹堅らに預けていた事実である。これらは「大事之物」であるため、後日に紹堅から康隆へ返却されたと思われるが、やはり故国貞らが承認した知行宛行を改めて確認するためだったと考えられる。松永長頼による内藤氏相続は、こうした丹波国衆の新知の当否という問題と絡んでおり、彼らにとっても重要な関心事であった。だからこそ、内藤氏側近だった紹堅も、彼らの預けた文書が当主備前守貞勝、宗勝に披露されるよう配慮していた。そのように考えれば、この守護代家の家督相続が、氏綱によって丹波国衆に一斉に伝達された事実は、権力交替通達の意味だけでなく、国衆側の関心の高さにも起因していたと考えられよう。

## 三、宗勝以後の内藤一族

内藤宗勝は、三好氏の軍事力の一翼を担い、畿内・近国の戦いに参陣した。永禄二年頃から丹波で戦い、波多野秀親、次郎を味方につけ、宿敵だった波多野元秀（秀忠の後継者）を八上城から追い落とした。氷上郡黒井城の赤井時家・荻野直正父子も三木（三木市）へ追ったと考えられるため、彼は、ほぼ丹波全域を席巻した。[25] しかし、前述したように、永禄八年八月、復活した荻野直正との戦いによって討死した。これによって守護代内藤氏の勢力は一気に失速した。

ところで、この宗勝と同時代、および以後の内藤氏には、どのような人物がいたのだろうか。ここでは同時代史料として確認できる者を検討して、次項でキリシタン史料と突き合わせたい。

### 内藤貞勝

内藤貞勝は、下記の史料一点が残存している。

［史料5］内藤貞勝書状『雨森善四郎氏所蔵文書』[26]

桑田郡之内神崎村一円・同郡並河村之内諸輩跡職一円、為合力申付候、弥忠節肝要候、
猶福地可申候、恐々謹言、
永禄四
六月廿日　　内藤備前守
貞勝（花押）

**内藤貞勝花押**
（『雨森善四郎氏所蔵文書』）

長尾蔵助殿
進之候

これは、内藤貞勝が丹波保津（亀岡市）の土豪長尾蔵助に対して、桑田郡之内神崎村一円と並河村の「諸輩跡職」一円を「合力」の恩賞として、その知行を認めた内容である。「跡職」とあることから、内藤氏と敵対する諸勢力から取り上げ、長尾氏に与えたものであろう。付年号にある永禄四年は内藤宗勝が活躍していた時期と重複する。ここで貞勝が丹波国衆に対する知行宛行権を保持していたとすれば、貞勝が当時の内藤氏当主であったことになる。また「備前守」は、丹波守護代家が十五世紀中葉以降に名乗っていた官途である。したがって、この当時は軍事指揮権を持つ宗勝と、知行宛行権を持つ惣領貞勝が機能分化して丹波を統治していたことが考えられる。前項の流れで考えると、宗勝の子「千勝」が元服して「貞勝」と名乗ったのではないかと思われる。

ところで、宗勝は松永蓬雲軒と称していたが、永禄五年には自ら「備前守」を称することになる。[27]同じ内藤家中の人物同士が「備前守」を名乗ったことは考えられないため、貞勝は何らかの理由で当主の地位を返上し、宗勝への一元化が図られたことになる。現段階では貞勝署名の文書は、この一点のみである。

**内藤貞治**

内藤貞治は、やはり次の禁制一点のみを残している。

［史料6］内藤貞治禁制『一尊院文書』[28]

禁制　　二尊院

一、当手軍勢甲乙人乱妨狼藉事

一、相懸矢銭・兵粮米事

一、山林竹木伐採事

右条々堅令停止訖、若於有違犯輩者可加成敗者也、仍執達如件、

　　　　　　　　　　内藤河内守

永禄八年十月十三日　　　　貞治（花押）

これは嵯峨二尊院宛の永禄八年十月十三日付の禁制である。永禄八年八月、内藤宗勝戦死のため、十月八日に丹波国は波多野、須智、柳本氏が赤井方へ味方し、「一円敵」になる事態となった（『多聞院日記』）。その前線部隊は長坂口まで進んだため、松永久秀は多聞城から竹内秀勝を進発させて、これを防ごうとしていた。その意味で、この貞治の禁制は、松永方として発給された禁制であろう。

「貞〜」という諱から、やはり丹波八木の内藤一族であることが推定されるが、彼が、どのような立場にあったかは不明である。ただ、内藤氏と敵対する丹波国衆による京都攻めの際に禁制を出していることから、当時は三好・松永方に属していた可能性が高いと思われる。

内藤貞治 花押

（『二尊院文書』）

## 内藤貞虎

内藤貞虎も次の一点のみ史料を残している。以下、掲載して考察してみたい。

［史料7］内藤貞虎書状『赤井文書』[29]

其以後久不申通候、仍於京表、始三人衆《(三好)》被失利故、御屋形《(細川六郎)》至播州御下向之条、我等も御共ニ罷下候、尤切々以書状可申承候処ニ、遠路ニ付、万事無音迄候、就其、為御使、同阿被差遣候、万御入魂肝要候、被対当御屋形様、数代御忠節、無弁御家にて候条、此砌引立可被申事専一候、拙者も不断御近所ニ有之事候間、いか様之儀にても久可被仰越候、御文箱使可仕候、次時家《(赤井)》、未申通候へ共、幸便候間、以書状申入候、不苦候者、被成御届候て可給候、尚期参拝之時候条、事々不能懇筆候、恐々謹言

三月廿三日　貞虎《(内藤)》（花押）

荻悪石《(荻野直正)》
御宿所

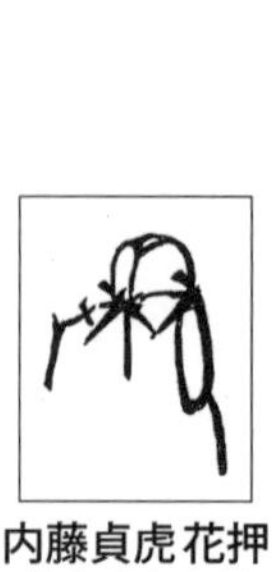

内藤貞虎花押
（『赤井文書』）

これは貞虎による氷上郡の荻野直正宛書状である。まず当史料には「三人衆」が「京表」において利を失ったため、三人衆方の「御屋形」も播磨へ下向し、貞虎も随行したと現状を記している。ここでいう御屋形は細川京兆家の御曹司細川六郎（当時は「元」と署名していた）と考えられよう。彼は永禄十一年九月に織田信長と足利義昭が入洛した際、芥川山城（高槻市）へ退散し、さらに西へ移動して讃岐へ逃れたといわれている。[30]しかし、一方で同じ『赤井文書』に閏五月七日付の荻野直正宛書状が残されており、丹波の荻野氏とは音信があった。[31]

年代であるが、三人衆が京都近辺で敗れたといえば、やはり永禄十二年正月の三人衆による本國寺滞在の義昭襲撃を想起させる。したがって、当史料は永禄十二年のものであろう。貞虎は六郎（「元」）に従い、丹波を離れていることがわかる。

また、荻野氏のことを、細川京兆家に対して「数代御忠節、無弁御家」と評し「拙者（貞虎）も不断御近所ニ有」ので取次ぐと、自らの側近の地位を強調している。ある意味、直正は内藤宗勝の仇であり、その内藤一族として、忸怩《じくじ》たる思いも錯綜したかもしれない。しかし、ここでは京兆家への忠節の論理を優先させ、反信長勢力の結集に力点が置かれたものと思われる。当該期の文書として、『赤井文書』二月二十日付荻野直正宛、細川六郎（「元」）書状があり、(32)荻野直正は播磨へ逃れていた細川六郎方となり、反信長方についていた。

さて後段であるが、直正の実父であり、彼と連署を出していた赤井時家からは都合のよい返事があったため今後申し入れるとしている。本来直正は赤井氏出身であり、時家は実子直正を荻野氏の惣領として送り込んでいた。(33)そのため宗勝を倒した際は、赤井・荻野両氏とも共同で戦っていた。しかし、結果的に、細川六郎、貞虎による時家との連携は遅れた模様である。実際、永禄十三年三月二十八日付芦田（赤井）忠家宛「信長朱印状写」（『寛永諸家系図伝』）があるように、時家の跡を継いだ赤井忠家は奥三郡の当知行を信長から認められ、これに服属した形となっている。したがって、荻野氏と赤井氏は中央の政局を想起した場合、各々敵対する双方の側に属していたことになる。

本史料で確認し得ることは、内藤氏の中に細川京兆家の側近となり、丹波を離脱する一族がいた点である。貞虎は荻野直正に対して述べた如く京兆家への代々の忠節に活路を見出したのである。後述するように、同時代の内藤貞弘は、元亀三～四年に足利義昭の側近に登用されるが、この点を勘案すれば、内藤一族には足利将軍家と細川京兆家に各々服属した者がいることになる。

また、幕府―守護体制論において、十六世紀の荻野氏は守護細川京兆家からの独立度で理解されてきたが、(34)この十六世紀後半においても、その守護権威が改めて意識、再確認されている点でも興味深い史料である。

## 内藤貞弘・貞信

内藤宗勝の戦死後、桑田・船井郡における内藤氏の影響力は低下した。永禄九年四月、丹波佐伯荘（亀岡市）と「くつれ北」荘を保持していた姫宮岡御所（大慈光院宮、後土御門天皇第一皇女）は波多野氏に所領の回復を命じていた（『言継卿記』）。公権力としての内藤氏の影響力の低下と多紀郡の波多野氏の伸長がうかがえる。

しかし、同十一年九月、織田信長が将軍義昭を奉じて上洛すると、形勢が変化していく。同十一月、朝廷は義昭近臣の細川右馬頭藤賢を「佐伯南北両庄」の代官に命じた。しかし、内藤五郎貞弘が当地を藤賢に引き渡さなかったため、織田配下の木下（後の羽柴、豊臣）秀吉の調整によって、内藤五郎が改めて代官職に就き、以後八〇石の進納が定められた。次は、その関連史料である。

［史料8］内藤貞弘請文『曇華院文書』[35]

丹波国内姫宮岡御所様御領所之事、信長依御助言、定納八拾石之請米ニ相定候、然者毎年十一月中ニ可致運上候、若少も於無沙汰、可有御改易候、一言之違乱不可有之候、仍請文所如件、

永禄十二　　　　内藤五郎
卯月四日　　　　貞弘（花押）
御雑掌

内藤貞弘花押
（『曇華院文書』）

これは領主曇華院に対する「姫宮岡御所様御領所」代官職就任に関する貞弘の請文である。「信長依御助言」とあるように、姫宮岡御所領佐伯南北両荘の代官について、信長の助言で貞弘の当職就任と八〇石上納が決定した。したがって、貞弘は織田権力の後ろ盾によって当荘園の代官職なども引き続き保持できたことがわかる。本来守護代内藤氏の一族だった貞弘は、こうした丹波の代官職に強く執着していた。「五郎」という通

称を名乗っていたことも含め、彼が決して安定した経済的立場になかったことが理解できる。

次に、京都に関わる史料9、10を検討する。

［史料9］内藤貞弘書状『阿弥陀寺文書』(36)

当寺就寄宿之儀、被見置、御下知上者、聊如在存間敷候、猶同名土佐守（貞信）可申候、恐々謹言、

内藤備前守

三月十五日　貞弘（花押）

芝薬師町

阿弥陀寺

［史料10］内藤貞信添状『阿弥陀寺文書』

御寺就寄宿之儀、（内藤）貞弘一札之事承候、即申聞、相調進覧候、尚御用等可被仰聞候、恐惶謹言、

内藤土佐守

三月十五日　貞信（花押）

芝薬師町

阿弥陀寺

現在阿弥陀寺は賀茂川沿いの寺町通に立地するが、戦国期は堀川上立売西入の上京に位置していた。備前守貞弘が将軍の「御下知」に従って、阿弥陀寺に寄宿した際、同寺に対して「如在存間敷候」と記した書状である。史料8では通称「五郎」だった貞弘が、前述したように丹波守護代職の官途たる「備前守」を名乗って

**内藤貞弘 花押**
（『阿弥陀寺文書』）

**内藤貞信 花押**
（『阿弥陀寺文書』）

いる。彼は、少なくとも当時は惣領としての地位を確保していたものと思われる。ちなみに、五郎段階と備前守段階では花押は相違している。また史料9にあるように、一族の土佐守貞信は貞弘の添状を出しており、現地で貞弘に従っていたことが理解できよう。

次に内藤貞弘が京都上京に上った時期であるが、元亀四年三月と考えられる。『年代記抄節』には三月に「摂津国池田、丹波内藤、シホ《塩》川、宇津、下田、室町殿御番ニ罷上ル」とある。この当時、将軍義昭と織田信長は数度の和平交渉にもかかわらず、対立が一気に進展した時期であり、義昭は畿内・近国の国人に上洛による将軍警固を呼びかけていた。この「丹波内藤」は貞弘と考えてよい。

京都の各寺院は、将軍義昭と信長の対立を「錯乱」と認識し、双方に礼物を贈って、被害を最小限に食い止めようとした。嵯峨の臨川寺（京都市）では同年四月五日と十一日、杉原紙四束壱貫百弐拾文分が「公方・内備・柴修・夕庵」に「御礼」として出されている（『臨川寺文書』「就錯乱方々調入目帳」）。この「公方」は義昭、「内備」は内藤備前守貞弘のことである。一方「柴修」は信長の重臣柴田修理亮勝家、「夕庵」は同じく祐筆の武井夕庵であり、臨川寺は、公方と信長の対立の中、双方に礼物を送付したことがわかる。さらに四月十一日には「公方様・内備へ之奏者」に対して「鐚銭五百文之代」の「百弐拾五文」が送られている。これらの表記から、嵯峨の臨川寺では将軍義昭方の第二の人物として貞弘を重視していたことがわかる。

ところで、信長と義昭に両属していた細川藤孝は、この時期に、いよいよ信長方に傾斜し、細かく文書を交わしていた。二月二十六日付藤孝宛信長朱印状（『細川家文書』）によれば「朱印遣候ハんかた候者可承候、只今内藤かたへ折紙遣之候」と記し、味方につける者に朱印状を出す場合、これを承ると述べ、早速内藤方へ送付したことを記す。これから藤孝が内藤方へ調略を進め、織田方に服属させるよう奔走していたことがわかる。また「朱印」の発給を勘案すれば、これは内藤氏当主、すなわち貞弘ということになる。

さらに、同年三月七日付の細川藤孝宛織田信長黒印状（『細川家文書』）では、当時の政治情勢を細かく、信長が報じている。この時「灰方・中路両人儀、内藤馳走を以一味之由尤候、内藤かたへも甚深ニ入魂可然之由、堅信長申由可被仰伝候、一廉可令馳走候」と述べ、西岡の国衆灰方、中路氏が「内藤馳走」によって、信長に服属した。また「内藤かた」へも「入魂」するよう信長が述べていたことを伝えるよう指示している。これにより、藤孝が内藤氏と信長の間を取り持っていたこと、また「内藤」が西岡国衆の一部に対して関係が深かったことが理解できよう。(37)

この「内藤」は当主である備前守貞弘の可能性がある。そうであるならば、貞弘は義昭に服属しつつも、藤孝を介して信長方にも気脈を通じていたことになる。

以上、宗勝以後、内藤氏には備前守貞勝、河内守貞治、貞虎、備前守貞弘（五郎）、土佐守貞信なる人物がいたことが理解できる。政治的に混乱した時代であるため、細川京兆家と行動を共にした貞虎、元亀四年に入って「室町殿御番」として義昭のもとに近侍した貞弘がいた。つまり、敵対する三好三人衆＝細川京兆家と、織田信長＝足利将軍家の双方に内藤一族が分かれたことがわかる。

それでは、これらの人物がキリシタン関係史料では、どのように比定できるのであろうか。以下、本題の内藤ジョアンの史料を検討して、照合させつつ考察してみたい。

## 四、キリシタン関係史料と内藤ジョアン

次にフロイス『日本史』および『イエズス会日本通信』（『日本耶蘇会年報』）に関係する内藤氏関係史料をまと

めておきたい。まず、フロイス『日本史』の内藤ジョアンの記述から検討したい。

［史料11］フロイス『日本史』

教会がふたたび平静に帰した後、都に、もう五十歳にもなる一人の貴婦人が来訪した。彼女は山口の国の出身で、そこでコスメ・デ・トルレス師から受礼した人であった。当時、その国は破壊されたため、まだ若かった彼女は丹波の国に行き、その地で、霜台（松永久秀）の甥、すなわちその兄弟の息子にあたる、内藤殿の家を司っていたある年をとった人と結婚した。この内藤氏は、合法的にその丹波の国の支配者であった。

霜台は松永久秀のことであるが、その甥とあることから、内藤ジョアンは宗勝の子息ということになる。史料では受洗した山口（山口市）出身の貴婦人が内藤氏一族のもとに嫁ぎ、キリスト教を広げたことになる。これを契機に内藤氏当主であるジョアンも入信したという。さらに注目されるのは内藤氏が「合法的にその丹波の国の支配者」と称されている点である。この「合法的」な「丹波の国の支配者」とは守護代職のことを意識していると思われる。松田氏の「『法的には』と断っているところから『現実には』丹波の領主でないという意味に解すべきであろう」という指摘も重要である。守護代職が一国単位で見る場合有名無実になっていたことを示すものであろう。[38]

次にやや長いが、彼が元亀四年三月に上洛した記事を掲載する。

［史料12］一五七三年四月二十日（旧暦三月十九日）付パードレ・ルイス・フロイスよりパードレ・フランシスコ・

カブラル書翰(39)

ジョアン内藤殿は神の思召しにより、丹波国の支配を大いに広げつつあり、尊師が去って以後、今までに絶えず諸城と戦さを行ない、徐々にそれらを殲滅した。彼の家臣らは尊師が当地に滞在していた時に殺された彼の異教徒の母のため葬儀を行なうこと、および彼女は禅宗の信徒であったが故に、異教徒の習慣に従って、紫（大徳寺）の仏僧らに多大な進物を贈ることを切に請うた。彼は彼女に裨益せずとも彼とそのキリシタンの兄弟たちに利益をもたらすような葬儀を行なうであろうと答えた。年末、母が殺された日に彼は丹波の貧者のうち来ることを希望する者をことごとく城下に招き、およそ千名が集まると全員に食物をふんだんに与え、その後、各人に喜捨したので、異教徒はこれに震撼した。

（中略）

また、ジョアン内藤殿は都《(京都)》の危険はきわめて差し迫っているので、丹波国の彼の城に来るようにと、六、七回にわたって書状をよこした。

（中略）

この不幸な市《(上京)》がこのような恐怖に陥り、さらに公方様《(足利義昭)》は僅かな兵力を有するのみであることから恐怖がいっそう募っていたところ、四月十三日、丹波のジョアン内藤殿が十分に武装した兵二千名を伴ってこの都に来た。彼は尊師が当地で会った際の憐れむべき貧窮した姿とは打って変わり、都では少なからず目新しいことながら、彼の旗はことごとく十字架のそれであり、兜の上には大きなイエズス会の金文字を付していた。彼は騎馬兵四百名と歩兵千六百名を率いて公方様のもとに向かった。その後、公方様は彼の到来を喜んだので彼を訪問し、直ちに都の国の年額一万俵の俸禄を彼に与えるという恩恵を施した。

（中略）

上野殿《上野清信》はジョアン内藤殿がキリシタンであったことを驚き、公方様にこのことを報告すると、彼はジョアンの提案をすべて受け入れた。

これはジョアンが元亀四年に義昭の求めに応じて、入洛した時の内容である。まず、内藤ジョアン本人の解説において、彼が「丹波国の支配を大いに広げ」「今までに絶えず諸城と戦さを行ない、徐々にそれらを殲滅した」とある。史料上は出てこないが、永禄十二年から元亀三年にかけて、丹波の戦を続けていたことがわかる。また、彼の家臣たちは、禅宗信徒であったジョアンの母の葬儀にあたり、大徳寺への進物の贈呈を求めた。これに対し、ジョアンはキリスト教にのっとり喜捨という形で対応した。すなわち「丹波の貧者」を「城下に招き、およそ千名が集まると全員に食物をふんだんに与え」「各人に喜捨した」という。禅宗信徒は「震撼」したといい、大きな文化的ギャップを感じたようである。これは八木城下のことと思われるが、こうした地元の住民が集まるような空間を形成していたことがわかる。

さらに、ジョアンは京都へ上洛するとフロイスとも交流している。信長と義昭の対立が深まると、フロイスらに丹波の自らの城へ避難するよう書状で説いている。

前述した丹波の「合法的」な「支配者」の記述が守護代職に準ずること、この時期に入洛して義昭へ臣従したことを想起すれば、ジョアンの実名は『阿弥陀寺文書』に登場する貞弘ということになる。彼は、かつて、フロイスに入信した当時「憐れむべき貧窮した姿」だったが、それから時を経ると「旗はことごとく十字架」で、「兜の上には大きなイエズス会の金文字」を付けるなど、様変わりしていた。これは、前述した代官職に執着する五郎貞弘時代からの変化と照応するかもしれない。その後丹波の戦いで領域を広げ、さらに義昭の「室町殿御番」という立場になり、威容を誇るような状態になっていた。

さて、ジョアンは信仰上の問題で、義昭と起請文を交わすことを忌避したため、同じキリシタンの弟を人質に遣したという。その際、義昭の側近上野清信は「ジョアン内藤殿がキリシタンであったことを驚」いたという。幕府の主力になりながら、彼がキリシタン武士であったという情報は、まだ周知されていなかった。

［史料13］一五七三年五月二十七日（四月二十六日）付パードレ・ルイス・フロイスよりパードレ・フランシスコ・カブラル書翰(40)

公方様は直ちに兵を城内に入らせた。彼の有する主たる援軍は丹波の領主ジョアン内藤殿であったが、同人はさっそく、千七百の兵を伴って城に入り、池田と伊丹、宇津の兵、および公方の兵およそ五千が来着した。彼らは千梃以上の鉄炮があった。

（中略）

そこで私は一人の貧しいキリシタンを呼び寄せ、私と彼は同夜は終始、当所にあった家財を梱包した。内藤殿はその一部を丹波に送り、他の若干の物はコモノや他の二つの地に送った。

（中略）

ジョアン内藤殿がどれほど教会とキリシタンの世話をしたか、尊師に語りつくせない。彼は護衛兵や家財を丹波に運ぶための人馬を遣わし、公方様の城でははなはだ多忙であったが、そこから毎日、三度、四度、五度と書状や伝言を発して教会の様子を尋ね、かの城が包囲された後は、私を援助することができなくなるので、丹波の彼の城に行くことを私に懇願した。また、忙しいさなか、当地から丹波までの道中（にいる家臣）や彼の妻と乳母、八木城の家臣らに宛て、自らの手により、五、六通の書状をしたため、直ちに我らのために仏僧の僧院を空け、同所に私を宿泊させて警護すべきこと、および司祭は内藤殿の主君であると考えるべきことを伝えた。

（中略）

ミサの祭具は丹波国にあり、当地には埋めておいた祭壇の石とミサ用祈祷書、私の古い法衣より外はなかった。そこで私は丹波から祭具が届くまで、一人のキリシタンから紙に描いた聖像を借り受け、法衣をまとい祈祷書を携えて、精霊の祝日と八日目ごとにミサを行なった。

ジョアン内藤殿は信長殿が去ると公方様の城を出て、当教会に我らを訪ねて来た。彼はほとんど毎日、当地に来て私と諸事について協議している。（内藤）玄蕃殿と称する彼の兄は三日前から説教を聴きに来ており、熱心な禅宗の信徒であった内藤土佐殿と称する丹波の別の武将は、聖教要理の説教をすでに十五回聴き、キリシタンになることを決意し、洗礼を切に請うているが、私はこれを延期している。彼が聖教要理の題材を最後の話に至るまですべてを聴くようにするためである。彼は二千俵の俸禄を有し、今はドン・ジョアンの家を治めている。

（中略）

信長が発って六日後、公方様は都の城にいても安全ではないことを認めたので再び恐れを抱き、己れの逃げ場とするため、ドン・ジョアンに丹後（丹波か＝注 福島）の城を貸すよう請い、その代わりに彼をこの都に留め置いて所領の統治に当たらせるであろうと（言った）。ドン・ジョアンは喜んで丹波において獲得しているすべての城を提供し、何事においても彼に奉仕するつもりであったが、公方様のような偉大な君主がかくも軽々しく動き、小心ぶりを見せるのは適当なこととは思われなかった。然して、彼はこの（都の）ようないとも安全な城から逃れ、再び信長の敵となるのは公方様の地位と名誉にとってはなはだ不相応なことであると密かに助言した。公方様は、これでも落ち着かなかったので考えを変え、当地から二里の所にある槙島に行くことにした。
（中略）
前述の内藤土佐殿は聴聞を続けていたが、私は聖体の祝日、彼に洗礼を授け、彼の願い出によりドン・トマスと名付けた。彼はドン・ジョアンの家を治めているが故に、丹波に戻ったらさっそく同地に教会を建てる決意をしている。ドン・ジョアンの兄である玄蕃殿はすでに十七日以上前から兄弟とともに毎日欠かさず当所に説教を聴きに訪れている。今、彼は洗礼を切に請うているが、まず何よりも聖教要理をすべて聴く課程を経る必要があり、その後に主（なるデウス）の御助力を賜って彼に洗礼を授けるであろう。

元亀四年四月、義昭と信長の対立が再燃し始めた。義昭の反信長の檄《げき》に応じて、武田信玄や朝倉義景などの入洛戦が現実味を帯び始めていた。また、これに呼応して畿内・近国の国衆の一部が義昭のもとへ駆けつけている。前項でも取り上げた『年代記抄節』「室町殿御番」の国衆名と本史料とが一致する者として内藤、池田、宇津の名前がある。

こうした混乱の中で、内藤ジョアンはフロイスの梱包した家財を丹波へ移した。さらにジョアンは義昭の城館から外へ出て、フロイスらに対して「丹波の彼の城に行くこと」を勧めた。彼は「当地から丹波までの道中（にいる家臣）や彼の妻と乳母、八木城の家臣らに宛て」「五、六通の書状」を送り「直ちに我らのために仏僧の僧院を空け、同所に私を宿泊させて警護」し「司祭は内藤殿の主君である」と伝えた。注目すべきは、ここでキリシタン関係史料に初めて「八木」の地名が登場することである。ジョアンの居城が八木城であることを改めて確認し得る。さらにフロイスらの住居のため「仏僧の僧院」を空ける方策を講じ始めたが、やはり八木城の近辺には仏教寺院があり、ジョアン入信以降も八木に存在していたことがわかる。さらにジョアンの兄の内藤「玄蕃殿」、あるいは「熱心な禅宗の信徒であった内藤土佐殿」の両名がキリスト教への入信を望んでいたという。

この内藤土佐守は前項で取り上げた『阿弥陀寺文書』の内藤土佐守貞信と断定できる。彼は貞弘（ジョアン）に従って入洛していたが、これらの事実と一致する。また、ジョアンの亡き母、あるいは「内藤土佐殿」も従来は「熱心な禅宗の信徒」であった。これは、前述した八木城下の禅宗龍興寺の存在感を想起させる内容であろう。

いよいよ信長との対決が目の前に迫ると、義昭は自らの上京の城館の放棄を仄《ほの》めかす。この時、義昭はジョアンに丹波の城の提供を求めたという。実は前項であげた三月七日付の細川藤孝宛織田信長黒印状（『細川家文書』）で、宇津氏を「御伴衆」（「室町殿御番」）にしたのは、義昭が「自然之時可被移御座ための由候」と信長は看破していた。ジョアンも義昭が軽挙な行動をしないよう諫言し「再び信長の敵となるのは公方様の地位と名誉にとってははなはだ不相応なことであると密かに助言」した。ジョアンは義昭の軍事力の中核を担いつつも、冷静に政治情勢を捉えていた。前述したように、元亀四年三月頃「内藤」氏が藤孝らと気脈を通じていた点も、このことと関連するかもしれない。しかし、結果として、義昭は信長と戦う道を選び、槙島城（宇治市）へ移動した。そして信長軍に惨敗し、彼は追放されることになった。

義昭追放の際、内藤ジョアンは義昭と行動を共にしなかったらしい。内藤土佐殿（貞信）が丹波で教会を建設する意思を持っていたように、ジョアンも丹波がキリスト教の拠点となるような青写真を描いていた。松田氏が指摘する天正二年九月八日付のフロイス書翰[41]によると、丹波に在国していたジョアンは告白のために、京都の司祭と修道士の派遣を願い出たという。フロイスはロレンソ修道士とともに丹波の山道を越えて、ジョアンの城へ迎えられた。城内の座敷には祭壇が設けられていたという。彼らはキリシタンのために一日に二度の説教をした。フロイスは告白を聞くことに専念し、八日間に七〇名の兵士が告白した。さらに城外の丘の墓地の十字架のところへ行き司祭の説教を聴き、結果として一四名の者が受洗したという。この点から、内藤ジョアンが、天正二年段階も丹波八木におり、次第に信者を増やしていたこと、城外に十字架を持つ墓地が形成されていたことが理解できる。

ただし、以後ジョアンが丹波に在国する史料は見られず、後に彼は西国へ逃れた義昭のもとへ向かい、これに再び従ったようである。以下は、フロイスらが天正九年（一五八一）五月に越前へ赴いた時の内容である。

[史料14] 一五八一年五月二十九日付（天正九年四月二十七日）パードレ・ルイス・フロイス[42]

当地に公方様《足利義昭》のもとに居る丹波の内藤殿の甥の居ることを聞いた。彼は内藤殿の兄、名をコバドノといふ人の子であるが、父は昨年戦争中殺され、キリシタンとして死んだ。人の言ふところによれば、予が都において洗礼を授け、またその子には八年前彼が八、九歳の少年であった時、丹波国において洗礼を授けたのである。この子は性質よく高潔であったため、柴田殿《勝家》はその父の死後彼の去ることを好まず、彼に父と同じく八百俵の収入を与へ、一万六千俵の収入を有する大身の女を娶せた。この青年は丹波からその母及び弟二人と妹一人を招き、妹は当地で他の武士に嫁いだ。彼は予が当地に着いたことを聞いて直に来訪し、彼はベントと称し、小児の時、丹波で予に洗礼を受けたが、常に異教徒の間にゐて説教を聴けなかった故、デウスのことについて彼に悟らしめんことを請うた。よってコスメと予と交代して彼に話し、彼はこれによって大いに益を得た。

この記述で興味深いのは、天正九年四月段階で、丹波の内藤殿（ジョアン）が「公方様」（足利義昭）のもとにいた点である。当時、義昭は鞆津《とものつ》（広島県福山市）に滞在し、毛利氏の庇護を受けつつ、反信長戦線を続けていた。一方、この叙述にある内藤一族のコバドノ、ベントらは信長の部将柴田勝家に仕官し、越前で禄をもらい活躍を続けていた。したがって、内藤一族は、義昭方と信長方とに分裂したことがわかる。またフロイスが八年前、このジョアンの甥が八、九歳の少年だった頃、丹波で洗礼を授けたという。これは天正二年にフロイスが丹波へ出向いた時のことと思われるが「小児の時、丹波で予に洗礼を受けたが、常に異教徒の間にゐて説教を聴けなかった」という。この点から、やはり丹波、特に八木では禅宗が強く、こうしたキリスト教の説教が受け入れられる風土ではなかったと思われる。さらに注目されるのは「丹波からその母及び弟二人と妹一人を招」いたことで、天正九年頃まで内藤一族の一部が丹波に滞在していたことがわかる。

では、内藤ジョアンが八木城を離れたのは、いつ頃なのだろうか。天正三年六月から同七年九月にかけて、明智光秀の丹波攻略が展開されたが、その前後の時期であろう。松田氏は近世期史料をもとに、明智光秀による八木城攻めがあったと指摘するが、残念ながら一次史料がなく、具体的な時期や内容は確定できない。ただし、信長が内藤氏を攻撃対象にしたことは、天正三年六月十七日付小畠左馬助宛「織田信長朱印状写」（『小畠文書』東京大学史料編纂所影写本）に見られる。すなわち「内藤・宇津事、先年京都錯乱之刻、対此方逆心未相止歟、無出頭之条、為可加誅伐、明智十兵衛尉差越了」とあり、内藤氏と宇津氏が京都錯乱（元亀四年における信長と義昭の対立）の際、信長に逆心を抱き、いまだ出頭もしないので、誅伐を加えるため、明智光秀を差し向けるとした。ほぼ同じ内容で同年六月十二日付並河因幡守殿・並河兵庫介殿宛「信長判物写」（『丹波志桑田記』）が伝わるため、同様の文書が複数の丹波国衆に出されたものと考えられる。

この天正三年六月の光秀による丹波攻略は、彼自身が八月頃信長の越前出陣に参陣したこともあって、具体的な様相が明確ではなかった。ただし『大雲山誌稿』には同年六月条に「明智十兵衛方丹波へ入国ノ時音信、桶樽一ツ」とあり、実際に丹波へ進軍していた様子がわかる。攻撃対象の一つである宇津周辺では、実際に戦闘があった模様であり、明智方の小畠左馬進は光秀の指令で「桐野河内」（南丹市）まで陣取っている。また戦闘では左馬進が負傷した事実も確認できる。[43]そうなると、内藤氏の八木も攻略対象になったものと思われる。ただし、前述のとおり一次史料が残存していないため、これ以上は明確にできない。この時期に何らかの戦闘や退城勧告など、圧力によって、八木城は明智方の手に落ちたと考えられる。[44]

この当時の内藤ジョアンの動向はわからないが、前述したように天正九年四月までに義昭のもとへ落ちたことになる。

## 五、丹波出国以降のジョアン

最後に概略になるが、ジョアンの後半生についてまとめておきたい。なお、この時期の彼の実名は明確でないため、ここでは便宜上「ジョアン」として捉えておきたい。

天正十六年（一五八八）閏五月、豊臣系部将の小西行長は肥後宇土（熊本県宇土市）の大名として取り立てられる。彼は、有名なキリシタン大名で、入国にあたって、多くの武士を取り立てていた。その際、注目されるのは、畿内・近国の武士たちを登用している点である。[45]彼らは、河内烏帽子形《えぼしがた》城（河内長野市）の伊智地文太夫、河内岡山（四條畷市）の結城弥平次など、畿内の有力者で、かつキリシタンであった。丹波の内藤ジョアンも、これに加わって、小西の名字を名乗り、小西飛騨守と称していた。彼らは「親類衆」に属していた。

内藤如安終焉の地碑
〔熊本市手取カトリック教会 鈴木明郎氏提供〕

天正二十年四月、行長は同じ肥後国の熊本（熊本市）の加藤清正とともに、朝鮮半島へ軍勢を率いて渡海した。この文禄の役（一五九二～九三）は、当初日本軍が半島を席巻したが、その後明の介入などもあり、逆に押し返された。文禄二年（一五九三）五月頃から前線では、どの時点で和睦をするかで協議されていた。フロイス『日本史』によれば、この時講和使となっていたのが行長の部将ジョアン（内藤、小西飛騨守）であった。彼は明との和平交渉を進めるため、北京へ赴き、明皇帝万暦帝に拝謁している。当時、現地の明軍は偽りの使節二名を日本に送っていた。日本側には朝鮮支配を認めさせる日本に有利な講和条約が提示されていた。

　これとは別に前線にいた行長は、明の沈惟敬と画策して、ジョアンを答礼使として北京へ派遣した。この時、ジョアンと引き換えに明からも小西行長のいる熊浦（熊川倭城、大韓民国昌原市）へ人質を送ってきたという。また、ジョアンからの報告によって、明軍も和平を望んでいること、ジョアンらが歓待されたことなどが伝えられた。

　こうした行長、ジョアンらの尽力もあり、文禄五年（一五九六）九月、明から冊封使が来日し、秀吉は大坂城で明からの誥命・勅諭と金印・冠服の進呈を受けた。ただし、半島における日本軍の撤兵などが講和条件に入っていたため、秀吉は激怒し、この講和交渉は決裂した。ここで再び戦端が開かれ、慶長の役（一五九七～九八）が繰り広げられることになる。

この朝鮮出兵は豊臣政権の衰退を早め、秀吉の死後、豊臣系大名が二つに分裂し、徳川家康率いる東軍と、石田三成率いる西軍が対立した。小西行長は西軍に属したが、慶長五年（一六〇〇）九月の関ヶ原合戦に敗れ、戦後処刑された。ジョアンが、この時にどのような行動を取ったかはわからないが、徳川の治世後は、加賀前田利長のもとにいたキリシタンの高山右近を頼ったらしい。以後加賀国では、高山右近、内藤ジョアンのもと、一〇〇〇人余のキリスト教信徒を集めたという。

しかし、次第に江戸幕府はキリシタンに対する弾圧を強め、慶長十八年に禁教令を全国へと広げた。同十九年三月、板倉勝重の通達により、加賀藩主前田利常は高山右近、「内藤飛驒守如安」（「内藤飛驒守忠俊」）らを「禁錮」にした（『通航一覧』）。この後、彼らは京都を経由して長崎へ護送され、阿媽港（マカオ）へ追放となった。後にマニラへ移動し、寛永三年（一六二六）、七十七歳で波乱に富んだ人生を終える。

この『通航一覧』の記述から、彼が当時「忠俊」という実名を名乗っていたことがわかる。ただし、これがいつから名乗り始めたものか、明確ではない。

## おわりに

以上、きわめて冗長な内容となったが、本稿で確認し得た点をまとめておきたい。

第一に、キリシタン関係史料に登場する内藤ジョアンは、国内史料における内藤備前守貞弘（通名五郎）と断定できる。すなわち、元亀四年三〜四月の『阿弥陀寺文書』『臨川寺文書』との照合で確定できる。このことから、彼が代々守護代職として継承してきた官途「備前守」に拘っていた事実が理解できよう。もっとも、

八木城下にある
内藤ジョアンゆかりの地 石碑

彼は後半生において、小西飛騨守を名乗っており、忠俊という実名を使った可能性はある。貞弘の名乗りがいつまで下るかは、今後の課題である。

第二に、十六世紀中葉から後半にかけて、内藤氏は大きな政治的変化の時代を迎えていた点である。すなわち、天文二十二〜二十三年（一五五三〜四）に丹波守護代内藤氏の嫡流が途絶え、ジョアン（貞弘）の父松永長頼（内藤宗勝）が、この家中を取りまとめ、子息千勝（貞勝）に家督を相続させた。この家督継承の目的は、三好権力の増大とともに十五世紀から続く守護代家を維持させることにあり、既存の室町幕府―守護体制にかなったものであった。しかし、永禄八年（一五六五）八月、宗勝が戦死すると、内藤氏は京兆家の六郎に随行する貞虎と、八木に残った貞弘らに政治的に分裂したと考えられる。この間も貞弘による丹波の戦いがあり、版図も広げたようだが、元亀四年（一五七三）に貞弘が足利義昭の御番衆に参加したことで、その勢力を増した。内藤氏にとって、この時期は自らを支えていた細川京兆家と将軍権力が分裂し、既存の幕府―守護体制の枠組みが明確に形骸化し始めた時期であった。こうした急激な政治的変化の中で、ジョアンをはじめ、内藤氏一族が自己の苦悩やその救済に直面し、キリスト教信仰に頼る側面が出てきた可能性がある。

第三にジョアンの入信後も、八木における禅宗寺院の影響力は強く、キリスト教布教をめぐる環境整備は限定的だったと思われる。従来、内藤一族や家臣にも禅宗信徒が多く、洗礼を受けつつも異教徒による制約で説教を聴けなかった場合があったという。元亀四年の「京都錯乱」で、ジョアンは京都にいるフロイスが避難できるよう八木城下の仏教寺院に僧坊を提供させようとした。換言すれば、ジョアンがキリスト教を受容しつつも、城下には龍興寺以下、禅宗寺院が林立していたことを示す。キリスト教に関わる「聖祭の器具」などの保管は、城内に留まったものと考えられる。フロイスの保護にあたり、ジョアンは八木城の家臣に対し「司祭は内藤殿の主君である」と厳命した。武家の主従関係に置き換えて、司祭の位置を解説しており、当時八木城下でもキリスト教の受容や理解が限定的だったことを示している。ちなみに城下には喜捨を行う空間があったこと、十字架のある墓地があったこと、などは特筆される。

以上、検討の割には、得られた成果は乏しいが、内藤ジョアンを中心に、宗勝以降の丹波について考察してきた。今後は、実際の政治史のなかに位置づける作業を行い、当該期の丹波についての考察を地域史の視点から深めていきたいと考える。

〈註〉

(1)松田毅一「丹波八木城と内藤如庵について」『COSMICA』Ⅶ、一九七七
(2)今谷 明『守護領国支配機構の研究』法政大学出版局、一九八六
(3)藤井 学「近世初期の政治思想と国家意識」『法華文化の展開』法蔵館、二〇〇二
大桑 斉『日本近世の思想と仏教』法蔵館、一九八九
(4)早島大祐『室町幕府論』講談社、二〇一〇
(5)原田正俊「禅宗の展開と丹波の仏教」『新修亀岡市史』本文編一、二〇〇四
(6)吉田 清「蓮如上人と丹波真宗寺院」『蓮如上人研究』思文閣出版、一九九八
(7)藤井 学「応永の法難と法華宗の『かくれ里』知見谷の歴史について」『桂川流域学術調査報告』京都府立大学・京都府立大学女子短期大学部、一九八八
(8)石川賢司「第四章 一向一揆の時代」『美山町誌』下、二〇〇五

（9）和田幸司『浄土真宗と部落寺院の展開』法蔵館、二〇〇七
（10）八上城研究会『戦国・織豊期城郭論』和泉書院、二〇〇〇
（11）細川晴国については馬部隆弘「細川晴国陣営の再編と崩壊」（『古文書研究』七六、二〇一三）を参照。
（12）奥谷高史『丹波古銘誌』綜芸舎、一九七五
（13）天野忠幸「戦国期の宗教秩序の変容と三好氏」『織豊期研究』一二、二〇一〇
同「三好氏と戦国期の法華宗教団」『市大日本史』一三、二〇一〇
（14）中西裕樹「戦国のキリシタン・庄林コスメに想う」『丹波』四、二〇〇二
（15）亀岡市教育委員会『丹波笑路城発掘調査報告』一九七八
（16）篠山市教育委員会『篠山市の指定文化財』二〇〇〇
（17）拙稿「八木城跡」『新修亀岡市史』資料編一、二〇〇〇
（18）今谷 明『守護領国支配機構の研究』法政大学出版局、一九八六
（19）拙稿「文書解題」『丹波国船井郡小林家文書調査報告書』南丹市日吉町郷土資料館、二〇〇六
（20）仁木 宏「戦国の争乱と丹波の武士」（『新修亀岡市史』本文編二、二〇〇四）。なお、天野忠幸『戦国期三好政権の研究』（清文堂出版、二〇一〇）も、これにふれている。
（21）『和知町誌』史料集（一）、和知町、一九八七
（22）前掲（21）
（23）今谷 明『室町幕府解体過程の研究』岩波書店、一九八五
（24）前掲、拙稿（19）
（25）拙稿「室町時代の夜久野」『夜久野町史』四、二〇一三
（26）『新修亀岡市史』資料編一、二〇〇〇、花押は東京大学史料編纂所影写本参照
（27）前掲、拙稿（19）
（28）東京大学史料編纂所影写本
（29）『赤井文書』『兵庫県史』史料編中世九・古代補遺、兵庫県、一九九七年。なお花押写真は芦田確次・村上完二・青木俊夫・船越昌『丹波戦国史』（歴史図書社、一九七三）を参照。
（30）野澤隆一「細川昭元考」『栃木史学』二、一九八八

(31)吉井功児「細川昭元について」『政治経済史学』二六三、一九八八
同「細川晴元・昭元父子に関する若干の基礎的考察」『ヒストリア』一二〇、一九八八
(32)『赤井文書』前掲(29)参照
(33)前掲(25)
(34)古野 貢「室町幕府―守護体制下の分国支配構造」『市大日本史』一二、二〇〇九
(35)『曇花院文書』『曇花院殿文書』東京大学史料編纂所影写本
(36)水野恭一郎・中井真孝編『京都浄土宗寺院文書』同朋舎出版、一九八〇
(37)仁木 宏「細川藤孝と革嶋秀存」大山喬平教授退官記念会編『日本国家の史的特質』古代・中世、思文閣出版、一九九七
(38)前掲、松田(1)論文
(39)松田毅一監訳『十六・七世紀イエズス会日本報告集』第Ⅲ期四、同朋舎出版、一九九八
(40)前掲(39)
(41)松田毅一『近世初期日本関係南蛮史料の研究』風間書房、一九六七
(42)村上直次郎訳 柳谷武夫編『イエズス会日本年報』雄松堂書店、一九六九
(43)拙稿「明智光秀と小畠永明」『史料で読む戦国史 明智光秀』八木書店、二〇一四(予定)
(44)前掲、拙稿(17)
(45)鳥津亮二『史料で読む戦国史 小西行長』八木書店、二〇一〇

# 浮田休閑

大西泰正

## はじめに

浮田休閑《うきたきゅうかん》は、高山右近と同じ時代を、同じ宗教を奉じ、一時は同じ加賀の地に生きた人物である。右近は伝説的殉教者として往々世人の口の端に上る。素性も事跡もほとんどわからないが――、とごく稀に注目を惹くのが休閑である。存在そのものが伝説的といえる。

休閑は、はじめ備前岡山の大名宇喜多秀家（一五七二～一六五五）に仕え、関ヶ原合戦で秀家が没落すると、加賀金沢の前田利長（一五六二～一六一四）に召し抱えられたという。のち徳川幕府によるキリスト教禁制によって、右近は国外へ送られたが、休閑は津軽へ流され同地で没したらしい。この程度のことしかわからない。

宇喜多氏の家臣でキリスト教徒、――そういう人物であれば、明石掃部《かもん》・浮田左京亮《さきょうのすけ》（坂崎出羽守）の両人について筆者には検討の経験がある。(1) 史料の少なさには閉口したが、それらを通覧すると彼らの個性が自然と浮かび上がってきた。

休閑はどうか。残存史料の多寡でいえば、掃部や左京亮よりも乏しく、遺憾ながら個性を云々《うんぬん》するどころではない。それが大方の見方であろう。掃部のように有名でなく左京亮ほど奇矯《ききょう》でもないと、消極的な評語で片も付けられる。

敢為といっていいのだろうか、見通しがこのように悲観的であっても、無理を承知で考えてみたい。関係史料を読み直すのは当然、宇喜多氏家中のキリスト教事情や、例のやや人気のありそうな二人を拉《らっ》するとか、休閑の周囲に踏み込む手立てがないわけではない。

## 一、宇喜多氏家中のキリスト教徒

ここでは浮田休閑の周囲に目を向ける。宇喜多氏家中のキリスト教事情について概略を述べておきたい。宇喜多氏とキリスト教との関係は、天正十四年（一五八六）夏、秀家の家臣二人がその教義に関心をもち、秀家に請うて宇喜多氏領国での布教許可を取り付けたことに始まるであろう（ルイス・フロイス『日本史』第二部七六章）。以後しばらく、領国での布教事情についてはこれを明言する史料を欠くが、けだし浮田左京亮の入信が転機となった。

左京亮は宇喜多直家（?～一五八二）の実弟忠家（安津）の子であるから、秀家の従兄弟にあたる。この人物は小西行長の手引きで教義に触れると、宣教師に強請して、たちまちに洗礼を授かった（「一五九五年二月十四日付、都発信、ニエッキ・ソルド・オルガンティーノのイエズス会総長宛書簡」）。行長（かつて宇喜多氏に仕えていたところを羽柴〈豊臣〉秀吉に見出されたという）と左京亮とは以前から旧知の仲であったらしい。

左京亮は、大坂城下の自邸を教会の如く飾り立て、領国に下ると教義の宣布に努めたという。明石掃部（秀家の姉妹婿）とキリスト教との邂逅も、左京亮の演出であった。掃部は左京亮邸に招かれ、そこで宣教師から聞かされたキリスト教の教義にいたく感銘を受けている。左京亮と違って、しばらく入信をためらったようだが、結果的に洗礼を受けたのが慶長元年（一五九六）の末。これ以後の掃部は、信仰の深さでは高山右近に劣らぬとの評判を得、宇喜多氏領国での信者獲得に大きな役割を果たしてゆく（史料1）。

［史料1］『一五九九―一六〇一年、日本諸国記』[2]（部分）※括弧内は訳者註

かの地方で最良、かつきわめて主要なキリシタン宗団は数年前に始まったのだが、備前中納言（宇喜多秀家）と呼ばれる異教徒の三カ国の殿の領国においてである。備前中納言は、平素は大坂に居住しているので、彼の重立った武士たちは大坂に在勤する。その幾人かは説教を聞くのに我らの修道院に来て、多くの者が改宗した。その中で主要な人物は、中納言の義兄弟である明石掃部殿であった。

（中略）

ドン・ジョアン（引用者註―明石掃部）というキリシタン名をもっていた。彼は迫害の時期に、自分の宗教と信仰の大いなる模範を示してきたので一般には、もう一人の（高山）ジュスト（右近）と見なされている。強い熱情とデウスについての深い知識を有したこの武士は、他の人々を説教を聞くために伴って来、数年でこの地は備前の藩庁の重立った貴人たちが改宗した。そしてこの国では二千名を超えるキリシタンが洗礼を受けるであろう。当国は彼の義兄弟である国主が不在で、（明石）ドン・ジョアンが治めている。

在坂・在京を常とする秀家に代わり、掃部は国元にあってキリスト教の伝播に努めていた。欧文史料は「備前の藩庁の重立った貴人たち」について多くを語らないが、一つの例として、二万三〇〇〇石余を知行する岡越前守（掃部の姉妹婿）が、掃部の影響で入信したらしきことを挙げておこう。

宇喜多秀家は最後まで入信しなかったが、従兄弟（浮田左京亮）や義兄弟（明石掃部）といった宇喜多氏家中の重要人物がキリスト教徒となり、関ヶ原合戦が起こった慶長五年（一六〇〇）頃には、宇喜多氏領国のキリスト教徒は二〇〇〇余を数えたという。宇喜多氏改易後のことながら、欧文史料は秀家内室（豪姫、南御方）と思われる女人や、真偽は定かでないがその息子二人（宇喜多秀高・秀継）までが信徒になったと述べている（「一六〇六、〇七年の日本の諸事」）。キリスト教に対する秀家の寛容さや、宇喜多氏家中へのキリスト教の浸透ぶりは推測するに難くない。史料1といった欧文史料の、やや大仰な言から垣間見られる通りである。

こうした所伝は日本国内にもないわけではない。近世権力はこの地方に生まれたキリスト教的な何物をも湮滅せずにはおかなかったが、教勢の拡大や掃部の行動は史譚として残された。たとえば、関ヶ原合戦を目前に秀家の家中を二つに割った、いわゆる宇喜多騒動をめぐって。

岡山藩士土肥経平（一七〇七～八二）の著作『備前軍記』（安永三年〔一七七四〕自序）は、応仁・文明の乱以後、池田氏の就封に至る備前地方の争乱を描いたもので、経平独自の史料渉猟や識見が一定の史実を担保すると見なされて、その叙述は岡山県地方の戦国時代史に少なからぬ影響を与えてきた。経平はこの『備前軍記』で、宇喜多騒動における家臣団対立の構図を、法華宗・キリスト教による宗教対立として描写する。すなわち、秀家のもと失政を重ねた長船紀伊守・中村次郎兵衛（家正）らの勢力をいずれもキリスト教徒と断じ、法華宗徒という戸川（富川）達安《みちやす》・浮田左京亮・岡越前守・花房秀成らがこれに立ち向かう。明石掃部についてはその信仰が触れられるだけだが、十八世紀の儒教的倫理観をも交えて前者（長船・中村ら）の非が鳴らされる。

事実からは随分遠い。実際には、長船紀伊守・中村次郎兵衛ともにキリスト教徒たる徴証はなく、浮田左京亮・岡越前守もまた法華宗徒とするには無理がある。かかる点を含めた筆者の指摘が[3]『備前軍記』の世界を崩したのだが、宇喜多氏領国におけるキリスト教の拡がりを問題視した点に絞れば、土肥経平の感触それ自体は否定さるべきものではない。キリスト教の隆盛は、短時日であったにせよ、宇喜多氏領国（厳密にいえば明石掃部の周辺）に存在し、不確かではあってもその痕跡が途絶えることはなかったのである。

途絶えてしまったのは、岡山県地域における「浮田休閑」の消息であった。土肥経平の拾った口碑に休閑の姿は見えないが、欧文史料によれば、秀家の家臣であった時分にこの人物はキリスト教と出会っている。くだんの左京亮や掃部の宗教的活動とそれが無関係とはいえまい。休閑の人物について具体的に考えていこう。

## 二、先行研究と関係史料

浮田休閑とは何者か。参照すべき先行研究として第一に指を屈すべきは、参考に掲げる海老沢有道氏の仕事である。

［参考］海老沢有道「宇喜多休閑」(4)（部分）

宇喜多休閑　生年不詳－1617（元和4）頃　慶長期のキリシタン武将。霊名トマスまたはジョアン。教会側史料では宇喜多秀家の従兄弟と記されている。宇喜多家の重臣で、法華信者であったが、受洗後はまれにみる熱心なキリシタンとなった。関ヶ原の役に西軍に属した秀家の八丈島配流とともに浪人となったが、前田家に客将となっていた高山右近との関係からか、のち前田家に仕えて重きをなした。秀家の妻が前田利家の4女で、1607（慶長12）年に受洗、兄前田利長に引き取られ金沢に隠棲していた関係もあったと思われる。１４年の大追放に棄教をがえんぜず、３人の子と共に喜び勇んで津軽に流された、と同年度のイエズス会日本年報にある。その後苦難の生活の中で、同地に没した。

以上、事典の記事ながら煩をいとわず長文を引用したのは、これが管見の限り唯一かつ最も的確な休閑に関する整理だからである。休閑について言及した書籍はいくつか見られるが、この人物の消息について海老沢氏の整理を超える知見を示したものはない。

一部を除いて記述の典拠が示されないという憾《うら》みはある。紙数の関係もあろうが、我々はいちいち記述の典拠を探って妥当性を再検討すべきであろう。なお疑問も少なくない。海老沢氏はもっぱら欧文史料に拠ったらしく見受けられるが、国内の史料から休閑の足跡をたどることはできないのか、「宇喜多休閑」という漢字表記は何に基づいているのか、宇喜多氏・前田氏に仕えて何事を成したのか、受洗の時期も不明確、没年の根拠はいずくにかある。そもそも残存史料はどの程度か。

浮田休閑に触れる残存史料のほとんどは、この人物の追放に関わるものである。これらは慶長十九年（一六一四）初頭、幕府の禁教令による休閑の捕縛とその追放を書き綴る。休閑の経歴はその追放記事に、わずかながら付記されるに過ぎない。海老原氏の整理も、けだし欧文史料上でのそうした付記に多くを負っている。イエズス会宣教師ガブリエル・デ・マットスによる「一六一四年度日本年報」、同じくペドゥロ・モレホンの「続日本殉教録」（一六二一年にリスボンで刊行）などである。

この事情は日本国内（石川県地域）に伝来した史料でも変わりはない。たとえば、加賀藩の「宰領足軽」という微職にあった山田四郎右衛門の著述『三壺聞書《みつぼききがき》』（『三壺記』とも。十七世紀後半成立）をはじめ、『聞見雑録《ぶんけんざつろく》』・『越登賀《えつとが》三州志』等々いずれも休閑追放時の消息を伝えるのみ。追放以前の休閑を知る手がかりは（後述の『慶長寛文聞書類四種』を除いて）皆無に等しかろう。さきに「個性を云々するどころではない」と述べたのはこうした支障を指すのである。

　これら日欧双方の史料を突き合わせ、互いの一致点を見出すことでおおよその事実関係はつかみ得るであろう。だが、情報量は限られているし、その輪郭も不鮮明を免れまい。

　以上の点に諒解を求めた上で、さきほどの疑問を考え、休閑の生涯を見直していこう。まず二つの国内史料を一瞥《いちべつ》する。

［史料2］『三壺聞書』[5]（部分）

加州に其時高山南坊（右近）二万石、宇喜多久閑千五百石、早川右兵衛千石、柴山権兵衛五百石、是等の者共宗旨をころぶ事仕間敷と申に付、何茂上方へ被遣候

［史料3］『聞見雑録』[6]（部分）

南坊同事に配流の衆、慶長十八（ママ）年の春
高山南坊・内藤徳庵（如安）　南蛮へ　相坂まで篠原出羽被遣、長崎まで安原隼人
宇喜田休閑・同太郎右衛門・品川九郎右衛門・奥村外記・柴山権兵衛　奥州へ

　休閑をめぐる諸事象が、これらに正しく伝承されたか否か、すぐさま判断することは難しい。とはいえ、欧文史料（後掲史料4・5）との符合や、『三壺聞書』については比較的成立年代が早いことをもって、史料2・3の伝承はおおむね史実に反しないものと推断できる。①加賀藩に仕え、②キリスト教徒であり、③高山右

近らと同じく棄教を拒み、④上方を経て奥州へ配流されたといった諸点である。

批判すべき点もある。同時代史料であろうが編纂物であろうが、中身の吟味を疎かにしてはならない。史料3「慶長十八年の春」は明らかに慶長十九年（一六一四）の誤りであるし、休閑をいかに表記するかという問題もある。

国内史料から読み取れる休閑の事跡①～④は、欧文史料に登場する秀家旧臣（「一六一四年度日本年報」では「Guiuzza」ないし「Guiucco」）のそれと一致する。そこでこの両人を同一人と見なし、海老沢氏他の先行研究はこの人物を、史料2・3あるいは『越登賀三州志』といった日本国内の編纂物上での表記に従って「宇喜多休閑」(九)としたものと考えられる。

この両人を同一人と見なす点は事実としても大過あるまい。しかし「宇喜多休閑」とするには躊躇《ちゅうちょ》がある。

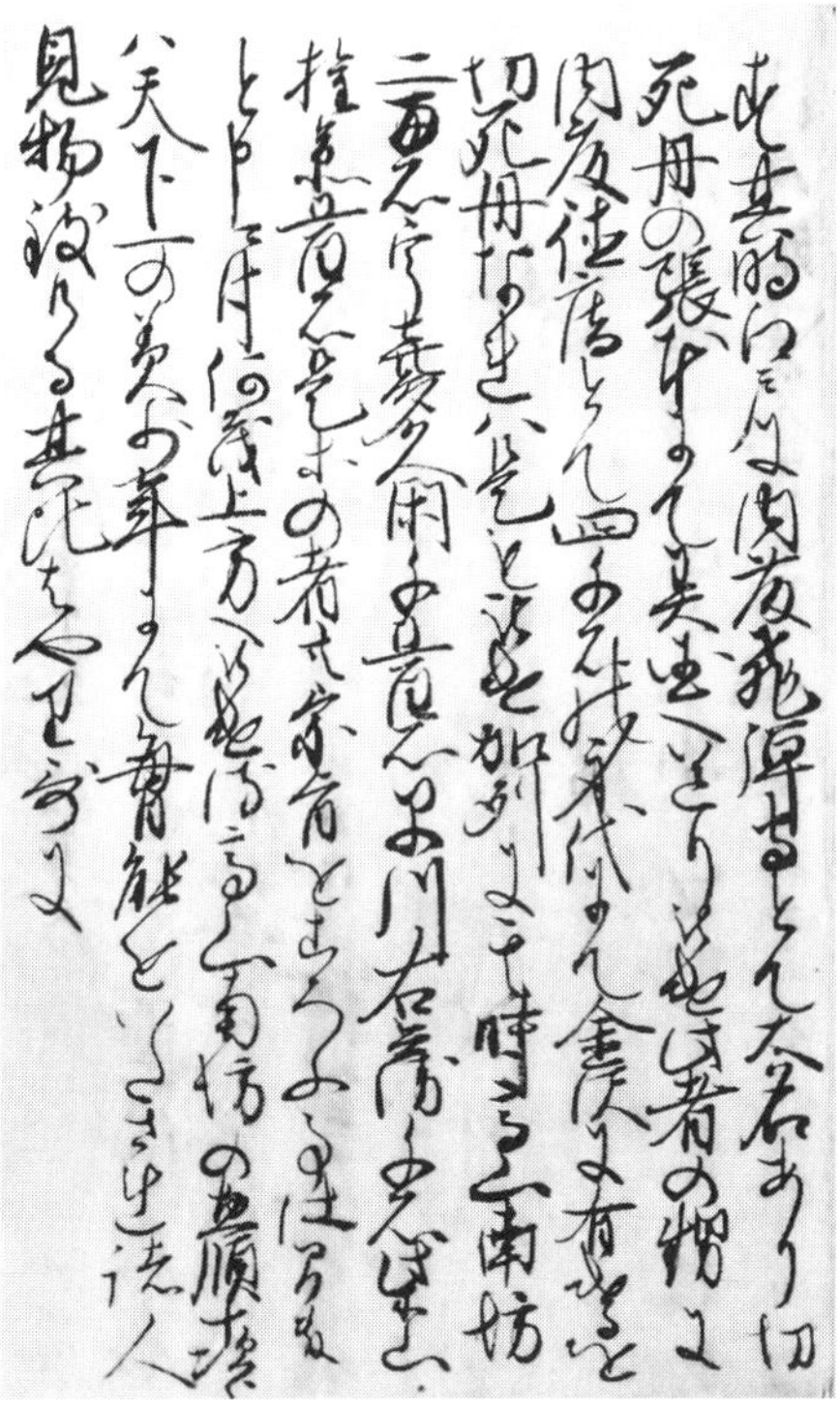
『三壺聞書』（金沢市立玉川図書館 加越能文庫 蔵）

同時代史料を繰ると、休閑追放後三十年を経た正保元年（一六四四）の文書と見られるが、時の加賀藩主前田光高（一六一五～四五）はこの人物を「浮田休閑」と記している（後掲史料6）。また、文禄年間（一五九二～九六）以降、宇喜多氏の関係者で「宇喜多」を名乗るのは当主秀家とその嫡流に限られていく。(7) 秀家に血縁が近くとも「浮田」左京亮を称し、家臣のなかでその名字を与えられた者も「浮田」

河内守といった具合に、三文字「宇喜多」ではなく二文字「浮田」である。

したがって小稿の主人公は「浮田」休閑とするのが妥当であろう。表題を「浮田休閑」としたのはかかる根拠に基づくのである。

## 三、浮田休閑の素性

引き続き休閑の経歴を考える。主要な点は海老沢氏の指摘通りだが、参看すべき欧文史料を一部紹介し、改めて詳説していきたい（史料4・5）。

［史料4］「一六一四年度日本年報」[8]（部分）※括弧内は訳者註

彼（引用者註—休閑）は以前三カ国の領主であった備前中納言（宇喜多秀家）に仕えていた者で全員中でももっとも身分が高かった。信仰に身を寄せる前に、彼は釈迦を崇拝する宗派を信奉していたが、その迷信にあまりにも縛られすぎていたので、そこから解き放たれるのは甚だ容易ならぬことであった。ところがキリストの信仰を受け入れるやいなや、彼は真に並外れた信仰心の友となった。その後、備前中納言が戦いで打ち負かされて自領から追い出され放逐されたあとで、Guiucco もまた自分の財産を没収された。しかし肥前殿（引用者註—前田利長）は彼の力量と家柄の良さを心得ていたので、自らの子供たちといっしょに暮せるようにと彼に俸禄を与えた。

[史料5]「続日本殉教録」[9]（部分）※括弧内は訳者註

津軽へ追放されたキリストの証聖者の一人休閑トメというキリシタンの死について述べよう。これは三ケ国の領主・備前殿（宇喜田秀家）の身分の高い親戚で主要な武将であり稀に見る徳の高い老人であった。長い間トメは法華宗と称する最も頑迷な宗派の異教徒であり、その誤りの根が極めて深かったから、彼の二人の大きな息子や親戚・友人がすでにキリシタンになった後も、なお変わらなかった。

（中略）

備前殿（宇喜田秀家）は敗北して逃れ、薩摩に匿れた。休閑はその家中でも最も年長で思慮深い者の一人であったから、前記主君の母や妻子の身の上を任された。

（中略）

時が来て神が彼の心を変え給うたので、彼は説教を聴き神の御手に捕えられた。

加賀藩に仕える以前の休閑について、史料2・3のように国内史料は黙して語らない。欧文史料も休閑の地位の高さに触れるだけで、具体的説明となるとほとんど放棄してしまっている。

「浮田休閑」なる人物は、宇喜多氏の分限帳を繰っても見出されず、書状といった同時代史料、岡山藩がらみの地誌や、宇喜多氏の興亡を伝える軍記物にもまったく現れない。かといって、宇喜多氏家臣時代の休閑に、別の名乗りの人物をあてはめるのも困難必至である。海老沢氏は、欧文史料に拠って休閑を秀家の従兄弟とする説を紹介するが、同氏はこの説を否んでいるし（前掲の引用箇所外）、目下のところ該当人物を見定めることもできない。

そこで、往々誇張の明らかな点に注意しつつ史料4・5を参酌すると、両書に共通する以下の点は大体史実として認めてよさそうである。つまり、休閑を秀家の家臣（身分の高い家臣）とする点、仏教徒（法華宗徒らしい）からキリスト教徒へと転じた点、秀家没落後、加賀藩前田家（「肥前殿」＝前田利長）に仕えた点である。秀家との血縁関係の有無といったその他のことはわからない。

より仔細に考えてみよう。史料4に語られる加賀藩への仕官は、史料5「続日本殉教録」には直接言及がない。しかし同書は、休閑が追放までの年数を「ジュスト右近」と同じ土地（＝加賀国）で過ごしたと記していて、史料2・3といった日本側史料からも裏付けられる通り、加賀藩への仕官は史実として認めていい。海老沢氏はこの仕官を「高山右近との関係からか」とも推測したが、加賀藩に仕えた中村刑部《ぎょうぶ》・一色主膳(10)といった秀家旧臣と同じく、実際には前田利家の四女たる秀家内室との関係に絞って見るのが穏当ではなかろうか。

休閑の加賀藩への奉公は、『慶長寛文聞書類四種』所収「なこや千人夫ノおほへ(11)」という史料に記された次の点からも明らかにできる。同藩が慶長十五年（一六一〇）名古屋城の公儀普請を請け負った折、「おきた休官」＝浮田休閑は代官の一人として、幕府から支給された扶持米を在地（十村）へ引き渡している。加賀藩領能登国からは一八六人の出役があり、幕府からは一三九五石が給付された。「おきた休官」はそのうちの九七石五斗の受け渡しに関わった（「おきた休官」という表記が気になるが、この史料を作成ないし転写した第三者による単純な誤記とここでは推認しておきたい）。なお、この件で記録される一六人の代官のなかには、新井白石（一六五七〜一七二五）に「見事也し人」（『白石先生紳書』）と評された、くだんの中村刑部を見出すこともできる。

この休閑による扶持米支給を書き留める「なこや千人夫ノおほへ」は、かくて加賀藩士たる休閑の実在を立証し、さらにこの人物がキリスト教のみを以て顕るべき人でなかったことを物語っていよう。

加賀藩士としての休閑をもう少し。史料2『三壺聞書』に、その知行は一五〇〇石とあるが、加賀藩の分限帳（慶長十七〜十九年頃の「慶長之侍帳」など）等からこの数値を拾うことはできない（休閑の存在さえ見出せな

**甚右衛門坂**（金沢市丸の内）

い）。秀家のもとで中村次郎兵衛は三〇〇〇〇石、一色雅楽助《うたのすけ》は一〇〇〇〇石。それが中村刑部・一色主膳と改めた両人は、加賀藩ではいずれも二〇〇〇石を給されている。こうした点を踏まえると、秀家の「身分の高い親戚」とする欧文史料を幾分割り引いて見ても、休閑の知行地を一五〇〇〇石とする史料2『三壺聞書』の記述は決して穏当を欠くものではない。

空をつかむような議論を続ける。さきに海老沢氏の文章を挙げて、休閑の入信時期が不明確であると指摘した。けだし、この問題は史料4と史料5における入信時期の齟齬《そご》に起因する。史料4では「備前中納言が戦いで打ち負かされて自領から追い出され放逐された」関ヶ原合戦以前に入信したとし、史料5では「備前殿は敗北して逃れ」たのち（関ヶ原合戦後）に「神の御手に捕えられた」（受洗した）と説き、互いに相容れない。

両史料とも、休閑の入信を現在的に伝えたものではないが、休閑の生きた時代に執筆された同時代性の高い史料であって、いずれかを虚説として斥《しりぞ》けるのは後世の人間にとって不可能に近い。はなはだ風通しは悪いが、受洗時期は関ヶ原合戦の前か後か「わからない」と言わざるを得ないだろう、これは仕方がない。

それから、加賀における休閑の居住地について。郷土史家森田柿園(12)（一八二三～一九〇八）は、『温故集録』（「内藤徳庵子孫御尋」）において「一書ニ云」として、「内藤徳庵・宇喜多休閑・品川右兵衛・柴山権兵衛等ノ第宅ハ、皆金沢甚右衛門坂ノ下辺ニ在シ故、其頃伴天連モ此地ニ招キ置タリ」との所伝を紹介する。柿園は『金沢古蹟志』でも「旧伝に云ふ」として同じ伝承を書き留めているが一考の要があろう。「一書」や「旧伝」の正体は判然としないし、このように情報源が明かされない不自然さから推すと、柿園は依拠した史料にさほど信を置いていなかったように思われる。筆者の按ずるに、この説はおそらく『三壺聞書』が「金沢の甚右衛門坂の下」と記したバテレン（宣教師）の所在地を、そのままキリスト教徒たる休閑らの居住地と飛躍的に解釈したか、あるいはバテレンの意を解せず、休閑らをバテレンと混同したことによって生じたのではあるまいか。いずれにせよ訛伝《かでん》である。

## 四、浮田休閑の流罪とその最期

慶長十八年（一六一三）の年末から翌年の年初にかけて、徳川幕府は大規模なキリスト教徒の弾圧に踏み切った。本書の主人公高山右近の国外追放はこの時のことである。浮田休閑もまたこの難を免れ得なかった。史料2～5から休閑配流のいきさつを追ってみよう。

禁教令の厳達を受けた加賀藩では、家中のキリスト教徒に棄教を迫ったが、高山右近や内藤如安（徳庵）、浮田休閑らはいずれもこれを峻拒《しゅんきょ》した。そのため彼らは上方へ移送され、右近・如安は長崎へ、休閑は奥州（津軽）へ流された。さきの『聞見雑録』によれば、休閑と同じく加賀から上方を経て奥州へ送られたのは浮田太郎右衛門・品川九郎右衛門・奥村外記《げき》・柴山権兵衛の各人であるという。欧文史料には休閑の息子（二人）もまた父親と同じ運命をたどったことが記されているから、『聞見雑録』の浮田太郎右衛門は、あるいは休閑の息子かもしれない。レオン・パジェス（一八一四～八六。フランスの日本研究者）の著作『日本切支丹宗門史』[13]

によると、（その原拠を確かめ得なかったが）休閑らの一行は、五月二十一日に越前敦賀港を出帆、海路をとって六月十七日に津軽に到着したらしい（日付はいずれも西暦）。

右近・如安らの行方は本書の別稿に譲るとして、刻下の問題は、休閑らのその後である。といっても、ここから先にも残存史料は寥々《りょうりょう》たるもの。日本側の史料に追放後の休閑を見出し得ないのは、かえってその境遇を、邪宗門の流罪人のという風なこの人物の最期を物語っているようで、——と始末をつけてもいいが、ここでは一六二一年刊行の「続日本殉教録」にすがってみる。卑見ではこれが唯一の史料である。

右書によれば、棄教を拒んだ休閑は、「子供や親戚と共に津軽へ追放され、都から追放された七三名に加えられ、あれほどぜいたく裕福に育てられた人々が老年になって貧しい百姓にさせられた」といい、その後はかくある。「偉大な忍耐心と信心によって模範を示しながらこの追放生活を四年送った。終に苦労と老令が原因で、相応しい栄冠と賞を受けて天へ昇って行った」と。この伝を信ずれば、休閑は最期まで信仰を守って流刑地に没したのである。追放から四年、という記述も正しければ、一六一七年頃の死没となる。さきに疑った海老沢氏による休閑の死没年代は、こうした見方を採ったのであろう。

かくて西洋の竹帛《ちくはく》に栄誉を残すことになった休閑であるが、翻って本朝ではその深く強い信仰のために不評判を醸さざるを得なかった。

休閑らの追放からおよそ三十年、幕府下命のもと加賀藩領にてキリスト教徒の探索と根絶とが図られた。時の藩主前田光高は次のように指示を出している。

［史料6］（正保元年カ）十一月十九日付本多政重・横山長知宛前田光高書状[14]（部分）

吉利支丹宗門就御制禁、分国中此跡度々穿鑿候所、其宗旨をころ（転）ひ候之由露顕之者此度吟味之上を以、従心底ころハさるもの多有之、にくき（憎）仕合候、高山南坊（右近）・内藤徳庵（如安）・浮田休閑在国故、其余類今以不断絶候付而、彼宗門之者牢人ニ紛忍有之体候、向後分国中牢人堅相改、急度可被払之候、為其令申候

改宗したとは言い条、心底から「ころハさる」＝棄教しない者が多く、これらを「にくき仕合」とする光高は、高山右近・内藤如安・浮田休閑の残党が「牢人」（浪人）に紛れているかもしれない、厳重に取り調べるように、との命を下した。当地の人々にとって休閑の存在は、キリスト教徒の首魁《しゅかい》として右近・如安と同列に記憶されていたのだろう。藩主光高は彼らの追放後に生まれているが、史料6を受け取った二人の老臣は、休閑らを直接見知っていたはずである。この時点では加賀藩の重職（朝散大夫）に収まっているが、休閑と同じく宇喜多秀家に仕えた本多政重（一五八〇～一六四七）は、この上意をどのような心境で拝したか。

## おわりに

近世初頭、日本のキリスト教徒は大きな試練と困難とに直面した。豊臣・徳川政権によるキリスト教徒の弾圧である。武士身分にあってキリスト教を奉ずる者は、棄教か否かの選択を迫られた。小稿で取り上げた浮田休閑とその周囲の人々もまた例外ではない。棄教を選んだ浮田左京亮、信仰を固守して潜伏し、最後は政権への抵抗に走った明石掃部、そして、同じく信仰は守ったが逃げ隠れすることなく殉教を選んだ休閑。武家に生まれてこの時代を生きたキリスト教徒の類型は、この三人の選択のなかによく表れている。

休閑はキリスト教徒として身を持すること厳格、己を処するに潔かった。こうした宗教人としての休閑像

は、おおよそのところ誤ってはいまい。断片的な史料を云々して透徹味のない議論を重ねてきたが、この点では旧来の理解を再確認し、さらに補強ができたと思っている。加賀藩士としての休閑を捉え得たことも、この稿の筆者としては収穫であった。その生涯は、殉教を選んだ晩年こそ悲劇的に見えるが、それを除けばとりたてて印象に残るような事績もない。そうした点を指摘し得ることも、小稿の成果といっていいだろう。

〈註〉

（1）以下、明石掃部については、拙稿「明石掃部の基礎的考察」（拙著『明石掃部の研究』明石掃部の研究刊行会、二〇一二、初出二〇一一）、浮田左京亮については、拙稿「浮田左京亮」（拙著『豊臣期の宇喜多氏と宇喜多秀家』岩田書院、二〇一〇。初出二〇〇七）での検討に依拠する。

（2）松田毅一監訳『十六・七世紀イエズス会日本報告集』Ⅰ-三（同朋舎出版、一九八八）所収の田所清克・住田育法・東光博英共訳「一五九九―一六〇一年、日本諸国記」。

（3）拙稿「宇喜多騒動の経緯」（前掲『豊臣期の宇喜多氏と宇喜多秀家』所収。初出二〇〇六）。

（4）『日本キリスト教大事典』（教文館、一九八八）所収。

（5）金沢市立玉川図書館加越能文庫所蔵。活字本に『三壺聞書』（日置謙校訂、石川県図書館協会、一九三一）がある。

（6）『加賀藩史料』一（侯爵前田家編輯部、一九二九）所収。日置謙（一八七三〜一九四六）の編纂にかかる同書は、休閑らの追放に触れた箇所において、『聞見雑録』を『三壺聞書』に先んじて参考史料として掲げるが、その原本の素性については未詳である。なお、森田柿園による写本『聞見雑録』（金沢市立玉川図書館加越能文庫所蔵本、および石川県立図書館所蔵本）には、引用箇所の記載を見出すことができない。

（7）森脇崇文「豊臣期大名権力の変革過程―備前宇喜多氏の事例から―」（『ヒストリア』二二五、二〇一一）。

（8）松田毅一監訳『十六・七世紀イエズス会日本報告集』Ⅱ-二（同朋舎出版、一九九六）所収の小林満・木下大朗共訳「ガブリエル・デ・マットスのイエズス会総長宛、一六一四年度・日本年報」。

（9）『ペドゥロ・モレホン　続日本殉教録』（キリシタン文化研究会、一九七三）。引用箇所は佐久間正氏の訳。

（10）中村・一色両人については、前掲註（1）拙著『明石掃部の研究』所収「宇喜多氏研究の困難とその可能性」などを参照。

（11）金沢市立玉川図書館加越能文庫所蔵。本史料については木越隆三氏のご教示を得た。木越隆三『日本近世の村夫役と領主のつとめ』（校倉書房、二〇〇八）をあわせて参照。
（12）以下、森田柿園の編著『温故集録』一（金沢市立玉川図書館近世史料館、二〇〇三）・『金沢古蹟志』上巻（歴史図書社、一九七六）に拠る。
（13）レオン・パジェス（吉田小五郎訳）『日本切支丹宗門史』上巻（岩波書店、一九三八）を参照。原著は一八六九年の出版。
（14）『金沢市史』資料編三（金沢市、一九九九）所収。

# 第三章　高山右近をめぐる遺跡の調査

# 高槻城とキリシタン墓地

高橋公一

## 一、右近の高槻城とキリシタン墓地

高槻城は、およそ京都と大阪の中間点にあり、北に西国街道、南に淀川を擁する交通の要衝に位置する。高槻市の中央を南流する芥川が形成した扇状地の微高地を利用して築城され、その範囲は南北約六三〇メートル、東西約五一〇メートルにおよぶ。これは現在の城内町・野見町・大手町・八幡町・出丸町にあたるが、かつて「竜ヶ城」と称された威容はすでに無く、町割りや堀の痕跡などから往時を偲ぶのみである(図1)。

その一方で発掘調査によって、本丸の石垣をはじめとして堀や導水施設等が検出され、近世高槻城の実態が明らかになってきている。(1) これとともに、さらに古い時代の中世高槻城についても徐々にではあるが資料が増加しつつある。それらは主に人為的に埋められた堀で、なかでも高山右近の時代に比定される南北方向の「大堀」は幅が二四メートルで近世の堀に匹敵し、また近世の堀はこの「大堀」を踏襲して掘削されたことが想定されるなど、興味深い成果も得られている。(2) しかしながら、現状ではいずれも断片的な所見に留まり、系統的な復元作業にはなお時間を必要とし、必然的に高山右近に関連する考古学的な考究も限界があると言わざるを得なかった。

だが、それはひとつの発見により、大きく展開していくこととなった。一九九八年六月八日、調査も終了に近い夕刻、それは突然目の前にあらわれた。木棺の蓋に墨ではっきりと書かれた十字架だ。前月下旬から開始した三ノ丸北郭における発掘調査で、すでに二〇基以上の木棺墓を検出し、そのほとんどに人骨が残っているという想定外の状況のなか、年代が中世以降と推定されることもあり、木棺墓群をどう理解するのか苦慮していたところだったが、それもあっさりと決着した。この木棺墓群がキリシタン墓地であることが、史上初めて判明した瞬間だ。そして、現地調査に引き続き実施した屋内での人骨等の精査作業において、木棺内部から木製珠＝ロザリオを発見し、貴重な成果を積み上げることができた。

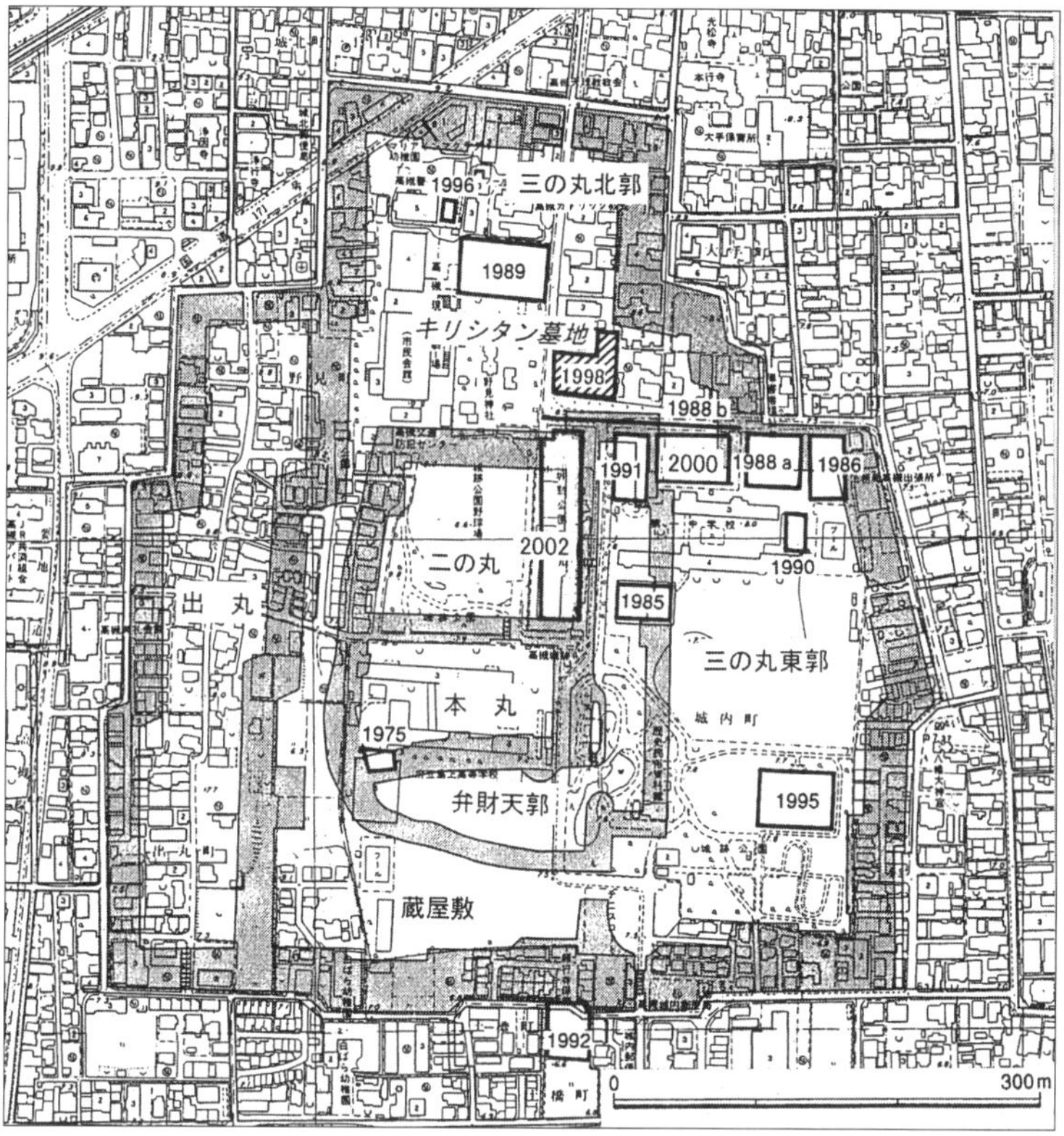

図1　高槻城主要調査位置図

　本稿では、高槻城キリシタン墓地の発掘成果を通して、内在する課題について史料等を援用しながら整理し、そこからうかがえる「高槻の高山右近」の一端について記すことで、責を果たしたい(3)。

## 二、墓地の様相

発見した墓地は、近世高槻城の縄張りでは「三ノ丸北郭」に位置し、ここから木棺墓二七基を検出した(図2)。墓地の西側には最大幅五・五メートルの溝があり、この溝が南部で東側に屈曲していて、墓地の西側と南側を区画している。その内側には、幅六メートルの東西方向の空閑地を挟んで、北側と南側に密集して木棺墓が分布している。墓は墓壙《ぼこう》に木棺を直接埋葬したもので、墓壙の長軸を南北に揃え、おおむね市松状に整然と配置されている(写真1)。墓は相互に適度な間隔を保っていて、墓壙の重なりは認められなかった。北側(北群)は四列一六基、南側(南群)は三列一一基、合計二七基の木棺墓を確認し、そのうちの一一基には人骨もしくは歯が遺存していた。

これらの木棺墓は、十三世紀後半とみられる瓦器や土師器《はじき》を含む粘性土を掘削しており、その上面はいったん均《なら》されたあと、一定期間は畑地として利用され、その後厚さ二メートルあまりの粘土塊が多量に含まれた盛土によって埋められていた。この粘土塊は中世高槻城に伴う遺構の埋め立てにしばしば用いられていて、近世高槻城の堀を掘削した際の排土であるとみられること、そして盛土の上面では江戸時代後期とみられる井戸が掘削されていることから、近世高槻城の三ノ丸が形成された元和三年(一六一七)の修築の際に埋められたものと想定される。これらのことから類推して、墓地の年代の上限は十四世紀初頭、下限は元和三年と推定された。

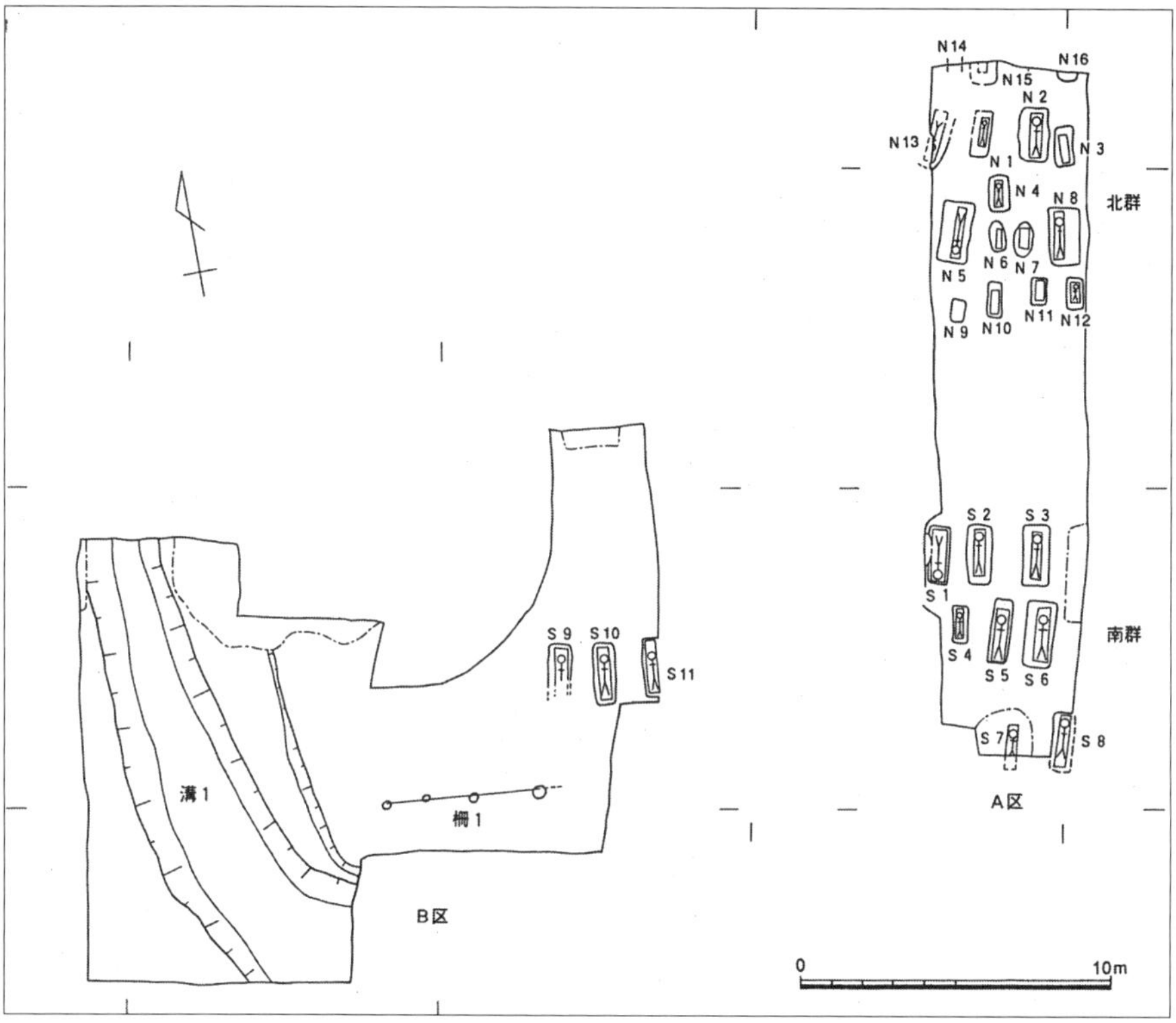


図２ キリシタン墓地配置図

次に、墓地の構成についてみていこう。

まず、遺存していた人骨や歯の位置、あるいは棺底の高低などから、北群で八基、南群で一〇基について遺体の頭部の位置が判明した。このうち北群の二基と南群の一基を除く一五基が北頭位である。全体として北頭位が優勢で、北群と南群の大半を占めているが、南頭位の墓はそれらの西側に偏在している。つまり一定のエリア内では頭部の位置が統一されていて、北頭位のエリアと南頭位のエリアが接しているのである。こうした配置からは、頭部の位置を規定する強い規則性がうかがわれるが、これは何に起因するのだろうか。それは「墓の向き」は、被葬者の頭部の位置で決まることがヒントになる。普通、北頭位の墓は南向きであり、墓

**写真１　キリシタン墓地 北群**（上〈南側から〉）　**南群**（下〈北側から〉）

参は墓に正対することから南側から行う。南頭位の墓はこの反対で、北側から拝される。このことから、同一エリア内における頭位の統一化は、墓参の方向を規定したものと理解できる。おそらく、南側からの墓参エリアと北側からの墓参エリアが明確に規定され、計画性をもって配置されていたと考えられる。

墓参の方向が規定されていたとすると、墓上にはその方向を示す表示物が存在した可能性が高い。残念ながら、墓地の上面が均されていたため、そうした遺構や遺物は検出できなかったが、継起的に営まれた各墓を規則的に配置するためには、地表にその存在と方向を示すものが不可欠である。墓壙相互に間隔がとられ重複が全くみられないこともこのことの傍証となろう。地上には墓標や土盛りなどの施設が存在したとみられる。

また、北群と南群を画する空閑地にも注目したい。この空閑地は、墓の配置を区画して整然と配置するとともに、墓地のそれぞれのエリアに機能的にアクセスするための通路として機能していたとみられる。この東西方向の空閑地には、荷車の轍《わだち》とみられる小溝が存在していることも、その想定を補強するものである。

このようにこの墓地は、墓の配置や方向、墓地内部の通路などにわたって整然とした規則性がみとめられ、これらは墓地全体として周到な計画のもとで、維持・管理されていたことが読み取れるのである。

一方、検出した二七基の木棺のうち、一四基にほぼ全身の人骨が、八基に歯や骨片が遺存していた。これらのうち、まず年齢別の内訳をみると、幼児（未成年）八、成人一、壮年六、熟年五、老年二となる（表1）。また性別は男性八に対して女性五となり、年齢と性別ともに特別な偏りはみられない。このことは、この墓地には、特別な集団ではなく、一般的な人々が埋葬されたことを示している。

次項では、特徴的な木棺を取り上げ、この墓地から提起された課題に触れていきたい。

表1　出土人骨一覧表

| 墓番号 | 性別 | 年齢 | 推定身長 | 埋葬姿勢 | 頭位 | 主な出土部位 | 備考 |
|---|---|---|---|---|---|---|---|
| N1号墓 | 不明 | 幼児 | 不明 | 不明 | 北 | 永久歯　乳歯 | |
| N2号墓 | 女 | 熟年 | 一四〇センチ程度 | 伏臥伸展 | 北 | ほぼ全身 | |
| N3号墓 | 不明 | 幼児 | 不明 | 不明 | 不明 | 永久歯　乳歯 | |
| N4号墓 | 不明 | 幼児 | 不明 | 不明 | 北 | 永久歯 | |
| N5号墓 | 男 | 壮年 | 一五五センチ程度 | 仰臥伸展 | 南 | ほぼ全身 | |
| N6号墓 | 不明 | 幼児 | 不明 | 不明 | 北 | 永久歯　乳歯 | |
| N7号墓 | 不明 | 幼児 | 不明 | 不明 | 不明 | 乳歯 | |
| N8号墓 | 女 | 老年 | 一四五～一五〇センチ | 仰臥伸展 | 北 | ほぼ全身 | ロザリオを右手に装着 |
| N11号墓 | 不明 | 幼児 | 不明 | 不明 | 不明 | 永久歯　乳歯 | |
| N12号墓 | 不明 | 幼児 | 不明 | 不明 | 北 | 乳歯 | |
| N13号墓 | 不明 | 熟年 | 不明 | 不明 | 南 | 大腿骨片　永久歯 | |
| S1号墓 | 男 | 老年 | 一五五～一六〇センチ | 仰臥伸展 | 南 | ほぼ全身 | 木棺蓋に十字架の墨書 |
| S2号墓 | 女 | 熟年 | 不明 | 伏臥伸展 | 北 | ほぼ全身 | |
| S3号墓 | 女 | 壮年 | 一五〇センチ程度 | 伏臥伸展 | 北 | ほぼ全身 | 棺底板無く桟木留め |
| S4号墓 | 不明 | 幼児 | 八〇～八五センチ | 仰臥伸展 | 北 | ほぼ全身 | 足元に木葉痕あり |
| S5号墓 | 男 | 壮年 | 一五五～一六〇センチ | 伏臥伸展 | 北 | ほぼ全身 | |
| S6号墓 | 男 | 壮年 | 一六五センチ程度 | 伏臥伸展 | 北 | ほぼ全身 | 棺内からロザリオ出土 |
| S7号墓 | 男 | 成人 | 不明 | 不明 | 不明 | 右下肢破片 | |
| S8号墓 | 男 | 熟年 | 一五五～一六〇センチ | 仰臥伸展 | 北 | ほぼ全身 | 棺底西半は竹棒を使用 |
| S9号墓 | 男 | 熟年 | 一五〇センチ程度 | 仰臥伸展 | 北 | ほぼ全身 | 膝下が近世井戸により壊される |
| S10号墓 | 男 | 壮年 | 一五五センチ程度 | 仰臥伸展 | 北 | ほぼ全身 | |
| S11号墓 | 女 | 壮年 | 一五五センチ程度 | 仰臥伸展 | 北 | ほぼ全身 | |

## 三、S1号木棺――墨で書かれた十字架――

S1号木棺は南群の西端でみつかった。平面が長方形を呈する、長さ一八〇センチ、幅六〇センチ、深さ六〇センチの墓壙に納められていた。木棺は長さ一六二センチ、幅四六センチ、高さ二六センチで、墓壙と木棺の寸法が近似していて、棺と墓壙の隙間がほとんど無かった。灰色粘土塊混じりの暗青灰色粘質土で埋められていて、近世の井戸により西側板の一部が壊され、また土圧によって蓋板が内湾して棺内に落ち込み、さらに北および南小口板も内側に折れ曲がっていたが、遺存状態は良好であった。棺を構成する板材は、いずれも厚さが一センチ以上のものが使用され、なかでも東側板は厚さ三・二センチで、全体として非常に重厚である。

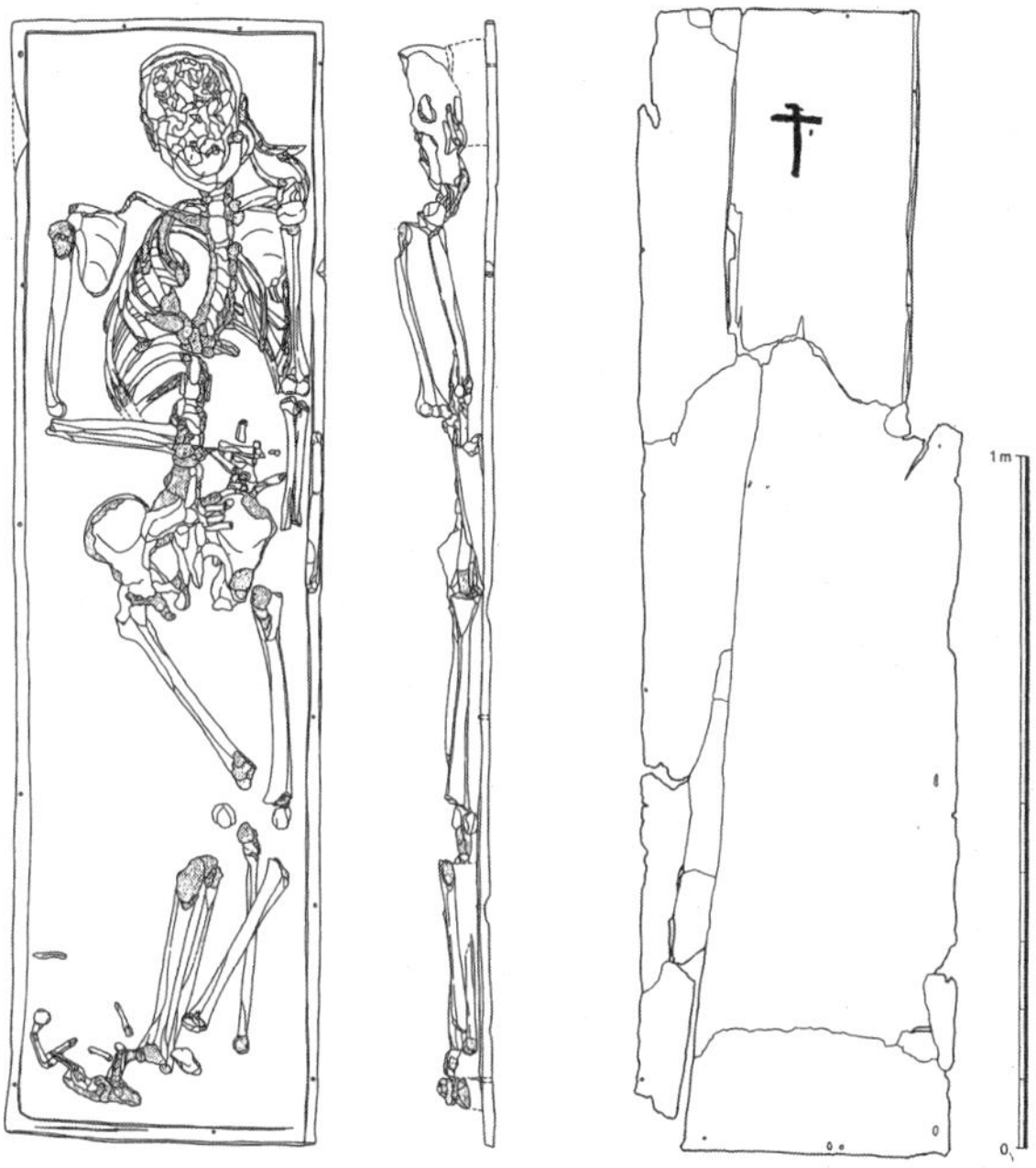

図3　S1号木棺（右は蓋板）と人骨

棺内には、仰向けで伸展、南頭位の男性骨格がほぼ完全な状態で遺存していた（図3）。顔は上方を向き、右上肢は肘を深く曲げて手を腹の上に置く。両下肢は膝を軽く曲げており、身長は一五五～一六〇センチと推定され

**写真2**
**S1号木棺の墨書十字架**

た。そして、上腕骨などの形状や上顎の歯の磨り減り具合などから、この男性は、非常にがっしりとした体格であって、老年まで生存していたことが判明した。棺内からは、副葬品等の遺物は検出しなかった。

　さてこの木棺の大きな特徴は、蓋板に十字架が書かれていたことである（写真2）。十字架は蓋板の外面、ちょうど棺内の男性の顔に相当する位置に、墨で書かれていた。この十字架は、一般的な十字の上に短い横棒を加える「二支十字」とよばれる形で、さらに向かって右下に珠点を加えている。長い横枝と縦枝は幅が均一で直線を呈し、端部までしっかりと描かれていて、縦枝の長さは一〇センチ、幅一センチ、長い横枝は長さ八センチ、幅一センチである。これに対して、短い横枝はやや左上に傾き、珠点は縦長の楕円形となっており、短い横枝は長さ二・五センチ、幅一〜一・三センチ、珠点は縦一センチ、横〇・七センチである。

　このような「二支十字」の意匠は、九州から近畿一円に分布するキリシタン墓碑銘にもみられ、イエズス会を示す「ＩＨＳ」の文字と組み合わせて描かれている例もあり、当時としては、十字架を示す意匠の一つとして一般的なものであったとみられる。

　Ｓ1号木棺の「二支十字」は、前述のように埋葬された男性に正対するように棺蓋の外面に墨書されており、この男性の埋葬に際して書かれたことは疑いがない。こうした墨書が他の棺にはみられないことから、この木棺に対しての特別な意図を見出せる。そこで、このＳ1号木棺と他の棺を比較すると、Ｓ1号木棺は幅が四六センチで最も大きい。そして棺を構成する板材の厚さは、他の棺では一センチ程度であるのに対して、Ｓ1号木棺では前述のごとく東側板が三・二センチで最も分厚く、小口板でも一・二センチである。そのほか、全体として丁寧なつくりであるなど、Ｓ1号木棺の優位性が浮き立っている。この木棺に十字架が書かれていたことは、一面では例外的であり、他の一面では格別なものとしての必然性、つまり、「強い思惟」の存在も認められよう。

では、この「強い思惟」の源はどこにあるのだろう。それはやはり、この墓の被葬者自身にあると考えるのが自然だろう。とすれば、がっしりとした体形の老年男性は、生前のキリスト教信仰への功績、あえていえば、聖職の役割を担ったことなどにより、こうした埋葬がなされたものと仮定することも可能だ。

S1号木棺は、この木棺墓群を擁する墓地が、キリスト教の関わる墓地＝キリシタン墓地であることを端的に示してくれるだけではなく、そこに埋葬された男性の背景にも言及することが可能となる重要な資料である。

## 四、N8号木棺――老女が身につけていたロザリオ――

S1号木棺と同様に興味深いのが、N8号木棺だ。棺内遺物がほとんど無い当墓地にあって、木製珠＝ロザリオが発見されたのである。

N8号木棺は、北群に属し、南側から二列目東端に位置する。平面形が長方形で、長さ一八〇センチ、幅九〇センチ、深さ六〇センチの墓壙の西側壁面沿いの偏った位置に納められ、灰色粘土塊混じり暗青灰色砂質土で埋められていた。木棺は長さ一五六センチ、幅三九センチ、高さ二七センチだが、土圧により蓋板が内湾して棺内に落ち込み、東側板は内側に折れ曲がったうえ上端部は外反していた。

棺内には、仰向けの伸展で北頭位の女性骨格が遺存していた（図４）。頭蓋骨は左側三分の一のみ残り、

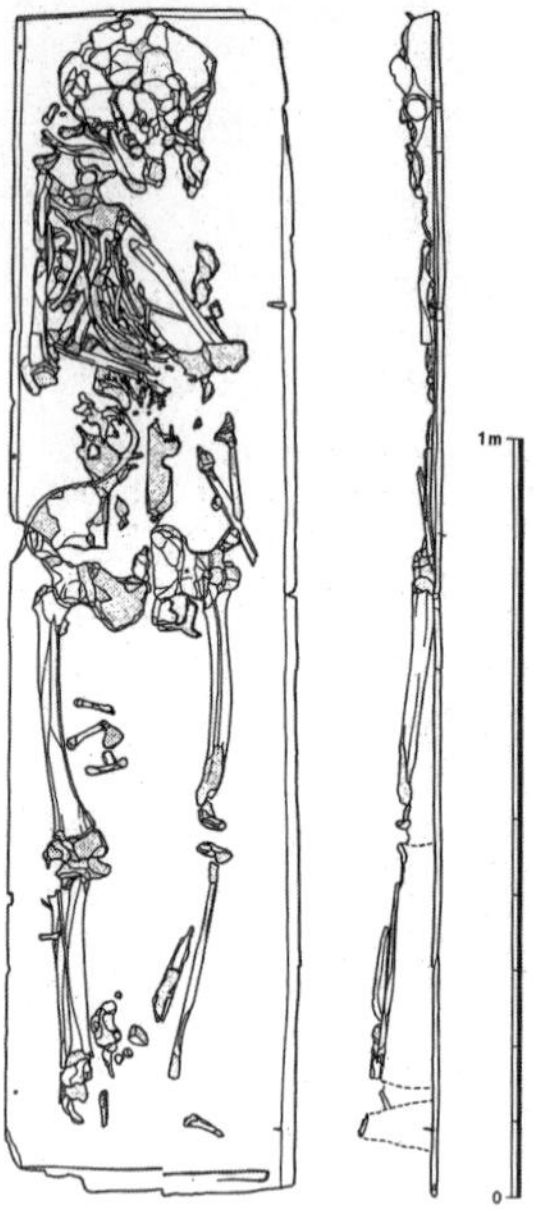


図4 N8号木棺と人骨

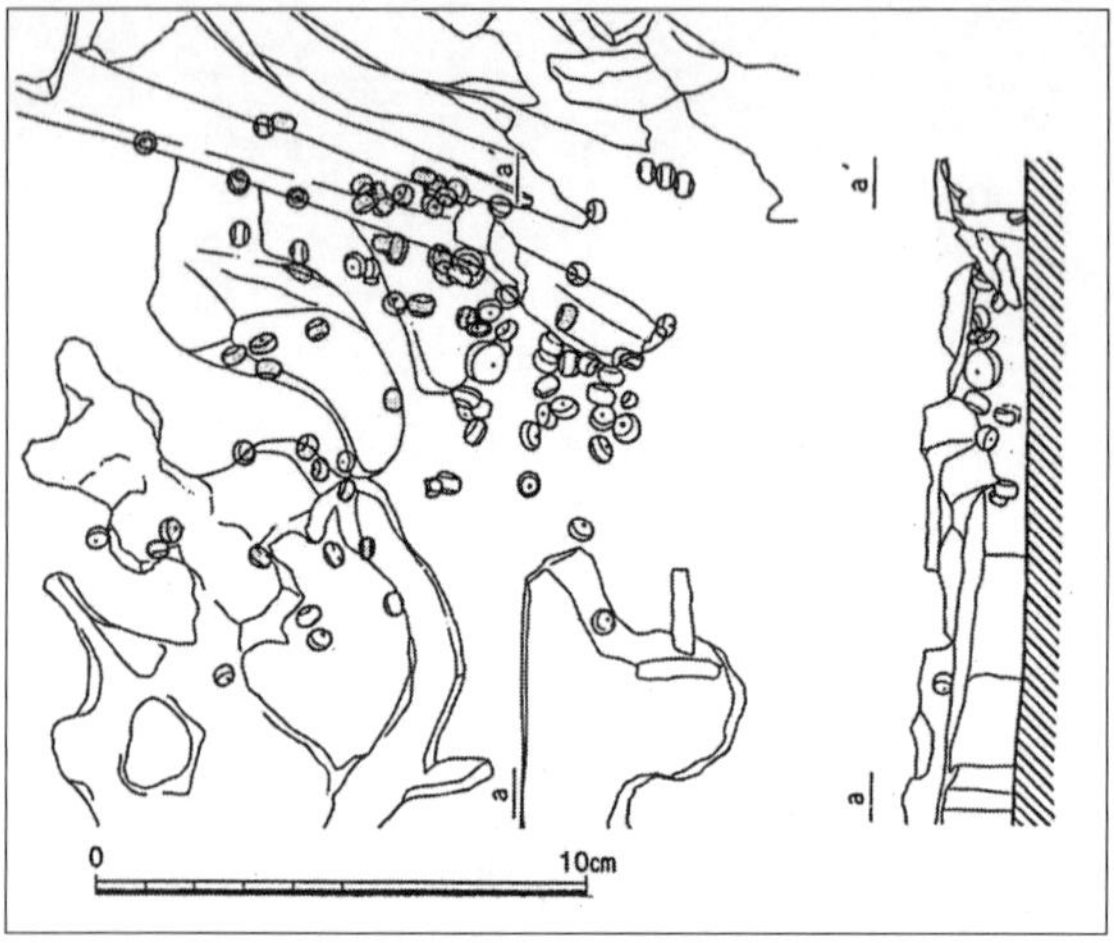


図5 N8号人骨手首部と木製珠

左上肢はまっすぐに伸びるが、右上肢は肘を曲げ、手首は体の中央に位置する。身長は一四五〜一五〇センチと推定されるこの女性は、歯の磨り減り状態などから、老年に達していたことが判明した。

問題の木製珠は、胸部中央下半の一二×一三センチの範囲内に分布し、特に右橈骨《とうこつ》が先端にかかる部分で密集して分布しており、橈骨の下部でも検出した（図5）。

珠には、ほぼ球形で直径四〜六ミリ、厚さ三〜四・五ミリの小珠、直径が六・七〜七ミリ、厚さ五・三〜六・六ミリの大珠があるほか、洋梨形を呈する変形珠がある。変形珠は長さ七〜七・六ミリ、最大幅四・七〜六・二ミリ、最大厚は二・六〜三ミリである。これらの珠には紐孔があり、紐で綴られていたとみられるが、紐等は検出できなかった。大部分の珠が不規則な位置関係で検出され、大きさや形による偏りは無かったが、小珠三個のみが連接して綴られた状態を呈していた。

検出した木製珠は、小珠九〇個、大珠二個、変形珠三個におよぶ[4]。いずれも素地のままで、装飾性が無く、正目の板材

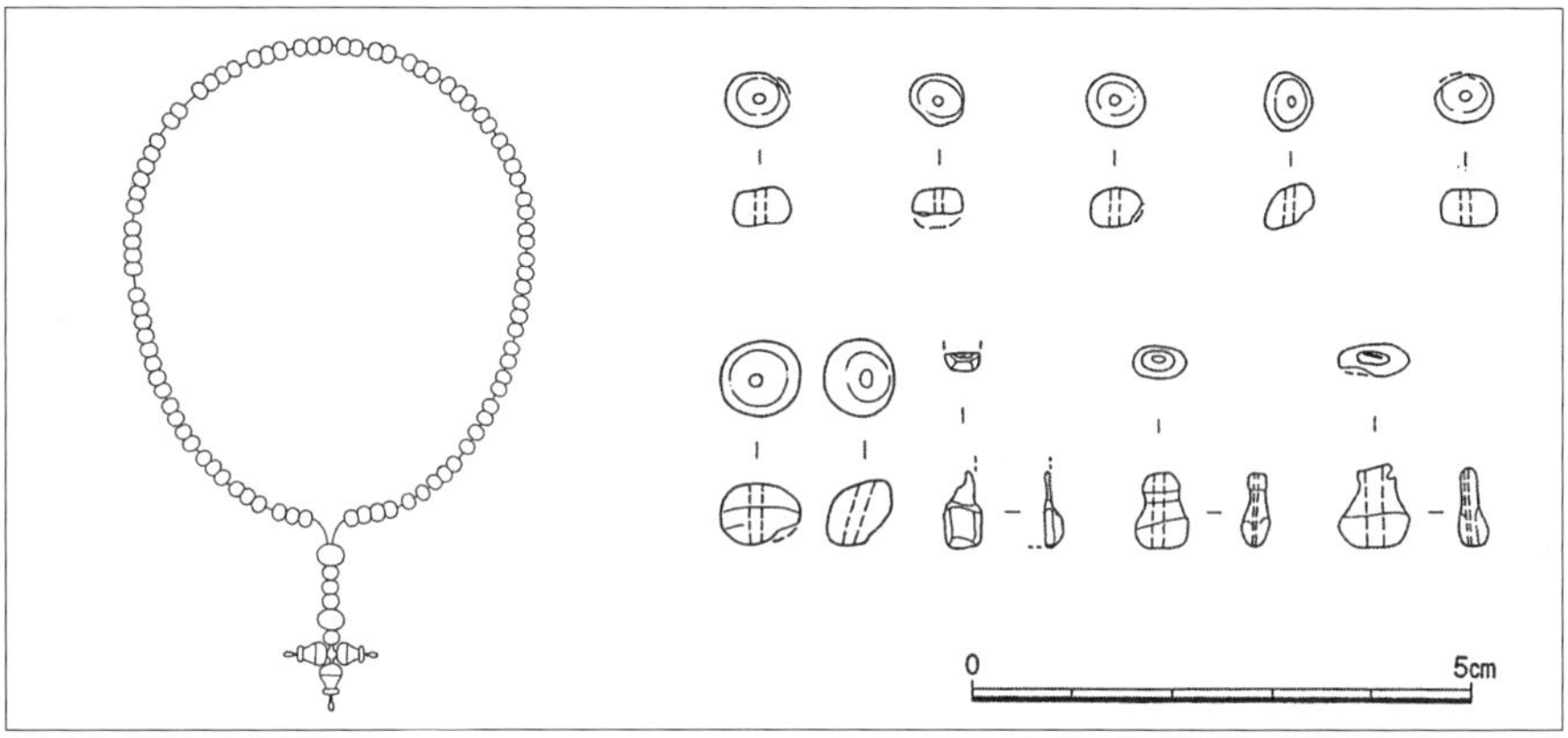


**図6　ロザリオの木製珠と復元されたロザリオ**

から木取りしたとみられるが、樹種の特定には至らなかった。これらの珠は、小珠が一環の連珠を構成し、変形珠と大珠、さらに数個の小珠によって十字架を構成したもの、つまりロザリオであると結論付けられた（図6）。

これらの状況を考え合わせると、木製の珠を綴ったロザリオは、この老女が右手首に装着され、あるいは手に持たされたまま、埋葬が行われたと想定されるのであり、きわめて興味深い発見だ。

では、このロザリオはどのような経緯で老女とともに埋葬されたのであろうか？

わが国におけるロザリオは、ザビエルの布教活動当初から用いられ、その後の宣教師の活動とともに日本各地に広まったものと考えられる。フロイスの『日本史』には、ロザリオと右近の父・高山飛驒守との関わりが記されている。すなわち「また彼（高山飛驒守）は、キリシタンたちのためにコンタツ（ロザリオのこと）を作成させようとして、わざわざ都から一人のすぐれた異教徒の轆轤師をよばせ、高槻に住まわせて生活の面倒をみていた」[5]とあり、この記事の天正二年（一五七四）頃には高槻でロザリオが製作されていたことがわかる。このときロザリオは、信者の増加とともに需要が増すなかで、国外からの招来品には限りがあり、不足していたと考えられる。こうした状況を解消するため、高山飛騨守は轆轤師《ろくろし》を招請してロザリオを製作させ、それを信者に分け与えたと理解できる。とすれば、老女のロザリオは、まさにこの記述にあるロザリオの可能性が非常に高い。老女のロザリオが素地のままの簡素なつくりであることも、この推測を補強する。

そして老女はキリスト教を信仰するにあたって、このロザリオを授かり、信仰上の宗教具として、また日常の愛用品として無くてはならないものとなっていき、老女の埋葬に際して副葬されたものと理解できる。ただし、他の棺のほとんどからは遺物が検出されないことから、こうした「ロザリオの副葬」は例外的なものかもしれない。この老女はロザリオへの思いが強く、遺族がこの思いをくみ取り、埋葬に際して遺体とともに棺に納めたものと推察される。その思いの源は、想像をたくましくすれば、高山飛騨守、あるいは右近から直接授けられたことに起因するかもしれない。いずれにしろ、ここからは老女の強い信仰の姿をうかがうことができる。

## 五、木棺の構造と役割

高槻城キリシタン墓地で発見された木棺のなかに、棺としては不可解な、特異な構造をもつものが存在する。これらを通して、当時の葬送における棺の役割について考えてみたい。

まず、木棺において底板は棺全体の荷重がかかる最も重要な部分であり、通常一枚板が使用されるが、S4号木棺にはなんとこの底板が存在しない。棺底は板でなく、幅三～一〇センチの桟木を梯子《はしご》状にならべ、側板下端に固定している（図7）。さすがに、頭部に当たる部分は長方形板を用いていたが、頭部から下は、五本の桟木で棺底としている。

また、S8号木棺は棺底の縦半分（遺体の左側部分）は板材だが、片側の半分には板材が無い代わりに竹棒一本を縦方向に渡している。竹棒は端部で小口板に釘留めしているが、竹棒を固定する桟木などは無く、非常に不安定な作りである（図8）。

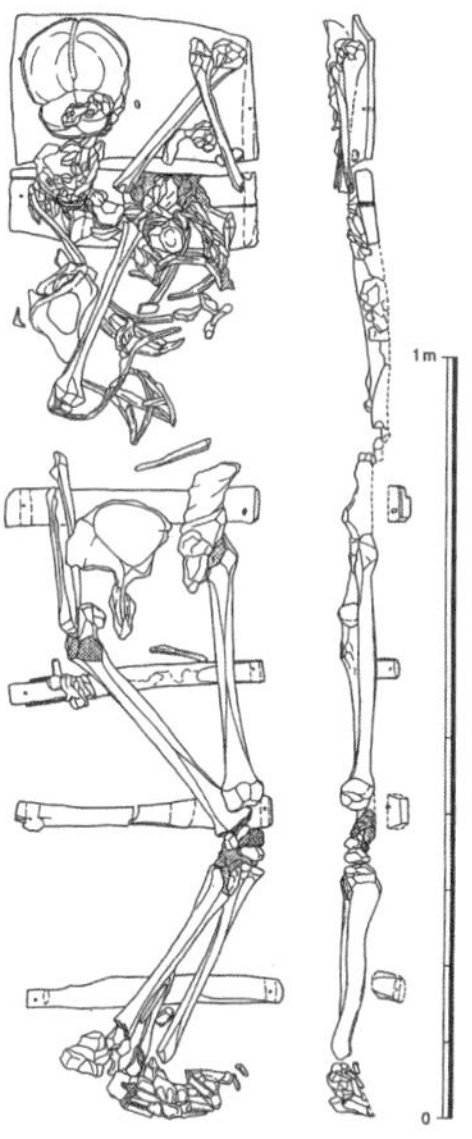


図7　S4号木棺と人骨

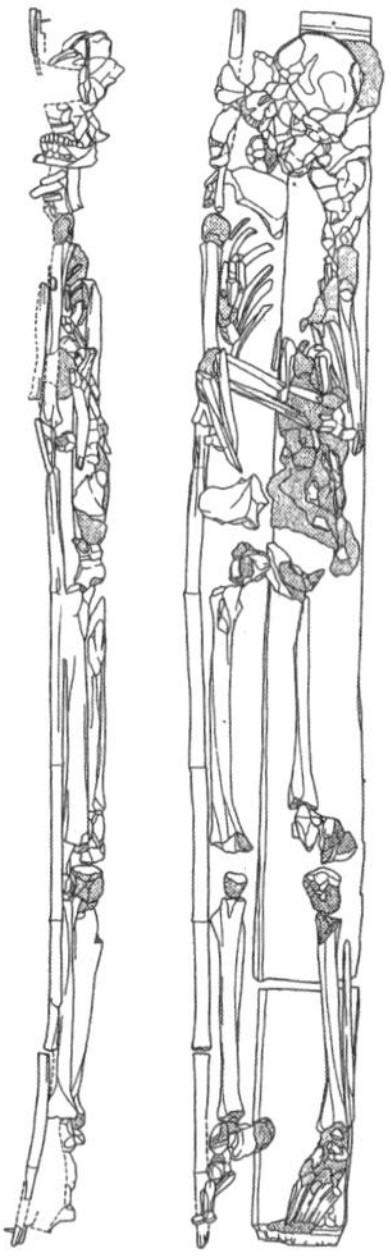

図8　S8号木棺と人骨

図9　S10号木棺と人骨

さらに、S10号木棺は棺底の幅に対して底板の幅が不足しているため、底板中央下部に幅八センチの板材を直交方向にあてがい、その端部を両側板に固定していた（図9）。

これら特異な棺底を有する木棺は、強度の点で問題があったことは明らかだ。では、なぜ強度に問題を抱える特異な構造を有する木棺が作られ、また実際に埋葬が行われたのか。

その理由としてまず考えられるのは、棺材の不足である。棺に用いられた板材を観察すると、板材に加工する際の大鋸痕が残り、また抜けた節を充填する加工がなされるなど、高い製材技術がうかがえる。おそらく、これらはもともと建築材料として加工されたものであって、建物の解体を経て木棺材に転用されたとみられる。転用材ゆえの問題として、寸法上の制約があったことは想像に難くない。おそらく、底板にみあう、長く幅広の材が不足しており、棺を仕立てることのみを目的とした苦肉の策で、こうした例外的ともいえる底板構造の棺が作られたのだろう。

しかし、棺蓋には一枚板が使用されているから、棺材の選定にあたり、一枚板を優先的に棺蓋にあて、やむを得ず底板を特異な構造としたということになり、このことは棺材の不足だけでは理解し難い。これらの木棺における本質的な問いかけが必要だ。そこであらためて特異な棺底構造についてみてみると、これらの木棺は蓋がされたとしても底部に隙間が生じていて、「棺＝封じる容器」としては機能していないことが読み取れるが、ここに本質があるのではないだろうか。つまり、底部構造に問題があっても箱状の棺を仕立てることを第一とし、密閉する容器としての機能は省かれたのではないか。そこで注目したいのが、フロイスが記述する葬送の場面である。すなわち「貧しい二人のキリシタンが城内で亡くなった時、ダリオは我が慈悲（の組）の棺のような緞子の覆いがある棺を作らせ、（中略）死者を見送るために諸人に蠟燭に火を点した提灯を持たせた」[6]とあり、棺には「緞子」の布が掛けられていたという点である。葬送の際に布が掛けてあれば、直接目に触れる機会が無く、ましてや棺底の構造は問われない。とりあえず箱状を呈していれば、棺がそこに存在することで葬送の儀式における役割は果たせたと解釈することも可能であろう。

このように、木棺は遺体を納める容器としての本来の機能を離れて、葬送の儀式のなかで、いわば存在自体が意味をなすともいえる、重要な役割を担っていたことが推測される。

## 六、高山右近とキリシタン墓地

これまで高槻城キリシタン墓地が提起した、個々の問題について取り上げてきたが、ここではあらためて高山右近との関係についてまとめ、全体の結びとしたい。

高山右近は天正二（一五七四）年から天正十三（一五八五）年の明石への転封までの間、高槻城にあり、城主として父の高山飛騨守とともに精力的な布教活動を行っていたことが、宣教師が残した史料によってうかがわれる。そこには、右近父子が貧しい人々の棺を自ら担ぐ場面があり、主君の敬虔な行為に感動した人々は「手にしていた蠟燭を手放し、死者たちのために穴を掘り、埋葬しようとして誰もが真先に鍬をとろうと争いあった。そして、貴婦人たちさえ、おのおの手にいっぱい土を持ち、死者の墓穴に投げるため傍によってきた」(7)と記録されている。これはまさに、墓壙に棺を直接納める埋葬の描写と理解できる。こうした史料から読み取れる埋葬の形態は、発掘調査によって明らかになった木棺墓のあり方と符合するとともに、墓地の年代観や出土遺物は歴史的背景と合致しており、この墓地に右近父子が深く関わっていたと考えて無理はない。

このことは、老女が身につけていたロザリオをあわせて考えると、一層具体性を帯びる。このロザリオは高山飛騨守が都から呼び寄せた轆轤師によって作らせ、信者に分け与えられたものの一つである可能性が非常に高い。高山飛騨守の布教全般への関与は、事実として捉えることができよう。

また墓地には男女の別なく、幼児から老年まで年齢に関係なく、さらに聖職者とみられる人物も木棺を直葬するという同じ方法で埋葬されており、きわめて等質的な墓地といえる。ここからは身分制を超えた博愛的な思惟が受け取れる。フロイスによると、高槻城の様子について、城内には「三種の身分の人」すなわち

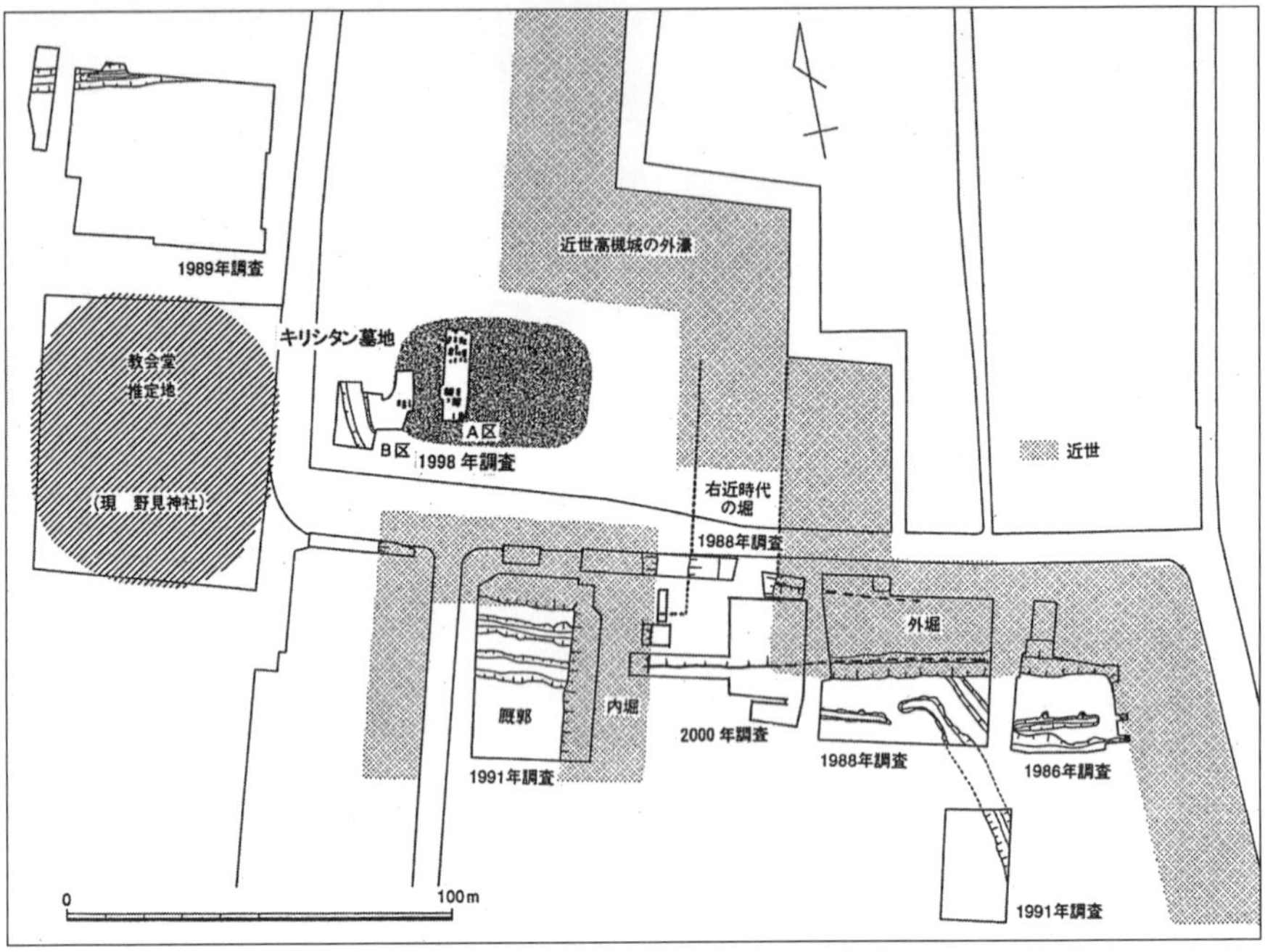


図10　キリシタン墓地と周辺の遺構

武士の他に農民や職人が居住しており、さらに洗礼の場面として「城中のもっとも身分の高い人たちから兵士に至るまでが、その妻子とともに洗礼を受け、(中略)彼(右近)はそれらの人々が受洗する際には、老幼貴賤を問わず代父となり[8]」と記している。この記述によれば、右近は信仰にあたり信者をひとしく扱ったことがわかる。まさにこうした思いが墓地のあり方に表現されていると解釈したい。

次に、この墓地が高槻城内にある意義についてみてみよう。それには、城内に存在したとされる教会堂の検討が不可欠だ。史料からは天正二年(一五七四)頃に、高山飛騨守が城内に教会堂を建てた記述があり、その場所については、「ダリオは(中略)かつて神の社があったところに自費で木造の大きな教会堂を建てた[9]」としている。この教会堂の位置は、これまでの研究により、現在の野見神社周辺に比定されており、この場所は当キリシタン墓地に西接する位置にあたる（図10）。教会堂には宿舎や庭園が併設されたとされ、接する位置にある墓地もこれらと一体の、教会堂に付属する施設として機能していたのだろう。また墓地の西側の溝は、墓地の西限を示すとともに、教会堂の敷地とを区画する重要な役割を持っていたと解される。おそらく墓地の周辺は、教会堂を中心として様々な施設が集中する「聖なる空間」を構成していたと想定される。(10)

そして、この墓地の維持管理、葬送の儀式の運営などは教会が主催する組織によって行われ、その実践者は高山飛騨守であり、背後には、精神的支柱として高山右近が存在していたと理解される。彼の思惟が、墓地のあり方に反映されていると解釈できることはすでに触れたとおりである。

以上、高槻城キリシタン墓地から、高山右近・飛騨守父子のキリスト教信仰についての断片が垣間見られた。発掘した墓地の有り様が宣教師たちの記述に符合することが多いことに驚かされるとともに、その記述が実物資料によって裏付けられたということも大きな成果といえる。

この墓地の発見により高槻城には教会堂をはじめ、右近に関わりの深い遺構が存在している可能性がますます高くなった。今後、発掘調査の進展によって、右近の実像に迫る発見や成果が得られることを期待したい。

〈文献〉

A　高槻市教育委員会『高槻城キリシタン墓地―高槻城三ノ丸跡北郭地区発掘調査報告書―』二〇〇一
B　高槻市教育委員会『摂津高槻城　本丸跡発掘調査報告書』一九八四
C　高槻市教育委員会『高槻城三ノ丸跡発掘調査概要報告書』一九八七
D　高槻市教育委員会『高槻市文化財年報　昭和六十三年度・平成元年度』一九九一
E　高槻市教育委員会『高槻市文化財年報　平成二年度』一九九二
F　高槻市教育委員会『高槻市文化財年報　平成三年度』一九九三

G　高槻市教育委員会『高槻市文化財年報　平成四年度』一九九四
H　高槻市教育委員会『高槻市文化財年報　平成七年度』一九九七
I　高槻市教育委員会『高槻市文化財年報　平成八年度』一九九八
J　高槻市教育委員会『高槻市文化財年報　平成十二年度』二〇〇二
K　高槻市教育委員会『高槻市文化財年報　平成十三・十四年度』二〇〇三
L　高槻市教育委員会『嶋上遺跡群三三』二〇〇九
M　高槻市教育委員会『嶋上遺跡群三五』二〇一一
N　高槻市教育委員会『高槻市文化財年報　平成二十一・二十二年度』二〇一二

〈註〉
（1）近世高槻城の発掘成果として、本丸（文献B）、廐郭・三ノ丸東郭（文献C）、三ノ丸東郭（文献D・E）、廐郭（文献F）、南大手門外（文献G）、三ノ丸東郭・上水道（文献H）、三ノ丸北郭（文献I）、外堀（文献J）、二ノ丸（文献K）、二ノ丸・不明門（文献M）、出丸・帯郭（文献N）がある。
（2）いわゆる右近の「大溝」については、文献D・J・L・M・Nにおいて報告されている。
（3）本稿の写真および図の出典は文献Aによる。なお、図の一部に改変を加えている。
（4）このほか、S6号木棺内から円形珠三、変形珠一が確認されている。
（5）フロイス『日本史』第一部第一〇三章。なお、フロイス『日本史』の引用については、松田毅一・川崎桃太訳『完訳フロイス日本史』織田信長編I～III（中公論新社、二〇〇〇）に拠る。
（6）「一五七六（七七）年八月二十日付　臼杵発信　ルイス・フロイス師の書簡」。なお、フロイス書簡の引用については、松田毅一監訳『十六・七世紀イエズス会日本報告集』第III期（同朋舎出版、一九九一～一九九八）に拠る。
（7）注5に同じ。
（8）注6に同じ。
（9）注6に同じ。
（10）当該墓地の東側で行った調査では、東側へ登る傾斜面を検出しており、これが墓地の東限を示すとすれば、その幅は東西四〇メートル程度と推定している（文献L）。ただし、調査区が狭小なこともあり、今後の検討が必要である。

# 船上城跡

稲原昭嘉

## 一、船上城の沿革

船上城は「惣構え」の城で、築城当初から城下に港を抱え込んだプランをもつ平城である。高山右近重友が天正十四年(一五八六)に居城として築いた。

織田信長の天下統一を継承した豊臣秀吉は大坂城を中心とした地域を直領とし、一族の支配を図り、大名の配置替えを行った。そのため、右近を高槻四万石から二万石加増で明石の新領主としている。同時に、堺の商人出身の小西行長にも瀬戸内の港町である室津を与えている。

右近は当初、枝吉《しきつ》城(神戸市西区枝吉)へと入った。枝吉城は「丘城」で、国衆明石氏歴代の居城であった。最後の領主となった明石与四郎則実は、三木城攻めに際し、織田方について参戦したが、信長亡き後、羽柴秀吉によって豊岡城に移封された。右近はこの後に枝吉城に入り、その翌年に城をこの地より二キロメートル南の船上に築いた。

なお、一説によると三木城主別所長治の叔父である別所山城守吉親が、林ノ城を永禄年間(一五五八〜七〇)か天正年間(一五七三〜九二)の初年に築き、右近がその城を拡張したのが船上城だといわれている。

船上城本丸跡

ただ、船上城は右近が築いた高槻城、富山城、高岡城と立地条件や曲輪《くるわ》配置がよく似ていることから、右近が築城に関与したことはほぼ確かなものと推察される。

船上は林崎村の最南端にあり、東は明石川、西は林、北は和坂の山陽道に接し、南は海に面している。『播磨国風土記』には、昔賀古郡神崎村に荒神が住んでおり、海上を旅する人の舟の半分を沈めるため、舟は印南川（現加古川）を遡り、川上から明石郡林潮に出たという記述がある。そのため舟引原とよばれ、のちに舟上庄となったとみられる。

川は、西新町より流れているのを乙樋川といい、玉津町吉田より流れているのを古城川という。それぞれは南流し、河口近くで合流し、船上川として海へと注ぐ。

古城川は字駒瀬の北辺と、古城の北辺の二箇所で、南下する河道が直角に折れ曲がっている。船上城時代の堀の形態を残したものと推察される。また、若宮神社の北側から林小学校の南辺にかけて東西方向に水路が通っており、西端で南北に流れる高浜川に続く。昭和三十二年（一九五七）の地図では、この鉤形に折れ曲がった箇所の北側に逆L字形をした低地部が描かれている。幅は約一〇メートルであり、これもかつての堀跡であったと考えることができる。

かつて字古城と称した田畑一帯の地が城の跡であり、古くから「本丸跡」と伝えられているところは、高さ三～四メートルの小高い丘になっている。もともと砂洲となる微高地上に立地している。ピストル形をした台地の平面形は、この南西部に位置する字東出口の平面形態と相似形である。この平面形は高山右近が築いたとされる高岡城の本丸の形状とも似ていることが指摘されている。

なお、『小笠原忠真一代覚書乾』によると、「城構多門塀を掛け小き殿主も有之候」と書かれており、本丸には多聞塀や天守閣があったことがうかがえる。天守は二層の建物の上に望楼をとりつけた三層のものであったと推定されている。現在、明石城本丸に残る巽櫓は船上城の櫓であったという。

『林崎村郷土誌』によると、字東門田、西門田とよぶところは城門があった場所であり、林大丁、獅子投丁辺りに大手門があったとされている。昭和三十二年の地形図によると、大手門があったとされる場所より東南にかけて、L字形に小高く帯状になっている部分が認められる。その大部分は海浜公園となり失われてしまったが、北端の一部に近年まで高さ八〇～一四〇センチの土盛り部が残っていた。これらは、土塁であった可能性が高いとされている。大手門は西向きに設置されていたと考えられる。

城の主要部分を占める「田町・寺田」は『林崎村郷土誌』には「船上城時代には一の城下町にして、付近字寺田と称する所に寺院数ケ寺ありしが明石築城の際明石町へ移転せし由」と記載されている。

密蔵院の北西部は、昭和三十二年の地形図を見ると、一段と低くなったところがあり、水田になっている。『明石市史』によると、松平信之の時代（一六五九～一六八二）まで密蔵院の裏は船着場であった。船上川に架かる「養老橋」は、『明石記』に長さ五間四尺、横一間とあり、当時の川幅が一〇メートルほどあったことがわかる。高山右近は明石移封に際し、秀吉から大坂湾防衛の一環として、水軍の防御拠点とするため大船二艘を与えられている。また、小笠原忠政（のちに忠真）が明石に入城した時に、長さ三〇メートルほどある大鵬丸を新造したとあり、これらの船は船上川の河口から入り、密蔵院の裏の船着場につながれていたとみられる。『赤石市中記』に「小笠原忠真が当津湊を掘った元和五年に船上村から渡海十余艘、廻船四十五艘、茶船

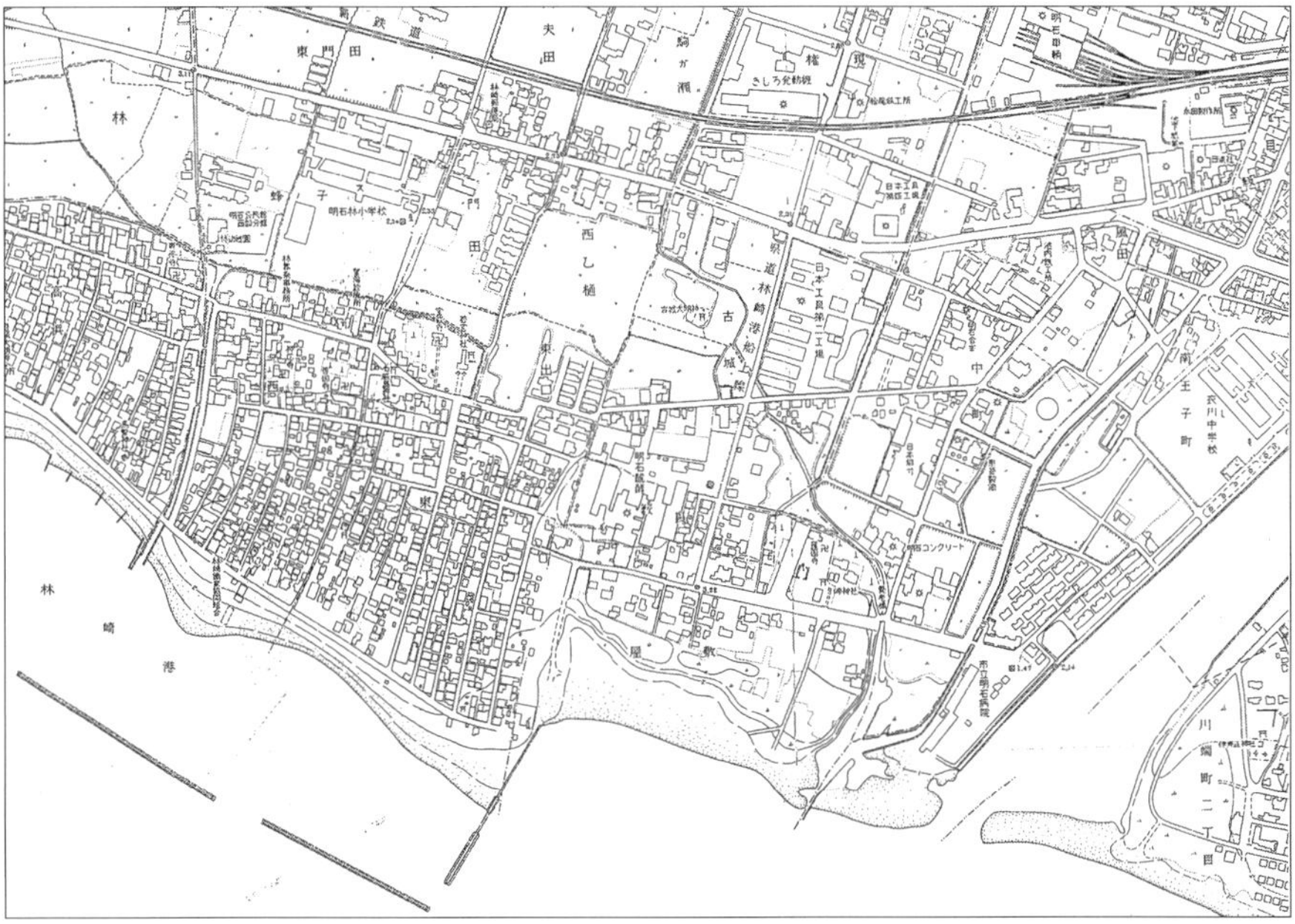

昭和32年 地形図

三艘が当津湊に移ってきた」とあり、船上にあった港の規模の大きさを知ることができる。

『イエズス会日本年報』には、イエズス会日本準管区長のガスパル・コエリュ宣教師一行三〇余名が、天正十四年（一五八六）三月五日に大坂城の秀吉を表敬訪問する途中に明石へ立ち寄ったとある。港が宣教師等の往航に際しての中継港的な働きをもっていたことがうかがえる。

折れ曲がるように作られた道は、城下特有のものであり、鍵辻とよばれる。西から入ってきた街道は浄蓮寺前、専修寺、そして宝蔵寺が所在する所でそれぞれ折れ曲がっている。

新領主となった高山右近は当時三十二歳で、「ジュスト」という洗礼名をもつキリシタン大名であった。当時の人々は、キリスト教自体を「右近殿の宗教」とか「ジュストの宗門」とよんでいたという。

領内の僧侶らは、右近の明石移封を阻止しようと排斥運動を起こした。ルイス・フロイスが著した『日本史』には、「明石の仏僧は、小舟に仏像を乗せて大坂に赴き、熱心な仏教徒である秀吉の母堂と夫人を通じて秀吉に自分達の願いを申し出てもらった。秀吉は激怒し仏僧らの願い出を却下したうえ、明石から追放するよう命じて仏僧らの収入・寺院・屋敷を没収した」とある。

こうして右近は秀吉からの厚い信頼を背景に、城下の建設を進めるかたわら、父母や妻の協力のもと、教会と司祭の住む館を建て、外国人宣教師数人を常駐させて民衆にキリスト教を積極的に広めていった。明石では三〇〇〇人が洗礼を受けたとある。

一方、従来存在する神社や仏閣に対しては、強い態度で臨んでいる。

キリシタンの教会に利用されたといわれる宝蔵寺の記録には、本尊の毘沙門天を奉じて七キロメートル西の江井島へのがれ、高山右近が明石を去るまで隠れていたとある。また、神応寺は林神社の西側の台地突端部「成願寺」に建ち、常願寺とも西林坊とも称していたが、高山右近が船上城を造る天正十四年に今の場所に移転し、寺の名前を神応寺と改めている。神応寺の住職はキリシタンに転向しており、右近の時代に没した信者のキリシタン墓碑が西林坊（神応寺）の住職の居間の前に三基あって、江戸時代にキリシタン禁制が厳しくなって破棄したという。

天正十四年三月に秀吉が九州の島津氏の征伐に出陣した時、右近も本隊の前衛として明石から従軍している。しかし、島津氏の征伐が終了した後の天正十五年（一五八七）六月に秀吉が突然「バテレン追放令」を発したことにより、右近は大名格を剥奪され領地没収の上、明石を追放されている。のち、金沢の前田利家・利長父子の客分として二十数年の間、北陸で暮らした。北陸では前田利長の居城である金沢城の修築、利長の隠居城である富山城や高岡城の築城にも携った。

高山右近が追放されて船上は豊臣氏の直轄領となり、船上城にはその支配のため城番が置かれた。中島左

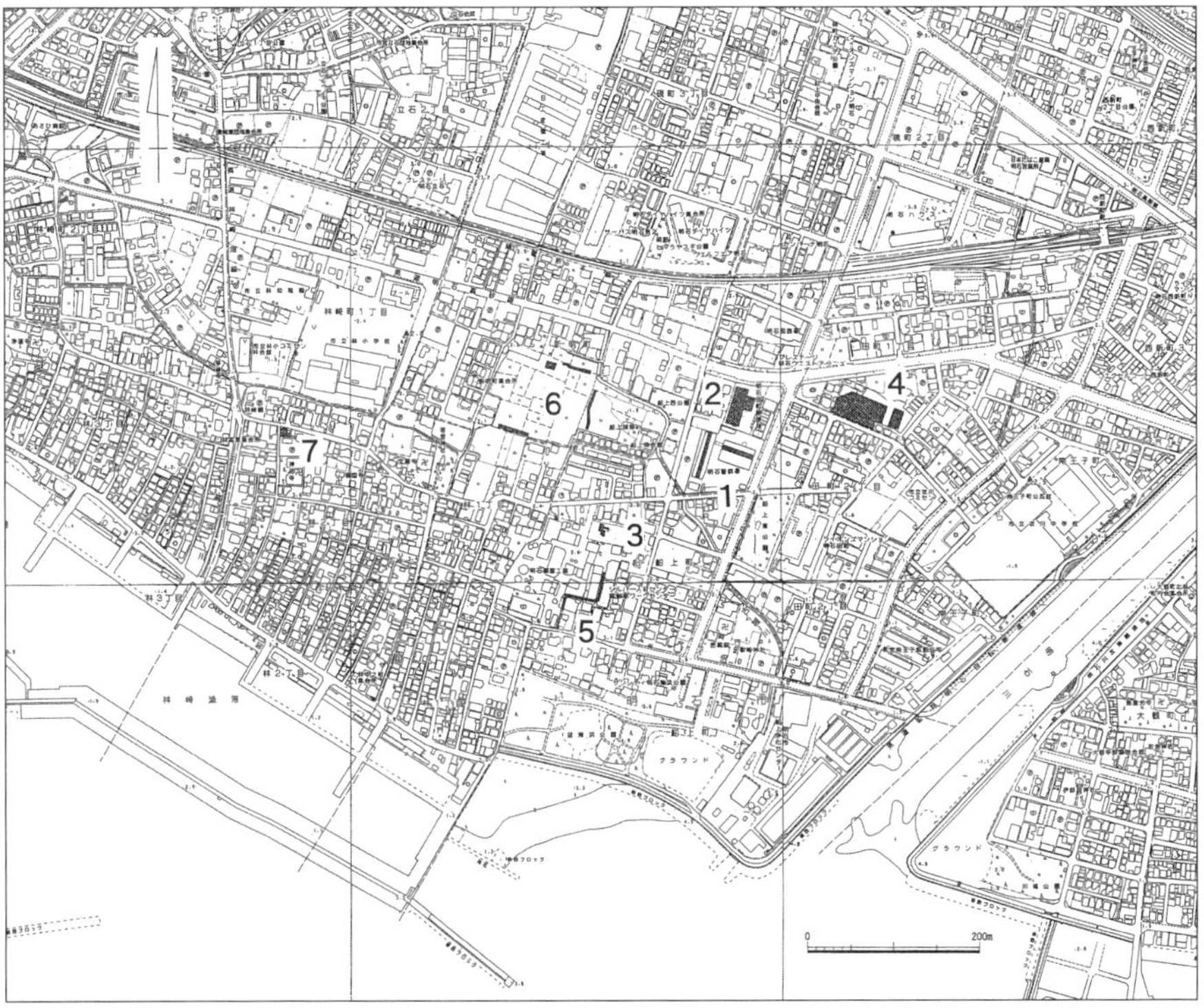


船上城下の発掘調査地点

兵衛と毛利九郎左衛門の名や、藤井新右衛門勝介という名も見える。藤井勝介は、豊臣秀吉の家臣と伝えられ、慶長四年（一五九九）に一族の菩提寺として本正寺という寺院を建立している。

数人の城番を経て、「関ヶ原の戦い」直後に姫路城主池田輝政の支城となり、慶長十三年（一六〇八）に池田出羽守由之が城主となっている。この時に川の氾濫を防ぐため、明石川の右岸に堤防を築き、松を植えたとある。この堤は「出羽殿の堤」と称された。また、明石川の河口近くに防波堤を造ったともいわれている。この防波堤は古《ふる》波《は》止《と》とよばれ、現在もその痕跡の一部が残る。

出羽守由之の時代に「大坂の陣」が起こり、豊臣氏は滅びる。そして、元和元年（一六一五）に徳川家康により出された「一国一城令」により船上城は城の機能を失い、屋敷構となった。そして、この四年後、小笠原忠政が残る屋敷構を廃止した。

## 二、船上城跡の発掘調査

船上城跡の発掘調査は、これまで兵庫県教育委員会と明石市教育委員会の手により計七回実施されている。兵庫県教育委員会が行った第一次調査では、大溝跡、暗渠跡等が見つかっている。

大溝跡は、検出幅九・五メートル、検出長四〇メートルであった。この溝は明治十九年（一八八六）に測量された絵図に見える南北に走る河川の一部とみなすことができ、本丸跡に沿って流れている古城川と南側の密蔵院付近で合流し、港へと注いでいる。船上城が存在していた当時は堀としての機能をもっていたと考えられる。この大溝は昭和三十年代の絵図では、南北に長い池として描かれ、近年に至るまでその痕跡を留めていたことがうかがえる。

大溝の西側で検出された暗渠遺構は、武家屋敷等建物の一部を示す遺構と判断された。出土遺物では、十七世紀初頭に位置づけられる唐津焼皿や志野焼皿等が少量認められている。

また、明石市教育委員会による第二次調査では、東西方向にのびる屋敷境と考えられる溝が検出された。溝は幅約二・二メートル、深さ五〇センチで、検出長は二八メートルであった。東へ向かって傾斜しており、調査区外にのびることから先の大溝へと流れ込むものと推定された。溝内からは唐津焼皿や織部焼向付、備前焼擂鉢《すりばち》、鬼瓦、軒丸・軒平瓦が出土しており、溝に囲まれた内部には瓦葺きの礎石建物が存在していたと考えられる。溝から出土した瓦の大半は二次焼成を受けており、建物が火災により焼失したことがうかがえる。『播州明石記録』には、元和五年（一六一九）の一月十九日に小笠原忠政が江戸詰めであった際、御城が焼失したという記事が載せられている。この城は船上城のことをさすという説もあり、焼けた瓦との関連性が注目される。

明石市教育委員会による第三次調査が行われたのは、本丸跡より約一〇〇メートル南の場所で、標高は二メートル前後を測る。事業区西寄りに設定したトレンチでは表土下四〇センチより径五〇センチの礎石が見つかり、周囲に焼けて赤く変色した瓦片が多量に出土した。瓦は十七世紀初頭に位置づけられるもので、この礎石が船上城に関わる遺構であることがわかった。また事業地中央部に設定したトレンチでは径五～一〇センチの石を敷き詰めた面が検出された。石に混じって、十七世紀初頭に位置づけられる軒丸瓦が認められた。

明石市教育委員会による第四次調査は、本丸跡より約二〇〇メートル北東に位置する地点で行われ、調査面積は一六二〇平方メートルに及ぶ。

調査区東側では、南北方向に並ぶ土坑及び井戸が見つかっている。井戸は径六〇センチ、高さ九〇センチの底を抜いた桶を四段に重ねたものであり、井戸枠最上部から井戸底までの深さは約三・二メートルを測る。また、南西隅の土坑からは、ほぼ完形の瓦質の火消し壺が検出された。この土坑の北で一辺約六・二メートル、深さ約一五センチの方形の土坑を検出した。この土坑の床面には焼土塊が散乱していた。遺物は十七世紀前半に位置づけられる土師器《はじき》皿がある。その他の遺物としては、備前焼擂鉢、唐津焼碗、土師器壺などがある。

調査区中央部では、東西二間（四メートル）、南北四間（八メートル）の掘立柱建物跡が三棟、南北方向に並んで見つかった。柱穴は直径五〇～七〇センチで、深さは約五〇センチのものが多く認められている。柱穴間は二メートルある。建物と建物との間隔は北側で三メートル、南側で六メートルを測る。出土遺物から江戸時代初期に位置づけられる。

この掘立柱建物の東側では、長方形の規格をした土坑状の掘り込みが数基見つかっている。いずれも規模の大きな土坑の横に細長い土坑が付随しており、軸は東西方向にそろっていた。その中の一つの土坑は東西五メートル、南北三・五メートル、深さ一五センチのもので、底面は平らで内部からは唐津焼皿、土師器鍋等、江戸時代初期の遺物が出土している。

調査区中央西端では石組みの井戸が見つかっている。掘り方の直径は二メートルで、内部の直径は七〇センチである。石は径四〇センチ前後の花崗岩《かこうがん》の円礫《えんれき》を多く用いていた。その中には、五輪塔の地輪部を転用したものも含まれていた。石材が乏しい中にあって、採り入れられたものであろう。この井戸の掘り方内から江戸時代初期の遺物が出土している。

掘立柱建物の西側では二箇所に集中して、直径四〇センチ前後の桶が数基まとまって見つかっている。内部からは寛永通宝や土師器皿、伏見人形が出土していることから墓であったとみられる。また、周辺からは「法…」「…松寺」「…山」の文字が入った軒丸瓦も見つかっていることから、当地に寺があった可能性が高いと判断された。

記録によると、本松寺は慶長四年（一五九九）に田町に建立され、元禄四年（一六九一）に現在の人丸山の麓《ふもと》に移転されたとある。現在、本松寺は法栄山の山号をもつことから文字瓦はこの本松寺をさすものと考えられ、見つかった墓も寺に付属するものである可能性が高くなった。

当地周辺はかつて中ノ町とよばれていた場所で、一の城下町であったといわれている。見つかった遺構の大半は、慶長五年（一六〇〇）に池田利政が入ってきてから小笠原忠政が明石城を築城するまでの、約二十年間のものと考えられ、これまで不明であった船上城下の構造の解明に大きな手がかりを得ることができた。

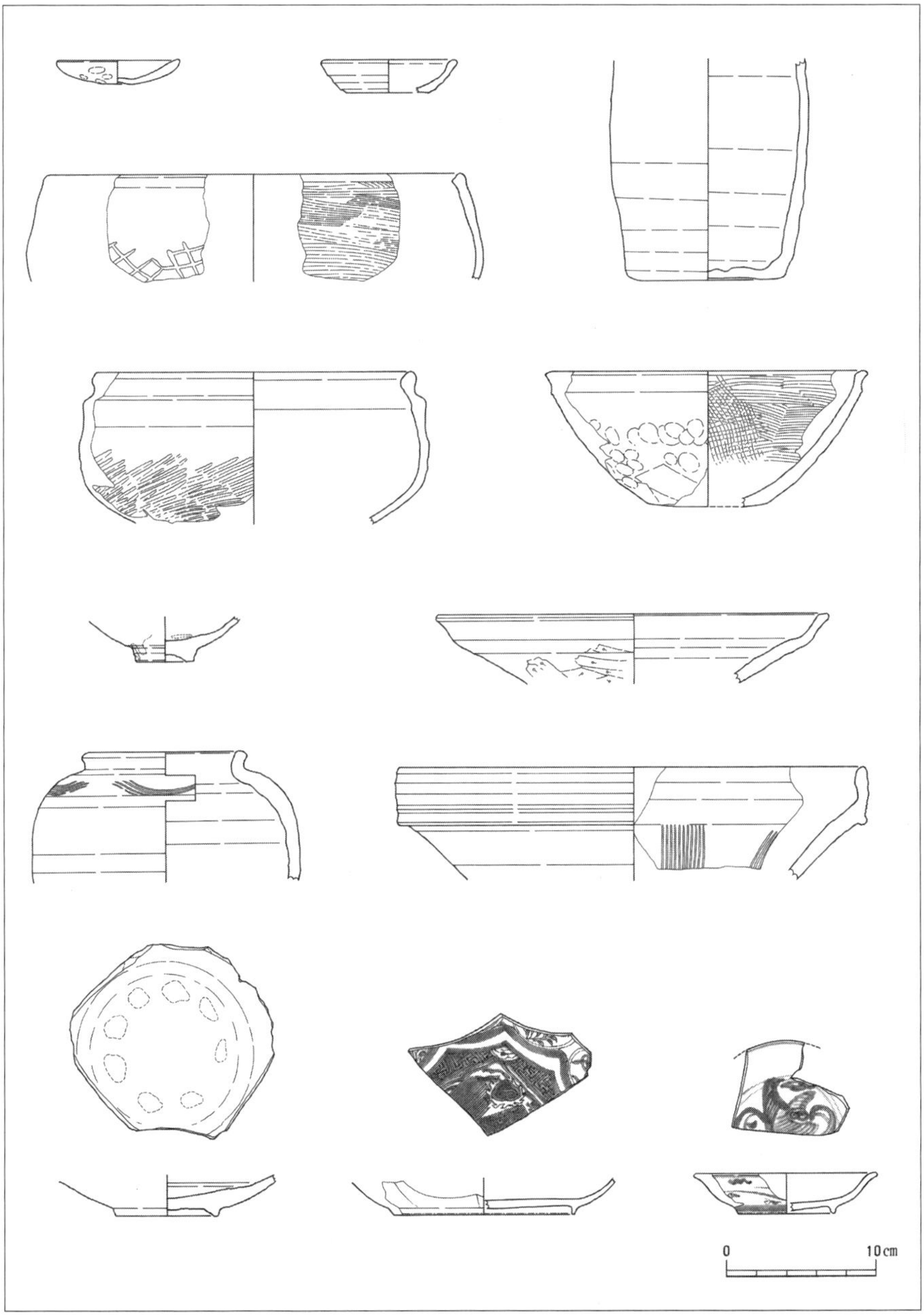


船上城第5次調査出土遺物

明石市教育委員会による第五次調査は、船上城本丸跡とされている地点から約一五〇メートル南に位置する地点で行われた。砂堆上に立地し、事業予定地の地形は南から北にかけて緩やかに下っている。北側の調査区では、井戸、土坑、溝、柱穴列が見つかっている。井戸は南北方向に三基並んで見つかった。いずれも石積みの井戸で、一石五輪塔を多く用いていた。

また、径一・三メートルの土坑の内部に体部下半を打ち欠いた口径六〇センチの備前焼甕《かめ》が正位に据えられており、さらにその下部に径四〇センチ、高さ二五センチの桶が置かれた遺構が見つかっており、便所遺構と判断された。

南北方向に二メートルの間隔をもつ、径六〇センチの柱穴が四基見つかっている。

船上城第6次調査礎石列検出状況

南側の調査区では南北方向に二列の礎石列が認められている。礎石の間隔は二メートルである。また、幅八〇センチ、深さ三〇センチの東西方向に走る溝も見つかっており、埋土からは完形の土師器皿が一〇数個体まとまって出土している。

出土遺物では、土師器皿、土師器鍋、備前焼壺、備前焼擂鉢、丹波焼擂鉢、唐津焼皿、中国製磁器、平瓦、丸瓦等が認められた。時期的には十六世紀末葉から十七世紀初頭にかけてのものと判断された（二〇七頁参照）。

調査地点は本丸南にあたり、見つかった礎石建ち建物や溝、土坑等は重臣の屋敷に付随するものであると考えられる。

明石市教育委員会による第六次調査は、本丸跡の約一〇〇メートル西に位置する地点で行われ、調査面積は五二〇平方メートルに及ぶ。

調査区東側では、溝跡、井戸等が見つかった。井戸の側は認められなかったが、石積みであったと推定される。また、調査区北側では、東西方向にのびる石垣遺構の一部が見つかっている。確認された東西の長さは約二・五メートルである。石は縦四〇センチ、幅八〇センチ、奥行き五〇センチ大の亜角石で、南面を揃えて据えられていた。石垣は二段までが認められている。北側には裏込めの礫が詰められていた。南側は有機質土による堆積が認められ、堀になっていたことがうかがえる。

船上城第6次調査石垣検出状況

さらに、調査区北西部では東西方向に走る溝状遺構と、東西七メートル、南北五メートル以上の方形の掘り込み遺構が認められている。この掘り込み遺構は、南方向に延びる堀の北端である可能性も考えられる。埋土等から出土した遺物は、十七世紀初頭の唐津焼皿、備前焼擂鉢などがある。

調査区南端では、東西方向に石列遺構と、それに伴う溝状遺構が見つかっている。石は一辺二〇〜三〇センチ大の亜円礫で、建物の礎石とみなされる。石間は一・五メートルのものと二メートルのものとが認められた。

これらの遺構は標高約一メートルの位置で検出されており、低湿地に立地した城郭の一部が存在していたことが明らかとなった。この周囲には深い堀がめぐらされていたことがうかがえたが、この機能として、軍事的な要素だけではなく、排水の機能をも備えていたことが推察される。本丸西側の城郭構造の一端を理解する上で貴重な事例となった。

明石市教育委員会による第七次調査は、本丸跡の約四〇〇メートル西に位置する地点で行われ、調査面積は八〇平方メートルであった。

調査では石組み井戸、土坑等が見つかった。井戸は直径二〇～三〇センチの石によって築かれ、その内径は七〇センチであった。石積みは六段程度が残存しており、その下に桶が据えられていた。石材の中には五輪塔の空輪部等が含まれている。埋土内からは土師器羽釜、蛸壺、白磁、瓦片などが出土しており、十七世紀初頭に位置づけられることがわかった。船上城下の西端部における屋敷構造の一端を知りうることができた。

このように、これまで行ってきた発掘調査はいずれも部分的な調査にとどまっており、いまだ船上城郭の構造や、城下の町割りの全体像を復元するまでには至っていない。

しかしながら、船上城築城時からその後の変遷をたどることができる遺構、遺物が検出されてきていることから、船上城の性格がより明らかにされるようになった。

## まとめ

船上城は、天正十四年に瀬戸内海東端の港に臨んで築かれた城で、当初は秀吉の九州制圧への拠点としての役割を担っていたと考えられる。同時に、キリシタン大名である高山右近を城主としたことにより、南蛮をも含む国際的な交易の窓口としての役割を期待されていたことが十分に予測される。

これまで船上城下で見つかった遺物の中には、中国の南東部の漳州窯《しょうしゅうよう》で作られた磁器等も含まれており、こうした交易によってもたらされたものと考えられる。

船上城は、その後廃され、小笠原忠政により明石城が新たに築かれることとなる。この明石城も明石港を前面においた構造をもつ。明石港は、天明二年（一七八二）に書かれた『清流話』に「宝の船入」と記されるほどに賑わいを見せ、明石城下の繁栄を担った。築城に際し、右近が設計した船上城の縄張りを規範としていた可能性が高く、右近が先駆的な役割を果たしていたと評価することができよう。

# 金沢城惣構の構造と高山右近

向井裕知

## はじめに

金沢城惣構は、金沢城を中心として内外二重に城下町を囲繞《いにょう》する堀と土居の総称である。総延長は約七・一キロメートルに及び、内側の惣構（内惣構）が約二・九キロメートル、外側の惣構（外惣構）が約四・二キロメートルに渡って城下町を囲んでいる。

金沢城下町は寺内町に起源を持つとされ、内惣構は前田利家の息子である利長が慶長四年（一五九九）に高山右近に命じて完成させたと伝わっており、外惣構は慶長十五年（一六一〇）に篠原出羽守一孝が築造したとされているが、二次史料によるものであり確実ではなく、特に外惣構の築造年代については疑問が指摘されている（木越二〇一三）。

右近が内惣構の築造に関わったとする直接的な史資料は見つかっていないが、近年の調査成果を紹介することで、その責を果たしたい。

なお、金沢城惣構跡は、その痕跡が現在でも水路などとして旧城下町に残っており、堀跡を示す水路や土居の内側を並走する内道、虎口、土居などが平成二十年に金沢市指定史跡となり、保護が図られている。そして、一部では復元整備を実施し、往時の姿を体感できるようになっている。

　また、加賀前田家と右近との関係については、本書第一章の木越論文に詳しいので、併せて参照されたい。

## 一、築造の歴史

　惣構に囲まれた金沢城下町は、天文十五年（一五四六）に本願寺末として小立野台地先端部（現在の金沢城本丸付近）に建立された金沢御堂による寺内町を前身とする。ただし、この時点では山科本願寺などに見られる惣構の有無については不明である。

　天正八年（一五八〇）に柴田勝家軍によって金沢御堂が陥落し、佐久間盛政が金沢城主となり、城下町の建設を進める。金沢城惣構の初見史料となるが、天正十二年（一五八四）に羽柴秀吉が丹羽長秀に宛てた書状に「彼金沢之惣構」（天正期惣構）と見えることや、近世地誌類の記述から、秀吉軍の侵攻に備え、この頃に惣構を築造した可能性が指摘されており、後の金谷出丸と新丸を囲繞する程度のものであったと考えられている（木越二〇〇六ａ）。ただし、ここでの惣構は慶長期に築造された惣構と必ずしも一致しているとは限らない。

　賤ヶ岳合戦後の天正十一年には前田利家が金沢城に入城し、以後江戸時代を通じて加賀前田家の治世となり、継続して金沢城及び城下町の整備が進められる。慶長四年（一五九九）に利家が死去した後、息子の利長は惣構（内惣構）を建設するが、推定佐久間築造の天正期惣構を北側に拡大したと推定されている（宮本二〇一〇）。この際、三十日程度で築造されたと伝わるが、東側は慶長絵図（第３図）に描かれておらず、慶長六年にも継続して惣構を築造していたことがわかる利長の知行宛行状が存在する（木越二〇〇六ａ）ことから、数年かけて現在の内惣構の姿に近いものになった可能性が高い。

慶長十五年頃には城下町の拡大に伴い内惣構の外側の武家地を囲むように再び惣構が建設される（外惣構）。そして、内外の惣構を軸にして城下町の再編が進められることになる。

## 二、構造と地形

後世の文献によると右近は内惣構の築造に関与したと伝わるが、築造に関する一次史料は知られていない。ここでは、惣構の縄張りについて、惣構を重ねた地形図及び近世絵図を用いて、その築造と構造について考えてみたい。

使用する惣構重ね図は、寛文七年（一六六七）金沢城下図における惣構を描いた部分をＧＩＳによって現代図に重ね合わせたもので、増田達男氏（金沢工業大学）が作成したものである。第２図は現代の等高線（二メートル間隔）や道路線形を入れた地形図に、重ね図に用いている惣構の土居と堀のラインを重ね合わせたものである。地形図は現在のものであり、必ずしも惣構築造当時の姿を示してはいないが、大まかな傾向を見る上では有効と考えている。

金沢城惣構の平面プランを概観すると、南北方向にやや長い楕円形状を呈することがわかる。なぜこのような形態での築造に至ったかは、現地を歩けばよくわかるが、地形図と照らし合わせることでも容易に見当がつく。この図を見ると、概ね北西方向に延びる等高線に沿って惣構が築かれていることがよくわかる。これまでも指摘されてきたが、段丘の高低差を利用して惣構の延長ラインを決めているようで、金沢城が立地

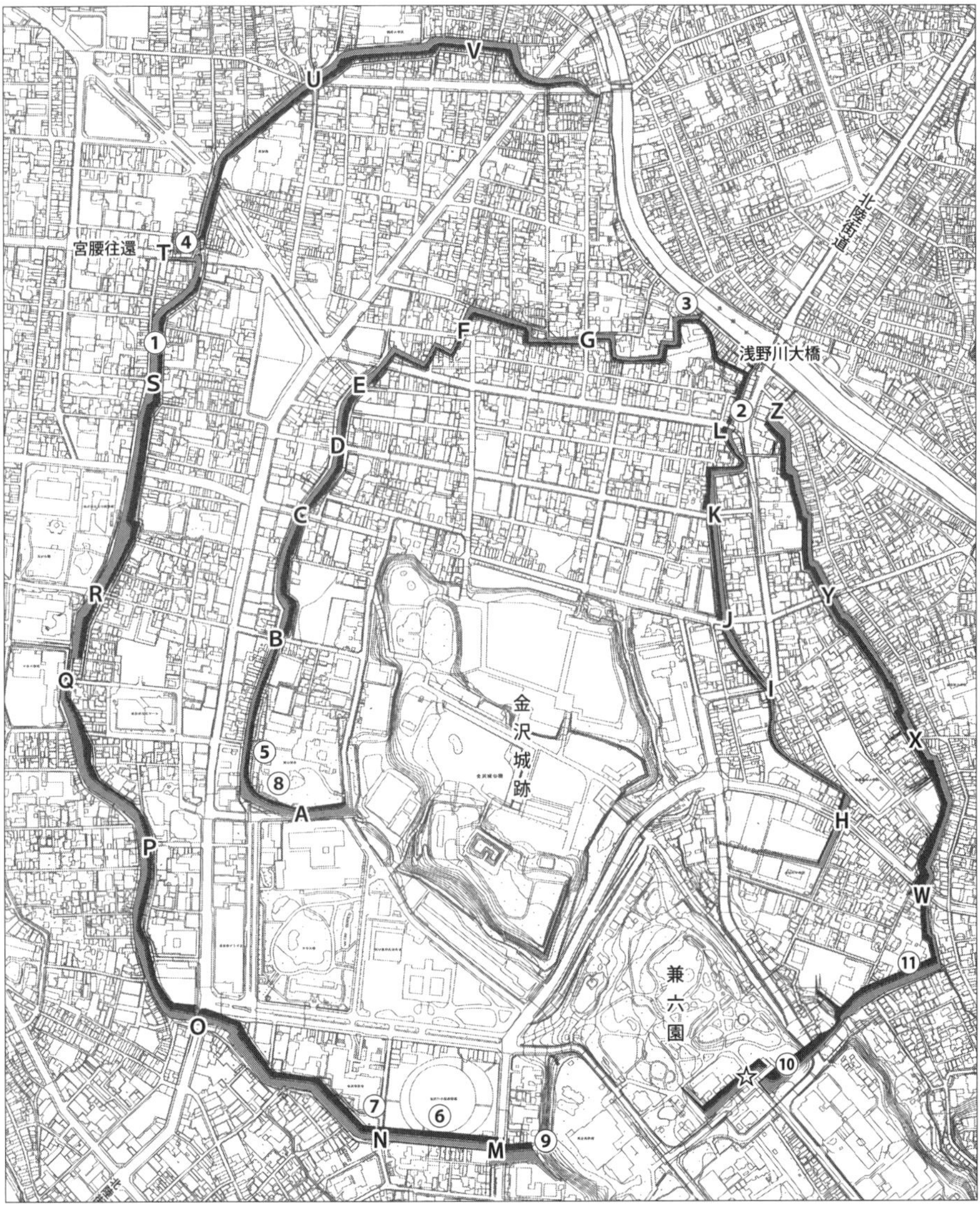


①外惣構跡(武蔵町地点)　②東内惣構跡(枯木橋北地点)　③西内惣構跡(主計町地点)　④西外惣構跡(升形地点)
⑤西内惣構跡(尾山神社西地点)　⑥広坂遺跡(土居・内道)・金沢21世紀美術館南側水路(堀)　⑦宮内橋詰遺構(土居・堀)
⑧尾山神社南側(土居)　⑨西外惣構跡(本多町3丁目地点)　⑩兼六園 山崎山(土居・堀)　⑪常福寺裏(土居)
A* 金谷外柵御門前土橋　B* 不明御門前橋　C 西町橋　D 十間町橋　E 近江町橋　F 袋町橋　G 新町橋
H*(奥村内膳殿)後惣構土橋　I 九人橋　J 蔵人橋　K 稲荷橋　L 枯木橋　M 畳屋橋　N 宮内橋　O 香林坊橋
P 右衛門橋　Q* 村井又兵衛殿前橋　R* 長又三郎殿前土橋　S 図書橋　T 升形橋　U 東末寺橋　V 塩屋町土橋
W 剣崎辻橋　X 備中橋　Y 下材木町橋　Z 小鳥屋町橋　☆ 小立野虎口(仮称)
註:A~Zは橋名で、*を付さない橋は『金沢惣構絵図』(文化八年・1811年)、*を付した橋は『道橋帳写』(文政七年・1824年)による

**第1図 金沢城惣構跡と関連調査の位置**〔金沢市2012より転載、一部改変〕

する小立野台地先端部から延びる傾斜と段丘に沿って築造したために、楕円形状を呈することになった。また、等高線には沿うが、北に向かうにしたがい、徐々に低い地点に延びていることがわかる。これは、浅野川方向への排水機能を目的としていた可能性が考えられる。ただし、西外惣構に関しては浅野川へ排水していたかは不明であり、水量についても不明な点が多い。

また、等高線に沿わない場所や段丘の高低差が小さいところがいくつか認められるが、標高が低くなる外惣構に顕著である。高低差が小さい場所は西外惣構の北半部、東外惣構の南西端付近、同東側、西内惣構の北西端付近、東内惣構の南端付近である。

次に、惣構の出入り口、いわゆる虎口についてみていきたい（第1図）。

寛文期の絵図によると、内惣構に一二ヶ所（第1図A～L）、外惣構に一五ヶ所（第1図M～Z・☆）の出入り口が設けられている。これらを進入方法によって分類すると、直進可能なもの（Ⅰ類）、屋敷地などによって折れて進入してくるもの（Ⅱa類）、同様に進入してから折れるもの（Ⅱb類）、進入前後に折れがあるもの（Ⅲ類）、虎口自体に折れ構造を設ける喰違虎口（Ⅳ類）、外枡形虎口（Ⅴ類）に分類可能である。内惣構は、Ⅰ類がほとんどであり、北国街道と併走する西内惣構については、その進入が容易である。防御的機能は弱く、虎口F・L付近に複数の折れを設けていることとは対照的である。そのため、築造当初の姿というよりは外惣構築造以降、城下町の整備に伴って改変された可能性が高いと考えられる。

外惣構はⅡ・Ⅲ類が多く、またⅣ類が三ヶ所認められる。西外惣構の西と南（Q・M）、東外惣構の南（☆）が該当する。それぞれ周囲は長・村井・前田家上屋敷、本多家上屋敷、横山・奥村家上屋敷と広大な敷地を持つ重臣の上屋敷で固めている。どれも北国街道とは関係していないが、交通の要衝に位置していた可能性が高いと考えられ、こういった重要な地点では、特に防備を意識していることがわかる。

第２図 惣構と地形の関係図〔金沢市2008より転載、一部改変〕

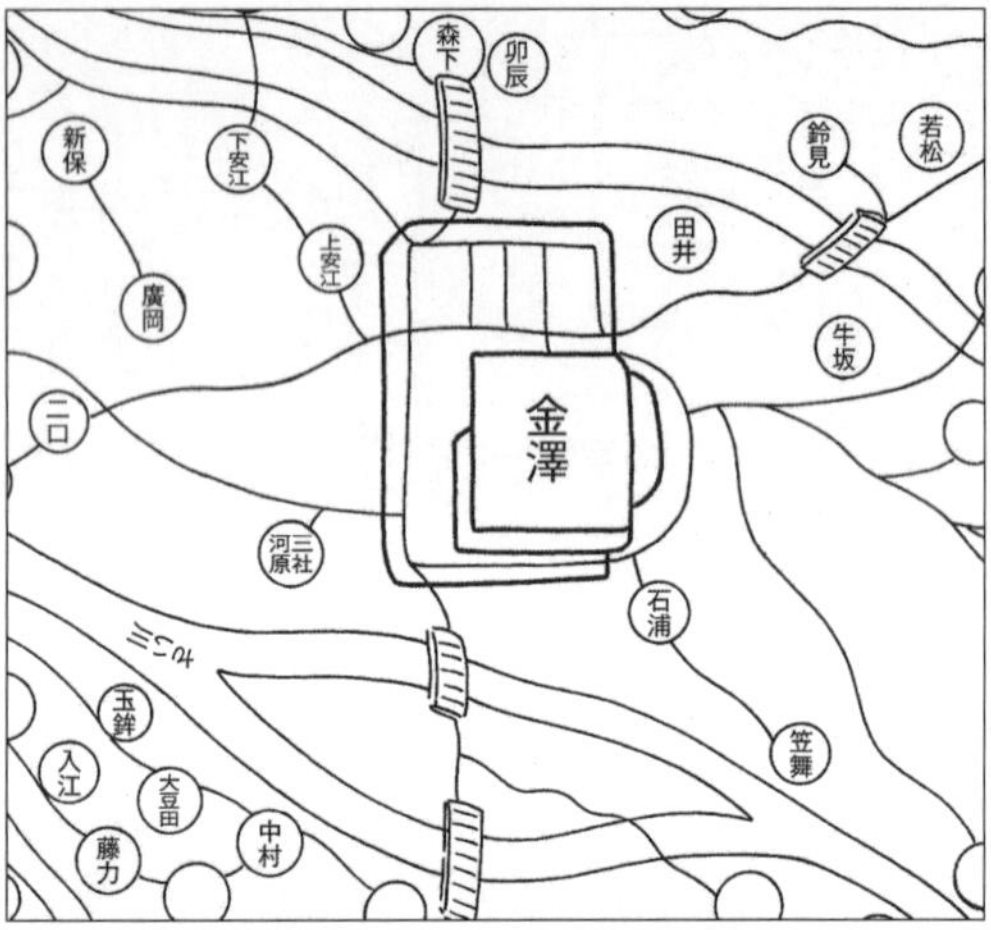


「加賀国絵図」（古写図、南葵文庫、東京大学総合図書館蔵）を元に作成
※太線は黒線、細線は朱線を示す。

**第３図　慶長頃の金沢城下町周辺**〔金沢市2008より転載〕

なお、虎口Qについては、西方へ延びる道が狭くなっているため村井家上屋敷によって路線を変更されている可能性がある。寛永十一～十三年頃に慶長国絵図を写したものとされる（木越 二〇〇六b）「加賀国絵図（古写図）」（第3図）では、二口から上安江方面と三社河原方面へと城下への道が二本延びている。上安江方面へ延びる道は後に整備される宮腰往来の元道であろう。三社河原へ延びる道は、おそらく虎口Qへと続くのではないだろうか。その廃絶については、宮腰往来の整備（一六一六年）による通行量の減少や重臣居住地の移動を伴う城下町の整備などが要因に挙げられる。

本節では、惣構重ね図や地形図、近世絵図等を用いて、惣構築造箇所の地形と虎口から、その縄張り構造について概観した。結果として、惣構の築造は基本的に地形の制約を強く受けており、その地形を最大限に利用して防御ラインを構築しやすい段丘端に沿って築造したといえる。つまり、少ない労力で最大限の効果を狙った造りといえる。

虎口構造については、内惣構と外惣構ではその採用している構造が異なり、防御性の強弱が異なっているが、惣構築造から五〇～六〇年を経たのちに作成された寛文年間の絵図からの分析であり、外惣構築造やその後の城下町の再編によって内惣構の防御力が低下した可能性が考えられる。折れ構造などから類推すると内惣構にも複雑な虎口構造が存在していた可能性が高く、地形の利用方法なども併せ考えると、高度な縄張り技術を駆使した構造であったといえよう。

## 三、発掘調査の成果

金沢城惣構の発掘調査は、保存・整備を目的として平成十七年度から実施している。平成十七年度には西外惣構跡（武蔵町地点）、平成十八～十九年度には東内惣構跡（枯木橋北地点）、平成二十年度には西内惣構跡（主計町地点）、平成二十～二十二年度には西外惣構跡（升形地点）、平成二十一年度には西外惣構跡（本多町三丁目地点）、平成二十四年度には東内惣構跡（枯木橋南地点）で実施し、東内惣構跡（枯木橋北地点）と西内惣構跡（主計町地点）で復元整備を行い、西外惣構跡（升形地点）と東内惣構跡（枯木橋南地点）で今後の整備を予定している。この他、平成十～十二年度に広坂遺跡の緊急調査で西外惣構の土居及び内道を、平成十七年度に尾山神社前の試掘調査で西内惣構の堀を、平成二十二年度に西外惣構跡（武蔵町地点）の緊急調査で堀を確認している。

それでは、右近が関わったと伝わる内惣構の調査成果についてみていこう。

**第４図 復元された西内惣構跡**（主計町緑水苑）

① 東内惣構跡（枯木橋北地点）

調査区は、北国街道が惣構から城下町の内側に入る際に通過する重要な虎口である枯木橋の北側隣接地に該当する。枯木橋は、香林坊橋や升形橋と並ぶ重要な虎口であり、門はもちろんのこと、惣構橋番人によって出入りが管理されていた。

調査区は土居と堀、堀の外側に設定され、築造期から明治以降の埋め立てまでに四期の時期変遷が確認されると共に、十八世紀以降は石垣を採用していることがわかった。

築造当初の土居は、自然のがけを利用した斜面であり、堀幅は上幅で約一二～一五メートル、堀底で約五メートルが推定されている。十八世紀代以降は堀幅が狭まると共に、堀の外側法面に石垣を採用し、十九世紀前半には土居側にも石垣を採用している。

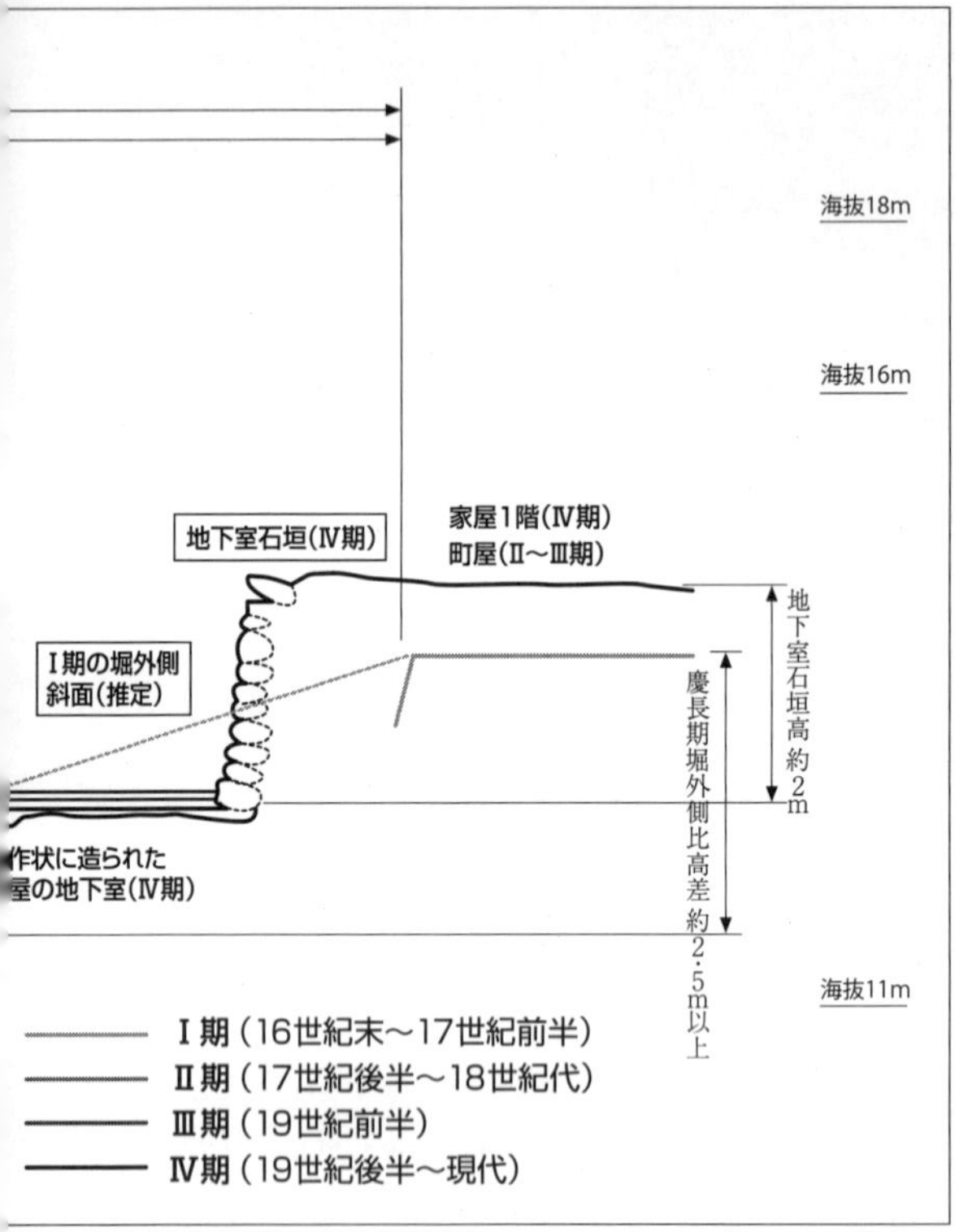


なお、枯木橋南地点の調査成果については、平成二十六年三月刊行予定の調査報告書で明らかとなるが、調査範囲が狭小であるために、築造当初の情報は得られていない。

② 西内惣構跡（主計町地点）

調査区は、北国街道が通過する浅野川大橋東詰から北西に約一五〇メートルの地点で、主計町伝統的建造物群保存地区内に市政百周年を記念して整備された庭園、緑水苑内に位置する。緑水苑は浅野川に接しており、その浅野

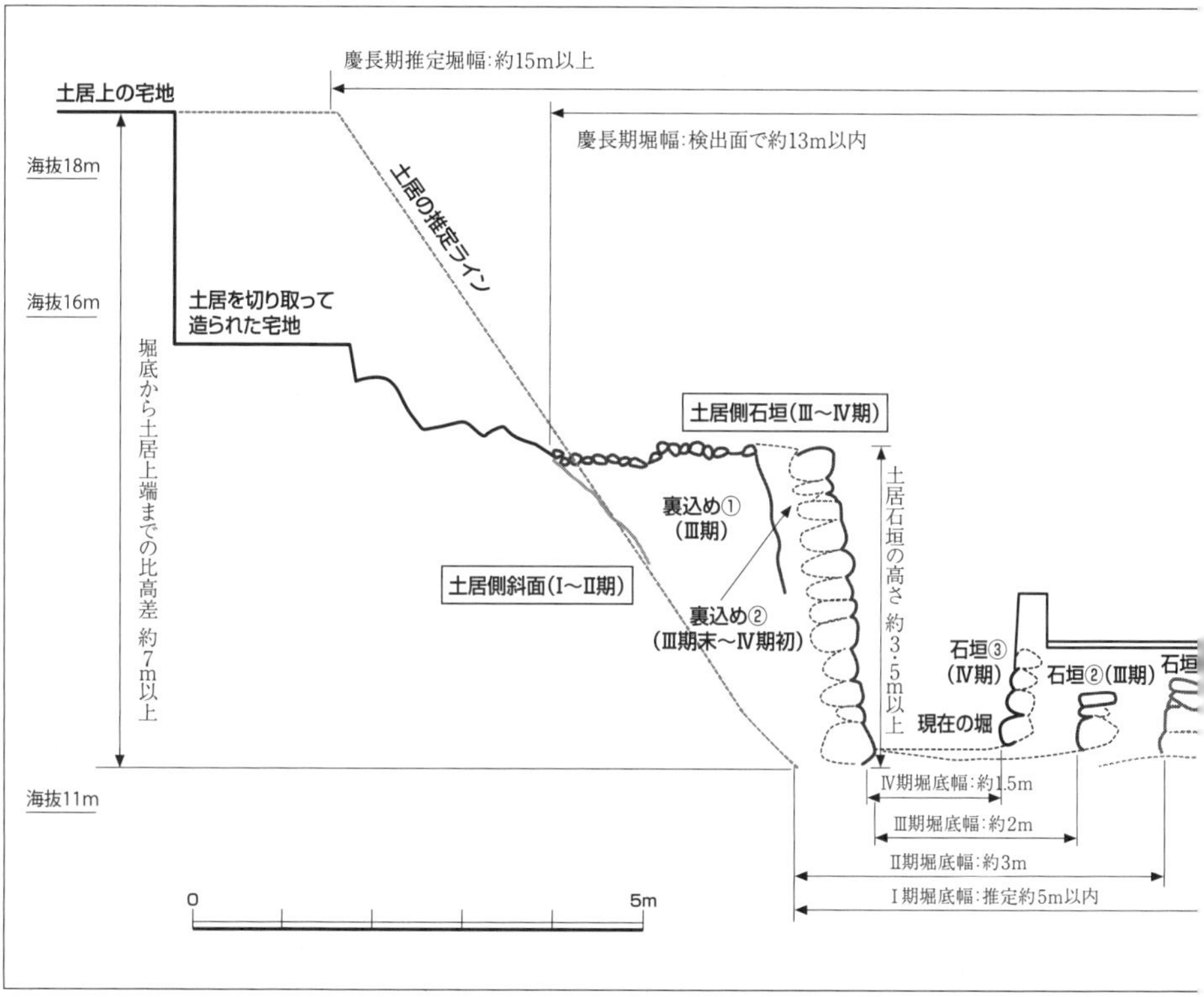


**第5図 東内惣構跡**（枯木橋北地点）**遺構変遷図**（金沢市提供資料を元に作成）

川河岸から約一五〜四〇メートル内側に入ったところで比高差四・五メートル程の段丘崖に達する。東西の内惣構をつなげる土居は、この段丘崖を利用して築造されており、久保市乙剣宮境内には土居の名残を示すケヤキの巨木が往時を伝えている。

枯木橋北地点同様に四期の変遷が得られている。

築造当初は土居のみで、堀が無かったことがわかっており、河川敷のような低地の状態であったという。十七世紀前半頃に行われた周辺の盛土整地によって、堀が築造され、十七世紀中頃以降は約一〇メートルの堀幅が確認できている。一方段丘崖際の土居については、大きな変化は認められず、大きな斜面が段丘崖上まで延びていたものと考えられる。

**第６図　金沢城惣構のイメージ**〔『金沢城惣構跡パンフレット』より抜粋〕

**第７図　金沢城尾坂門**（大手門）**北櫓台の石垣**

慶長年間築造。慶長4年に前田利長が高山右近に命じて、内惣構と共に造成したと伝わる新丸の門。現在は公園として市民の憩いの場となっている。写真右は大手堀。

③その他の調査

試掘調査であるが、西内惣構跡（尾山神社西地点）では、土居と堀部分が見つかっており、調査成果と現地形から推定すると、土居が約一〇メートル以上、堀が一六～一九メートル程度の規模になる。また、現地表面から三メートル程の深さが堀底になる可能性があるという。

内惣構ではないが、西外惣構跡（武蔵町地点）の調査で堀堆積土壌の分析を行っている。それによると、水の流れはなく淀んだ状態で、植生はマツやクマザサ類、雑草の花粉が目立つという結果を得ており、土居の土砂流失を防ぐためにマツやクマザサなどが植えられていた可能性が高い。絵図では竹藪が描かれており、現存する植生として数ヶ所の土居比定地で、江戸時代以来の樹齢が推定できるケヤキが今もみられる。

## おわりに

寺内町に由来する金沢城下町は、佐久間盛政による城下町を経て、前田家治世の城下町へと変遷し、その間に築造された惣構が城下町の構造に与えた影響は少なくない。しかも、その都市構造が現在の金沢中心部に受け継がれており、戦災を免れたことから、当時の道筋や水路が現在もあちらこちらに見てとることができる。その都市構造に大きな影響をもたらしている惣構の築造が本書で取り上げる高山右近の手によるものかは推定の域を出ない。しかしながら、築造が推定される慶長六年以前の数年間に、右近が金沢城下町に滞在していることはほぼ間違いない。築城などに関わることが多いとされる右近であり、地形を巧みに利用した金沢城惣構の築造に関わった可能性は十分に考えられるのではないだろうか。今後の調査研究によって明らかにしていかねばならないが、仮にそうであるならば、現在も往時の姿を色濃く残す金沢城下町の惣構遺構が数少ない高山右近の遺産として評価される日が来るであろう。

〈参考・引用文献〉


金沢市『金沢城惣構跡Ⅰ〜西外惣構跡・東内惣構跡発掘調査報告書〜』二〇〇八
金沢市『金沢城惣構跡Ⅱ〜西内惣構跡（主計町地点）発掘調査報告書〜』二〇一一
金沢市『金沢城惣構跡Ⅳ・Ⅴ〜金沢城下町遺跡（西外惣構跡升形地点）発掘調査報告書〜―遺構編・遺物編―』二〇一二・二〇一三
木越隆三「金沢城下　内惣構の築造時期について」『吉岡康暢先生古希記念論集　陶磁器の社会史』桂書房、二〇〇六a
木越隆三「「加賀国絵図」解説」『石川県中世城館跡調査報告書Ⅲ』石川県教育委員会、二〇〇六b

木越隆三「城を中心とした城下町景観の形成と変容」『金沢の文化的空間（城下町の伝統と文化）保存調査報告書』金沢市、二〇〇九
木越隆三「金沢の惣構創建年次を再検証する」『日本歴史』七八〇、吉川弘文館、二〇一三
福島克彦「第三章「惣構」の展開と御土居」『〈もの〉からみる日本史　都市』青木書店、二〇〇二
宮本雅明「日本の城下町と金沢城下町―発展過程と空間類型」『城下町金沢学術研究』一、金沢市、二〇一〇
(http://www4.city.kanazawa.lg.jp/data/open/cnt/3/17547/1/kanazawajouka1-1-s.pdf)

# 高山右近による高岡城縄張伝承の検討

仁ヶ竹亮介

## はじめに

高岡城（富山県高岡市）は古来より、高山右近による縄張（設計）伝承がある。今でも市民に広く浸透しており、高岡城跡（高岡古城公園）大手口には右近の銅像もある（左頁写真）。だが確かに江戸時代以来多くの伝承があるが、実は現在まで直接右近縄張説を示す一次史料は発見されていない。また近年の研究ではそれが否定されつつある。

本稿では、高岡城の概要、詳細調査や縄張型式など近年の研究成果をふまえ、右近の高岡城縄張伝承の記録類を挙げて、右近ゆかりの高岡城を紹介していきたい。

## 一、高岡城の概要

富山県指定史跡「高岡城跡」は県西部、高岡市のほぼ中心部に立地する。平野にある平城だが、高岡台地の

**高山右近銅像**（高岡城跡大手口）

先端付近（標高一二～二一メートル）に築かれており比高差が最高一三メートルある。長さ六四八メートル、幅四一六・五メートル。面積は二一七、六九四平方メートルで、うち水堀が八一、〇七一平方メートル、約三七パーセントを占める。[1]「二の丸—本丸—小竹藪《おだけやぶ》」、「三の丸—明丸—鍛冶丸」と郭が二列に並び、水位を異にする三つの水堀がその周りを囲む（二四二頁参照）。

高岡城の最大の特徴は、築城以来現在まで郭と堀の形状が保存され、さらに水堀が埋め立てられていないことである。平成十八年にはその点などが評価され、[2]富山県内で唯一「日本百名城」に選定された。

慶長十四年（一六〇九）に築かれた高岡城は、加賀前田家二代当主[3]・前田利長（一五六二～一六一四）の隠居城である。[4]利長は同年三月の富山大火直後に、高岡築城を開始し、わずか半年後の九月に入城を果たす。しかし、利長は翌年病に倒れ、城は未完成であったと思われる。利長逝去の翌年（一六一五）閏六月の「一国一城令」で廃城となる。しかし、三代利常は水堀を埋め立てず、城としての潜在能力を保持させた。そして、城内には藩の米蔵・塩蔵・煙硝蔵などが置かれ、明治まで加賀藩が保存管理した。

明治八年（一八七五）、「高岡公園」に指定。明治中期以降、高岡市は「高岡古城公園」として保存・整備を進めた。桜・紅葉の名所として、また各種イベント会場として、現在でも広く市民に親しまれている。[5]

## 二、築城まで

豊臣秀吉、前田利家という強力な後ろ盾を相次いで失った利長は、徳川家康の天下取りの動きに抗えずに従属せざるを得なかった。慶長四年（一五九九）のいわゆる加賀藩の「慶長の危機」である。ちなみに天正十六年（一五八八）以降、前田家の客将となっていた高山右近（南坊）はこの段階において、利長の右腕・横山長知《ながちか》と共に大坂城の家康の許への使者を務め、また金沢城の内惣構を築いたといわれるなどの活躍をみせている。

利長は前田家の精神的支柱ともいうべき母・芳春院を江戸へ人質に出すなど、これ以降、苦汁を呑みながら、徳川家従属を徹底して前田家の存続を「藩是」とした(6)。

**前田利長銅像**（高岡城本丸跡）

慶長五年（一六〇〇）の「関ヶ原」前夜、利長は東軍として北陸を平定。戦後一二〇万石という最大の大名となる。翌年、養嗣子とした利常（利家四男／初名利光）と徳川秀忠の娘・珠姫（幼名子々姫《ねねひめ》）が結婚。そして同十年（一六〇五）四月、利常は家康より従四位下侍従・筑前守に叙任され、「松平」姓が下賜された。同月、家康が秀忠に将軍職を譲ると、利長はその二ヶ月後、利常に家督を譲って富山に隠居し、藩政を後見した。つまり、利長は利常を完全に「徳川大名」化させ、前田家の安泰を策したのである。その一方、自らは一線を引き微妙な立場を保持し続けた。利長は終生、秀吉より下賜された「羽柴肥前守（はひ）」を名乗った。さらに「御隠居の時分より、自然秀頼公如何様の事御座候共、利長公においては秀頼方と思し召さるべき旨御申すと」[7]まで言ったといい、「豊臣恩顧」としての本音が垣間見える。

利長は富山城を「聚楽第型城郭」に大改修[8]（一説に右近の縄張ともいう）[9]し、城下町の整備を推進した。

そして、慶長十四年（一六〇九）三月十八日、富山大火が発生。「折節風烈しく、火の粉四方に散り、御城を初め侍屋敷残らず焼失し、忽ち野原となる」[10]という未曽有《みぞう》の大火であった。あっという間に城と町を失った利長は、一旦魚津に退避せざるを得なかった。

## 三、前田利長書状にみる築城の経緯

利長の動きは素早かった。風が強く火災の多い富山を再建せずに、越中射水《いみず》郡関野（高岡の旧名）で新たに城及び城下町の造成にのり出したのである。その過程において利長が側近に宛てた書状は主なものだけで二六通も現存しており、断定はできないが、高岡城関係と思われる書状がさらに八通ある（次頁表参照）。数日おきに盛んに発給しており、八月八日に至っては同日に二通も出している。内容は督促が多く、中には非常に些細な指示も見受けられる。先述のように、公儀二重体制下において微妙な立場を保持した利長は、一刻も早く自らの拠点を欲しており、その焦燥感が察せられる（元々利長は短気な性格でもあったという[11]）。いずれにしろ利長自身の強力なリーダーシップがうかがえる。

利長は富山大火後の四月初旬に、高岡築城を求める使者を江戸の秀忠と駿府の家康の許へ走らせたようである。同年四月四日と五日付で秀忠からの、六日付で家康からの見舞状が確認できる。注目すべきは家康のもので、「居城普請之儀、何方ニ而《て》も其方次第[12]」と許可を与えている。そして、利長は四月十二日付書状（表No.1）で「駿河よりの使者帰り次第に、町割りを申し付け」るとし、高岡最初の町「木町」を造った。富山・守山（高岡市）両町より材木商人を集めて建てられた木町は、小矢部川と当時は大河であった千保川《せんぼがわ》の合流点に造られた物資揚陸地である。

四月十六日には利長自らではないが、篠原一孝ら重臣三人から中条村又右衛門宛に「関野御作事」の用材

**高岡築城に関する前田利長書状一覧**

| No. | 史料名 | 年代 | 摘要 | 掲載史料 | 所蔵 |
|---|---|---|---|---|---|
| 1 | 前田利長書状（小塚秀正宛） | （慶長十四年（一六〇九））四月十二日付 | 高岡築城許可を求める駿府への使者が帰り次第に木町を建てる | | 木町神社（高岡市） |
| 2 | 前田利長書状写（神尾之直・稲垣与右衛門宛） | （同年）四月二十二日付 | 城取図に屋敷割図を添付して提出せよと指示 | 『大日本史料』第十二編之六等 | |
| 3 | 前田利長書状写（神尾之直宛） | （同年）五月五日付 | 「高おか」の絵図を受け取り満足した。これでよいと承認している。「高おか」の初出史料 | 『神尾文書』一 | 金沢市立玉川図書館近世史料館 |
| 4 | 先祖由緒・前田利長書状写（徳永平左衛門・川上次郎四郎宛） | （同年）五月六日付 | 柱・天井板など、高岡築城に関わる史料と考えられる。川上家は旧来より利長に材木等を献上 | 『高岡町人由緒記』 | 同右 |
| 5 | 前田利長書状（神尾之直宛） | （同年）五月十七日付 | 地鎮祭を倶利伽羅明王院に命じて行った旨を母・芳春院に報告 | | （公財）前田育徳会 |
| 6 | 前田利長書状写（神尾之直宛） | （同年）五月二十八日付 | 高岡移転の状況を記したものと推察される史料。高岡に屋敷を与え、富山の家屋敷の撤去を命令 | 『神尾文書』二 | 金沢市立玉川図書館近世史料館 |

| | | | | | |
|---|---|---|---|---|---|
| 7 | 前田利長書状写（山崎閑斎宛） | （同年）六月九日付 | 高岡築城普請が順調なことを山崎閑斎（長徳）へ通知 | 『高岡史料』上巻 | |
| 8 | 前田利長書状写（山崎閑斎・青山吉次宛） | （同年）六月十六日付 | 本丸御殿書院の柱は秋田より取り寄せよと越中の大工に申し付けるように指示 | 『加賀藩史料』稿本三十七冊目 | 金沢市立玉川図書館近世史料館 |
| 9 | 前田利長書状（神尾之直宛） | （同年）七月二日付 | 二人の側近（神尾之直と松平康定）の屋敷の位置を指示し、野絵図二部の提出を命令 | | （公財）前田育徳会 |
| 10 | 前田利長書状（神尾之直宛） | （同年）八月三日付 | 築城工事は仕上げの段階だが、「しん丸」の未完部分を平夫にてやり遂げるように指示 | | 同右 |
| 11 | 前田利長書状（松平康定・神尾之直宛） | （同年）八月五日付 | 八月二十五日から二十九日までの間に入城（移徙《わたまし》）するので釣輿の用意をし、大川では多数の舟、小川では舟橋をかけるように指示 | | 同右 |
| 12 | 前田利長書状（松平康定・神尾之直宛） | （同年）八月八日付 | 工事遅延につき来月四～五日頃に入城を延期し、本丸普請は家老（横山長知・篠原一孝）と相談しながら行うように指示 | | 同右 |
| 13 | 前田利長書状（神尾之直宛） | （同年）八月八日付 | 九月五～六日頃の入城予定を普請奉行達へ通達。本丸は鷹部屋・厩より叩き土居・塀を優先するよう指示。九月三～七日の内で吉日を選び直してもよいと命令 | | 同右 |
| 14 | 前田利長書状（神尾之直宛） | （同年）八月十三日付 | 築城工事が遅延しているようなので奉行へ通知し、毎日現場へ出るように命令 | | 同右 |
| 15 | 前田利長書状（神尾之直宛） | （同年）八月十五日付 | 入城日は法印より九月十三日が吉日と報告があり決定したので、人足・牛などの準備を指示 | | 同右 |

| No. | 史料名 | 年代 | 摘要 | 掲載史料 | 所蔵 |
|---|---|---|---|---|---|
| 16 | 前田利長書状写（神尾之直宛） | （同年）八月二十二日付 | 関野（高岡の旧名）では知行の高い家臣ほど城の近くに屋敷を建てるように指示 | 『大日本史料』第十二編之六等 | |
| 17 | 前田利長書状（神尾之直・松平康定宛） | （同年）八月二十六日付 | 本丸「つきどめ」の石垣が崩れてしまったが、取りあえず塀・土橋ができ次第に人足を返すからと建築工事を督促 | | （公財）前田育徳会 |
| 18 | 前田利長書状（松平康定・神尾之直宛） | （同年）九月五日付 | 工事も目途がたったので、加賀よりの人足の帰国を指示したが、三分の一は残すように指示 | | 同右 |
| 19 | 前田利長書状（神尾之直・稲垣与右衛門宛） | （同年）九月八日付 | 九月八日に広間・台所等は完成したが、城内に屋敷を与えた者の塀・土居がまだなので、せめて台所までの道を優先するよう指示 | | 同右 |
| 20 | 前田利長書状写（松平康定・神尾之直宛） | （同年）九月十一日付 | 入城は明後日だが女乗物がまだ届いていないので、明日までの用意を指示 | 『大日本史料』第十二編之六等 | |
| 21 | 前田利長書状（神尾之直宛） | （同年）九月十八日付 | 二の丸の門や隅櫓二つの増築を御大工に命令してあり、それ以外の工事はない | | （公財）前田育徳会 |
| 22 | 前田利長書状（駒井守勝宛） | （同年）十月一日付 | 高岡関野神社の神職・関豊後に城の祈禱をさせる | 『加賀藩史料』第二編 | |
| 23 | 前田利長書状（駒井守勝宛） | （同年）十月二十六日付 | 高岡城への詰夫は加賀から二人であったが一人を返したので、その代わりに放生津より扶持方切米を取らせるよう指示 | | （公財）前田育徳会 |
| 24 | 前田利長書状写（長右宛） | （同年） | 堀の完工箇所を確認 | 『加藩国初遺文』巻七 | 金沢市立玉川図書館近世史料館 |
| 25 | 前田利長書願文写 | 慶長十五年（一六一〇）四月付 | 高岡新城が成就したが干水害により不作となり人心が乱れているので、神主関正盛に稲荷神に国中静謐を祈禱させた | 『松雲公採集遺編類纂』105（高岡稲荷社文書） | 同右 |

| | | | | | |
|---|---|---|---|---|---|
| 26 | 前田利長書状写（村々肝煎中宛） | 慶長十六年（一六一一）八月二十五日付 | 高岡城内の畳九十二畳分の各種の菰を村々へ割り付け | 『有賀家文書』一（高岡市・塩崎種資旧蔵） | 同右 |
| 27 | 前田利長書状写（近所村々百姓中宛） | 慶長十七年（一六一二）三月二十九日付 | 城内書院の廊下用の畳の菰五十七畳分の割付け状 | 同右 | 同右 |

●以下、断定はできないが、高岡城関係と思われる史料

| | | | | | |
|---|---|---|---|---|---|
| 28 | 前田利長書状（種村肖椎寺宛） | （慶長十五〜十九年〔一六一〇〜一四〕頃）四月三日付 | 城門建設工事のため仮小屋をかけた | | 小松市立博物館 |
| 29 | 前田利長書状写（神尾之直宛） | （慶長期）四月一日付 | 城廻りの普請をしないよう命じている。普請停止の理由は不明 | 『神尾文書』二 | 金沢市立玉川図書館近世史料館 |
| 30 | 前田利長書状（市一□・五□宛） | （慶長期）七月二日付 | 櫓の釘数・鎹《かすがい》などについて「くろかね」奉行への申付け | 相川豊男旧蔵歴世親翰文書（瑞龍公　坤175番） | （公財）前田育徳会 |
| 31 | 前田利長書状（松平康定・神尾之直宛） | （慶長期）八月二十五日付 | 城の周囲、支配の関係について | 同右（瑞龍公　乾16番） | 同右 |
| 32 | 前田利長書状（奉行とも宛） | （慶長期）九月七日付 | 金沢より石切りを雇うことなどを指示 | 同右（瑞龍公　坤163番） | 同右 |
| 33 | 前田利長書状（神尾之直宛） | （慶長期）十月二十三日付 | 壁塗甚三郎が死んでしまったので、その弟子両人を雇うことを指示 | 同右（瑞龍公　乾57番） | 同右 |
| 34 | 前田利長書状（神尾之直宛） | （慶長期）十月二十八日付 | 「たんこ」（村井丹後守か）が献上した「ぢやう木」を取り寄せ木町までの回漕を指示 | 同右（瑞龍公　乾46番） | 同右 |
| 35 | 前田利長書状（神尾之直宛） | （慶長期）十二月八日付 | 小屋掛けができたことなど | 同右（瑞龍公　坤115番） | 同右 |

※『高岡城跡詳細調査報告書』（高岡市教育委員会、二〇一三）二七頁「高岡城関連文献史料一覧表」（筆者編）を改訂。釈文（No.30〜35は図版）は同書に掲載。

を五箇山（富山県南砺市）から伐り出す人足について指示が出されている。[13] 四月二十二日には重臣の屋敷配置図と「城取の絵図」（城の縄張図）の提出を指示している。

　このような素早い動きから、利長は以前より「高岡」を選地していたと思われる。その一つの証左として、利長は天正十三年（一五八五）より慶長二年（一五九七）までの十二年もの間、高岡城の北方約四キロメートルにある二上山中の守山城の城主であった。守山城は南北朝時代よりの軍事・経済的な要衝で、越中三大山城の一つにも数えられる。標高二五八メートルの守山城からは、大河に挟まれ、脇に大きな沼地を抱えた高岡台地をよく見渡すことができたであろう。

　その後の高岡築城・城下町造成の進捗状況は、表の利長書状に詳しい。地鎮祭（№５）、本丸御殿の柱（№8）、家臣の屋敷の位置（№９・16）、入城予定日（№11・12・13・15・20）、遅延につき督促（№14・17・19・20）、本丸石垣崩壊（№17）などについての書状が見受けられる。注目すべきは、入城五日後の九月十八日付書状で、二の丸門・隅櫓二棟の増築を指示したことを伝えているものである。現状は建築遺構が皆無である高岡城内において、具体的な建築物の存在を示唆する貴重な史料といえる。

　ちなみにこの書状中には右近（南坊）の名は見当たらない。一方で、右近と共に縄張に関与したと伝わる重臣の山崎閑斎（長徳）[14]の名は、六月九日付と十六日付に見られる。

　利長は隠居の身にもかかわらず、加賀藩全域（加越能三国）より夫役をもって人員を動員したという。具体的な人数は記録が無いが、能登国のみは詳細な記録「慶長拾四年六月十五日高岡ノ御普請ノ覚」[15]が現存する。十村組（数十ヶ村）ごとの詳細な割当記録だが、その合計は約二、一四五人である。能登国は二一万石程とされるので、石高に対する動員比率は一パーセント程度となる。単純に一二〇万石全域では一二、〇〇〇人程度となろうか。また、同史料には動員期間が、慶長十四年六月十五日から九月十日までとある。

高岡城の特性の一つに、この城が全くの「無」から新たに造られたということが挙げられよう。城の多くは中世の寺院なり城館や砦なり、何らかの拠点を拡張することが多い。だが、利長は早急に城が欲しいにもかかわらず、通常よりも大きな労力を掛けて、「無」からこれだけの大工事を短期間で行っている。利長が高岡城にいかに大きな「投資」をしたか、つまり思い入れを持っていたかがうかがえよう。

## 四、高岡入城から廃城へ

そして、慶長十四年九月十三日、利長は家臣四三四人[16]らを召し連れて入城（移徙）した。それ以降も門・櫓の増築や御殿の畳の材料を周辺の村々に申し付けている（表№26・27）ので、多少の作事はしていたと思われる。しかし、利長は翌年三月に唐瘡（梅毒）が原因と思われる[17]腫物（癰《よう》）を発症した。一時はやや持ち直したが再発し、ほぼ寝たきりの生活となる。おそらく築城工事も中止され、城は未完成になったと思われる。

慶長十六年（一六一一）五月には遺言三種を作る。派閥争いの絶えない家臣に対し、家中相和して若年の利常を助け、とにかく幕命を堅守せよと言い残す。八月には利常に病中につき政務の問い合わせ、及び見舞いは不要であると厳命。十二月には隠居領二二万石の内一〇万石余（家臣三九人分）を金沢の本家に返納（翌十七年二月幕府認可）し、自らの政治的・軍事的存在感を希薄にしていく。また利長は警戒心を解くためか、同十六年、幕府から派遣された医師二名の診察を受け入れ、さらに何度も自分の重篤な病状を幕府に報告している。そして幕府の重臣本多正信の二男・政重を三万石（のち五万石）の高禄で、利常の重臣として召し抱えた。

さらに十七年四月、家康に銀一〇〇〇枚・染絹一〇〇匹・曝布一〇〇を、秀忠に銀一〇〇〇枚・白布一〇〇端・蒔絵長持一〇柄を贈る。翌年（一六一三）正月にも家康・秀忠に刀を献上した。これらの利長の気遣いにもかかわらず、この年春には幕府の因縁ともとれる「新川《にいかわ》郡返還問題」が浮上した（本多政重の活躍により解決）。さすがに利長も「病が進行し死も近いだろう。ほんの少しでいいから母に逢いたい」と重臣神尾之直に宛てた書状（十月三十日付）で弱音を吐いている。

同十八年冬には大坂方より織田頼長（有楽斎二男）が訪れ、利長を勧誘した。利長は病が重いことや利常は徳川の婿であることを理由に断るも、「隠居中の我らの兵の儀は、何時にても大坂へ進上させましょう」とも言っている。[18]翌年三月にも大坂の大野治長よりの勧誘状を受けるが、利長はこれを無視。心身共に衰弱しきっていたのであろう。

慶長十九年（一六一四）正月、利常は幕府の禁教令に抗えず、高山右近ら領内のキリシタンを捕縛した。右近は京へ送られ、十月には長崎よりマニラへ流され、翌年正月八日病没した（享年六十三）。キリスト教にも深い理解を示した利長は、若年より政治・軍事、そして「茶」等を通じて右近を篤く敬慕しており、その悲しみも察するに余りある。

病状が悪化し、ストレスが頂点に達したのであろうか。二月、利長はついに自らの全てを放棄する。幕府へ対し、高岡城の破却、亀谷《かめがい》鉛山を含む隠居領の返上、京都での隠棲などを願い出た。五月には許可を得るが、その月の二十日、利長は高岡城内で没した（享年五十三）。『越登賀三州志』によると死に臨んで湯薬を断ったという。また高澤裕一氏は『懐恵夜話』（一七一九年、加賀藩士・由比勝生著）の、「御自身毒を被召上候て御他界也」などの記事を根拠に「服毒自殺説」をとっている。利長の心労を察するに無い話ではなかろう。脳にまで達するという梅毒の末期症状がもたらした悲劇かもしれない。

慶長十九年九月十六日、利常は駿府で家康に謁して、加越能一円支配を安堵した「領知判物」を与えられた[19]。大坂冬の陣の際には稲垣与右衛門が、同夏の陣では岡島一吉が高岡城に留守将として入った。

そして、高岡城は慶長二十年（一六一五）閏六月の「一国一城令」で廃城となる。

## 五、高岡城内の建造物

利長没の翌月、利常は高岡城破却について重臣に協議させているが、具体的に実施はされなかったようである。破却の正確な年代は諸説あり不明[20]だがこれ以降、本丸御殿や家臣の屋敷、櫓・門、石垣などが破却されたと思われる。

ここで、廃城前後の高岡城内の建造物を挙げていく。廃城前は利長書状や、特に注記しないものは慶長十七年の年記をもつ「高岡御城景台之絵図」やその内容とリンクしている『射水郡分記録等抜書』を、そして廃城後は各種古城図や記録類を参考にする（郭名等は二四二頁参照）。

本　丸

〔廃城前〕

○御　殿[21]　詳細は不明だが、おうえ（大広間）・おうゐ長屋[22]・次の間・大所（台所）・物置・鷹部屋・厩・茶室[23]・城戸・塀・たたき土居など

○御材木御蔵[24]　北隅の張り出し部に、東西二〇間×南北五〇間

○貫土橋《かんどばし》　本丸と梅苑（郭A）間には「半分足掛、半分車橋」とする可動式と思われる橋があったと伝える。また、各種古城図によると両岸より少し延びる橋台は石垣であったことがわかり、廃城後も長らく石垣が残された可能性がある。

○虎口に「食い違い」の土塁を描く古城図[25]がある。

〔廃城後〕

○御収納米蔵　二棟（東南辺中央部と西側）　共に四間×二四間（四戸前[26]）

○御詰塩蔵[27]　一棟（南西辺西側）　四間×五〇間（五戸前[28]）

○御郡方作喰蔵《おこおりがたさくじき》[29]　一棟（南隅）　大きさ不明

○御番所　一棟（中央やや南）　九尺×二間

○御　門　一棟　二間×四間二尺

## 二の丸

〔廃城前〕

○鈴木権之助邸　大きさ不明　鈴木は利長夫人・玉泉院付きで知行は五〇〇石。利長没後玉泉院が金沢へ移るまでの間、同じ玉泉院付の六人の内二人ずつで町支配を務めたという[30]。

〔廃城後〕

○番人御貸家　二棟　共に二間×四間半　番人は鷲田太兵衛と矢部新右衛門で、扶持米は各一〇俵。役入年月は不明[31]。

○矢来門　一棟　九間

**三の丸**(32)

〔廃城前〕

○今枝民部直恒邸(33)　大きさ不明　「民部の井戸」（井筒：直径八〇センチ、深さ八メートル）が現存。直恒は当時「小小将衆」一五〇〇石。共に高岡へ来た今枝宗仁（重直／六〇〇〇石）の養子。

〔廃城後〕

○矢　来　各種城絵図には柵(34)にて封鎖する描画がある。土橋幅は五間。

○安永九年（一七八〇）に桑と漆の木の植え付けが命じられ、他の空き地に麦、菜種、大豆などの畑作をしたという。(35)

**鍛冶丸**(36)

〔廃城前〕

○埋《うずみ》御門　一棟　詳細不明

○二の丸から中央部まで延びる土塁を描く古絵図がある。(37)

〔廃城後〕

○不　明

**明　丸**(38)

〔廃城前〕

○不　明

〔廃城後〕
○煙硝蔵(39)　一棟（北側）　二間半×三間半
小竹藪《おだけ》(40)
〔廃城前〕
○不　明（未完の郭か）
〔廃城後〕
○矢竹藪（御竹藪）
○畑　延宝七年（一六七九）中川村（城の東隣村）が矢竹藪の内一、〇〇〇歩程を畑にしたという。

先述したように、利常は水堀を埋め立てず、城の潜在能力を保持した。それが江戸時代を通して藩の政策として引き継がれたと思われる。文政四年（一八二一）の大火で城内の蔵は全滅したが、その後再建された（明治初年に至っても、本丸の蔵には玄米は無く乾飯ばかりがあったという(41)）。

また大部分は庶民の出入りを禁止したが、一部は開放され行楽を許したという。俳諧や漢詩にも多く詠まれている(42)。各種町絵図には城跡を「古御城」と記す。また明治七年（一八七四）の『高岡公園指定請願書（案）』（高岡市立博物館蔵）には「従来当町之者は申すまでも御座無く、近傍里中の者も、春秋の佳時老幼男女貴賤雅俗の論なく、群集遊観の地」とあり、長く庶民に親しまれていたことがわかる。

## 六、高岡城の研究成果――城跡詳細調査を中心に

高岡市教育委員会では、平成二十年度から五年をかけて、発掘調査をはじめとした「高岡城跡詳細調査」が行われた。その成果は『富山県高岡市　高岡城跡詳細調査報告書』（高岡市教育委員会、平成二十五年三月二十五日／以下、報告書）にまとめられた。

具体的には、史料調査、測量調査、地質調査、地中レーダ探査、発掘調査、石垣調査、石切丁場関連調査、近代公園調査が行われた。

以下、簡単な調査歴と主要な調査成果について報告書を元に概観する。

### 史料調査

史料調査については、『高岡史料』（高岡市、明治四十二年）、増山安太郎『高岡古城志』（高岡文化会、昭和十四年）、『高岡市史』上巻（高岡市、昭和三十八年）などに利長書状や関係記録などが紹介されてきた。また平成十五年、高岡市と高岡市立博物館は調査を行い、慶長十七年の年記をもつ「高岡御城景台之絵図」（高岡市立中央図書館蔵）を再発見し、またその絵図ともリンクした貴重な情報が多数記されている『射水郡分記録等抜書』（高岡市・塚本家文書）を発見した。

今回の調査において、高岡徹氏は「高岡古城跡見取絵図」（金沢市立玉川図書館近世史料館蔵）を発見した。本図には他図には見られない「貫土橋」（本丸と郭A間の現・朝陽橋）本丸側の橋台石垣が北側へ少し延びる表現がなされていた。

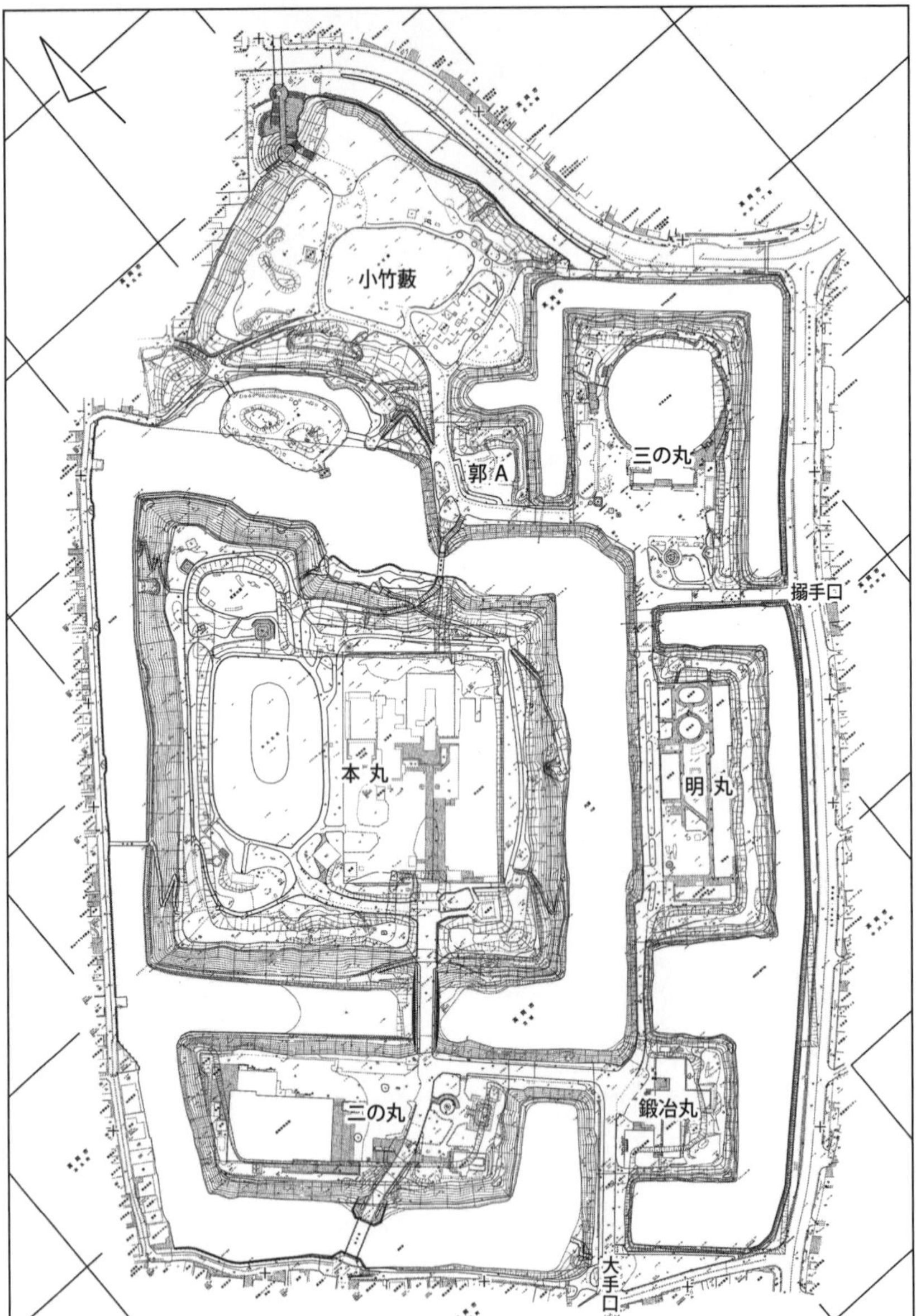


**高岡城跡測量図**（『富山県高岡市 高岡城跡詳細調査報告書』）〔高岡市教育委員会提供〕

**高岡城跡航空写真**〈北より〉〔高岡市立博物館提供〕

そして報告書において、筆者は利長書状等の関係古文書・関係古記録を一覧表にまとめ、釈文を提示した。基礎的な「史料編」として今後の研究に活用していただきたい。

## 測量調査

詳細な測量図、及び前述した高岡城の規模・面積等は本調査における大きな成果である。また従来、水堀の割合が三割あるとされていたが、三七・二パーセントとさらに大きな割合を占めることが判明した。

今回は城のみならず城下町の測量調査もなされた。また築城以前の地形推定復元もされ、城及び町割は、自然の地形を巧みに利用して築かれたこと、そしてそれが現在まで良好に残されていることが確認された。

## 発掘調査

今回の詳細調査以前、高岡城跡は二回限定的な調査がなされていた。それはまず、平成四年、小竹藪のほぼ全域の発掘調査であり、縄文時代の地層のすぐ上から、築城時の盛土層が、厚さ最大七五センチにわたって検出された。次に同七年、三の丸茶屋地区・送水管地区（鍛冶丸、明丸、三の丸の通路部分）

の発掘調査がなされた。前回同様に築城時の盛土層が厚さ最大二メートルにわたって検出された。その盛土は共に礫・粘土を意図的に混ぜたものであった。出土品は明丸よりの土師器片一点のみであった。

そして、今回の詳細調査においては、本格的な発掘調査がなされた。トレンチ本数の合計は本丸三九本、小竹藪三本、郭A（梅苑）二本、明丸二本である。

本丸広場の六トレンチから計一六個の礎石が確認された。その位置は二の丸からの虎口より最奥部であり、「本丸御殿」の跡と思われた。その分布状況から約五〇メートル四方以上の大型建物であったと想定された。このことは、今回の詳細調査全体でも最大の成果といえる発見であった。

また、射水神社裏より二段の石組み遺構や、「貫土橋」の橋台石垣と想定される栗石層なども検出された。高岡城の地下遺構の残存状況は、非常に良好であることが判明した。

しかし、古文書や絵図などに見出せる本丸の北隅（児童公園）の天守台跡とされる箇所や虎口、そして廃城後の藩の米・塩などの蔵や番所跡などの遺構は検出されなかった。また出土品も寛永通宝、土師器皿片、鉄滓などわずかしか発掘されなかった。

本丸の礎石は非常に大きな成果といえるが、二の丸・鍛冶丸・三の丸、及び明丸の平坦面などは未発掘であり、今後の全域・全面発掘調査に大いに期待したい。

また、発掘調査の前には地中レーダ探査が行われた。反応があったところに礎石や遺構が検出された。発掘の効率を向上させるのみならず、非破壊であり、大いにその効力を発揮した。

## 地質調査

今回の城跡内十二ヶ所において、地質調査がなされた。まず、本丸は最も地山（高岡礫層）の標高が高く、土地の高さを意識して築かれたことが想定された。先の発掘では未調査であった、本丸の築城期の盛土層についての知見も得られた。その厚さは本丸中央部では三・七メートル、北隅で三・八メートル、西と東隅で五メートル以上、そして南隅では一〇メートル以上と非常に厚いことが判明した。またその成分も城の南西側では砂礫を、北東側では粘土を意図的に使用したことを示唆している。また、城以外の周辺の場所から、砂礫などの良質材を運搬してきて、土塁などに使用したことも考えられる。高岡築城は突貫工事であったにもかかわらず、自然の地形を生かしつつも、各郭の形状を整えるために、かなり大規模な盛土が行われたことがわかった。また、近代以降の盛土は少なく、近世の盛土が保存されていることも判明した。

## 石垣調査

高岡城内の石垣は、本丸と二の丸を結ぶ土橋の両側に積まれたもののみ現存する。築城時にはいか程積まれていたのか、また廃城時にはどれだけ破却され、どこへ運ばれたのかは不明である[43]。明治初期には射水市（旧大門町）の和田川の改修工事のために運び出されたと伝わるが、記録が無く詳細は不明である。平成十六年（二〇〇四）三月二十九日、高岡市は和田川より高岡城の石垣石二三個を引き揚げ、射水市に六個、高岡古城公園内に一七個（のち二個は高岡駅南口に移動）配置した。

昭和三十八・三十九年、富山県立高岡工芸高校地理歴史クラブにより、石垣の刻印などが調査・分類されている。

今回の詳細調査では、本丸土橋石垣を三次元計測し、立面図及び断面図を作成した。調査対象は、外堀側八三七個、内堀側八六三個の計一七〇〇個である。

石材は砂岩五四・八パーセント、花崗岩二七・三パーセント、安山岩一七・九パーセントであり、砂岩が五割以上を占めた。砂岩はさらに粒の大きいものから岩崎（太田）石（四八・一パーセント）・小境《こざかい》石（三九・八パーセント）・薮田石（一二・一パーセント）の三種に分けられる。

矢穴が確認できた石は、全体で五七一個、内堀側二六五個、外堀側三〇六個であった。矢穴の大きさは一〇センチ以上と大きく、慶長期のものと判断された。

刻印が確認できた石は、全体で七四九個。内堀側三六〇個、外堀側三八九個であった。文字、象形、組合せ、〇・△・□基調、線基調などに分類され、その種類は組合せも含めて一二七種確認された。注目すべきは高岡築城の翌年（一六一〇）に前田家にも築城の助役が課された名古屋城の石垣刻印と約二〇種類が共通する点である。

## 石切丁場

石切丁場については、西井龍儀氏らによって積極的に調査がなされていた[44]。先述したように高岡城本丸土橋の石垣には砂岩、安山岩、花崗岩の三種があり、五割を占める砂岩にはさらに岩崎（太田）石・小境石・薮田石の三種がある。以前は安山岩の戸室石（金沢市戸室山）があるとされていたが[45]、その使用は認められない。岩崎（太田）石は高岡市・雨晴《あまはらし》海岸の義経岩や女岩周辺から採石された[46]。また小境石は氷見市・小境海岸と虻が島の男島などの現地で矢穴・刻印のある石が認められ、石切丁場と確認された。そして薮田石の石切丁場は未確認だが、虻が島の女岩や氷見市薮田から宇波、大境にかけての灘浦海岸から採石されていることが判明している[47]。

小境石については、今回の調査で新発見があった。「享保七年由来書帳[48]」に、利長が高岡築城に際し、神木や「大人之足跡」という大石を切り出した伝承がある。今回、石川県七尾市庵町白鳥地内より矢穴や分割面のある石が七個以上確認され、伝承の「大人之足跡」であろうとされたのである。

また花崗岩は、以前よりの推定地であった早月川中流域の転石から高岡城のものと酷似した科学分析結果が出たが、丁場は未確認である。

安山岩の推定地は氷見市・宇波川流域や七尾市・黒崎海岸などが考えられていたが、今回の調査で能登島北岸の牧鼻、南岸の須曽、さらには七尾湾西湾沿岸周辺に拡大する可能性があるとされた[49]。

## 縄張型式の研究

近年、高岡城の縄張について研究が相次ぎ、右近縄張説は否定されつつある。

まず、佐伯哲也氏は高岡城を「連続（重ね）馬出」型式とし、利長は既に聚楽第造営（一五八六～八七年）以前の天正十一年（一五八三）頃、加賀松任城を「連続馬出」型式に改修しており、それは利長独自の縄張プランであるとする。そして、高岡城の特徴である「連続馬出」の縄張は右近の思想には無いことから、右近縄張説を否定し、利長自身が設計したとする見解を提示した[50]。

また古川知明氏は、高岡城は「聚楽第型」である富山城の縄張を踏襲したものとし、右近が手がけた高槻城、船上城などの縄張手法との比較から、右近縄張説を疑問視する説を提示した。

さらに古川氏は右近の金沢滞在期を五期に分類・分析し、「藩政から実質的に退き、信仰活動に没頭している第四期途中において、再び藩政に復帰するような業務、すなわち高岡城の建設（縄張）に腕を振るうという状況が生じることは考えにくいといえ」るとし、「高岡城縄張を行ったという話を伝える文書は、いずれも後年の伝聞史料で、当時の史料は存在していません。その頃の右近の書簡類は、いずれも茶・信仰・生活に関するものばかりで」あり、「右近が関わったという当時の直接的な資料は存在せず、残るのは利長自身が采配していることがうかがえる史料ばかりです。現在のところ、やはり佐伯哲也氏の指摘されたように、右近縄張説は疑念が大きいといえ」るとしている。(51)

ちなみに、報告書やシンポジウムにおいて千田嘉博氏は、高岡城は本丸以外を馬出とみて、「高岡城は築城当時の最先端の理論をいち早く取り入れて築かれた城と評価できるだけでなく、日本の城郭プランが最高点に達したときに生み出された日本を代表する城郭設計の城と評価できる。／高岡城ほど理論的に馬出を使いこなし、純粋に城全体のプランに昇華させた城は、日本の近世城郭のなかでも唯一といえる」(52)と絶大な評価をした。

## 七、高山右近高岡城縄張伝承の記録類

先述のように、高岡城の縄張を直接右近が行ったことを示す一次史料は発見されていない。全てが伝承の記録類（伝聞史料）である。ここでは検討の基礎資料としてそれらを列挙し、関係部分を抜粋する。

①『集古雑話』享保期（一七一六〜三六）頃

「当（筆者注「金沢」）城惣縄張ハ其以後、高山南坊築くといへり、南坊ハ日本にての上手なりと云々、越中高岡の御城も南坊縄張　利長公被　仰付よし也」

②『松雲公（前田綱紀）御夜話』中村典膳（克正）、享保十年（一七二五）

「御城は高山南坊に、利長公仰付けられ、縄張りすとなり。南坊縄張致されし事、清水伝兵衛（御鷹匠清水

長兵衛父）見申し覚え居り申す旨、松雲公御若き時申上候由、福田弥平太夫も承り候由、語り申すとの事なり」

③『杉本義隣覚書』江戸中期頃

「高岡ノ御城ハ利長公、高山南坊・長如庵ニ被仰談縄張アリテ」

④『高岡山瑞龍閣記』寛政十一年（一七九九）

「越薙関野葛棘、命練将高山南坊、于経始〔南坊名長房（中略）〕、営築之功、不日而成矣」

⑤「高岡御城地」（「越中高岡古城址ノ図」付記。石川県立図書館蔵「森田文庫」）田辺政巳、寛政十二年（一八〇〇）

「縄張ハ高山南坊ノ由、有沢故采《（女欠）》右衛門〔永貞〕考ヘ書置シナリ」

※有沢永貞（一六三八～一七一五）は、加賀藩初期の軍学者。

⑥『越登賀三州志』、富田景周、文政二年（一八一九）までに成立

〔故墟考（一）〕「瑞龍公這関野ニ新城ヲ築キ、高山南坊〔一書之ニ長如庵ヲ加〕ニ城縄ヲ命ス、〔南坊縄張スルヲ、御鷹匠清水伝兵衛ト云者、既ニ見請シ由、後ニ松雲公ヘ申上ルト雑記ニ見ユ〕」

〔鞬嚢余考（十四）〕「射水郡関野〔（中略）城地は今は中川村領也、其考証詳瑞龍閣記〕に城を築かしめ（中略）、改めて高岡と号す〔此の時城縄を高山南坊・長如庵に命ず〕」

⑦『落葉集』文政七年（一八二四）

「昼夜之御普請之由、高山南坊縄張、惣御奉行篠原出羽守殿なり」

⑧『射水郡分記録等抜書』（高岡市中川・塚本家文書）、中川村庄右衛門等、江戸後期までに成立

「同年冨田越後守殿・神尾図書殿御越被成、中川村関野ニ御城御見立被成、高山南方《（ママ）》殿・山崎閑斎殿縄張ニ御城出来」

⑨『重輯雑談』（成立年代不明）
「慶長十四年酉の歳、高山南坊（中略）に縄張被仰付」
⑩「関氏旧記」（成立年代不明）
「中川村関野御城御見立罷成、高山南坊殿・山崎闇斎殿御見分罷成御城出来仕」


以上、近世期に成立したと思われる十点の史料を挙げた（これらを元にしたと思われる、近代以降の記録類もさらに多数ある）。最も古いもので①や②の享保期（一七一六～三六）頃、つまり高岡築城より百年以上後の十八世紀前半までに成立した史料しかないことがわかる。

高岡徹氏は⑥『越登賀三州志』「故墟考（一）」に注目し（②『松雲公御夜話』の方が年代的に古く、史料信頼度も高いが）、「右近が縄張しているところを鷹匠が見たという話が、のちに松雲公（注・五代藩主綱紀[53]）へ言上されているという。このように右近縄張説は、加賀藩の内部ではある程度通説化していたとみられる。（中略）綱紀がその件について家臣に尋ねたことを意味している。その時点では鷹匠の目撃談が最も確かな手がかりとなっており、確かな史料は存在しなかったことがわかる」と指摘した[54]。

さらに高岡氏は、⑧『射水郡分記録等抜書』（高岡市中川・塚本家文書）は、加賀藩の十村（他藩の大庄屋に相当）である南家の手代を務めた塚本家に伝わるものであり、「南氏が十村の職務上、写し取ったものとみられ、原本は何らかの公的記録だったものであろう」とされている。そして、史料⑧の「信頼度をある程度裏付ける史料」として、史料⑧に右近と共に縄張を手掛けたとある山崎閑斎が、先述の前田利長書状（表№７・８）に登場する点を指摘している[55]。

## むすび

高岡徹氏も指摘する(56)ように、高山右近が高岡城を縄張したことを示す一次史料は、その史料が〝隠滅〟された可能性も、典拠は無いが十分に考えてもいいのではないか。国内はもとより、はるかヨーロッパにまでその名を轟《とどろ》かせるジュスト右近の存在感は、想像以上であったと思われる。右近は慶長十九年（一六一四）、前年に出された幕府のキリシタン国外追放令を受けて、加賀前田家を退去、ルソンへ追放された。「高山の宗門」とまでいわれたキリスト教を徹底的に排除・弾圧していくのが、それ以降の幕府の最重要方針となった。右近は前田家に二十六年間もの間滞在していた。その影響は想像以上に多大であったろう。二十六年間もの滞在にしては、右近関係の史料は少なすぎるのだ。加賀前田家が保身のため、政治的・軍事的内容の史料類を処分したとしても、全くおかしいことではないと考えられる。

〈註〉

（1）『富山県高岡市 高岡城跡詳細調査報告書』（高岡市教育委員会、二〇一三）六〇頁。

（2）主催者である（公財）日本城郭協会事務局への筆者の聞き取り調査による。

（3）『国史大辞典』十三巻（吉川弘文館、一九九二）「前田利長」の項などにあるように、一般的に利長は金沢（加賀）藩二代藩主とされる。それは、同書十一巻「藩制」の項に見られる「近世大名領の藩制の原型はすでに織豊大名領に存在した」とする解釈に沿ったものである。しかし「藩」の定義は、同項に「江戸時代、江戸幕府から一万石以上の領地を与えられた大名の所領」、同書同巻「藩」に「近世大名領の総称」「江戸時代、江戸幕府に服属していた大名」などとあるように、まず「江戸時代／江戸幕府」が前提となろう。つまり織豊期の大名である父・利家を「初代藩主」とするか、「藩祖」（〇代目）とするかという解釈により数え方が変わってくる。「加賀藩」の成立を織豊期からとすれば、それは天正九年（一五八一）八月、利家が信長から能登一国を拝領した時点であろうし、徳川氏への従属を主眼とすれば、実質的には慶長四年（一五九九）の「慶長の危機」を経て、翌年十月の関ヶ原戦後、利長に約四〇万石が加増された時点で「加賀藩」が成立したとみるべきであろう。また形式的には同八年の江戸開府時や、同十年、家康より利常（初名利光、利長の養嗣子）への従四位下侍従・筑前守叙任、及び「松平」賜姓の際であろうが、いずれも当時の前田家当主は利長であり、その意味で利長は「初代藩主」といえる。ここでは無難に「加賀前田家二代当主」とした（註19に続く）。

（4）註1前掲書二一二頁において、田上和彦氏は「諸説では、前田利長の隠居城とされるが、高岡城の縄張は非常に防御力が高いことから、隠居城ではなく、戦うための城であることが判明しつつある」と述べている。このような見解も見られるが、利長は高岡築城四年前の慶長十年（一六〇五）に既に富山城に隠居しており、その後の城の規模・防御力等に関わり無く、利長が居を定めた城は全て「隠居城」である。

（5）企画展図録『高岡城』（高岡市立博物館、二〇〇四）。

（6）高澤裕一「前田利長の進退」（『北陸社会の歴史的展開』能登印刷出版部、一九九二）。

（7）『前田家雑録』（前田家編纂方手写、明治期／金沢市立玉川図書館近世史料館蔵「加越能文庫」）。

（8）「慶長期富山城内郭の系譜―越中における聚楽第型城郭の成立と展開―」など、古川知明氏の『富山史壇』一四九～一五三号（二〇〇六～〇七）所収の富山城についての諸論考。

（9）『高岡古城志』（増山安太郎、高岡文化会、一九三九増補版）六頁には「高山南坊は、（中略）當時有名な築城家であつて、金澤城も、慶長十四年に焼けた富山城も、共に南坊の縄張りだと稱せられてゐる」とあるが、典拠を示していない。

（10）『三壺記』（山田四郎右衛門編、宝永期／金沢市立玉川図書館近世史料館蔵「加越能文庫」）。

（11）同右。

（12）『加藩国初遺文』八（森田良見編、明治期／金沢市立玉川図書館近世史料館蔵「加越能文庫」）。『大日本史料』第十二編之六にも収録。

（13）『富山県史』史料編Ⅲ、二四〇号。

（14）『射水郡分記録等抜書』（高岡市・塚本家文書、江戸期）。

（15）『慶長寛文年間書類四種』（前田家編輯方手写、明治期／金沢市立玉川図書館近世史料館蔵「加越能文庫」）内。釈文・論文は、木越隆三「村請夫役の徴発体制」（『日本近世の村夫役と領主のつとめ』校倉書房、二〇〇八）所収。

(16)『高岡町図之弁』（小川安村著、明和八年）。しかし同書には、この他、小鉄砲衆五〇人、御切米取三六人、御小人五〇人との記載があるが加算していない。また註9増山前掲書四七頁によると、横山長知以下重臣五名の名が見当たらず、「まだ〳〵脱落があるかも知れない」とする。ちなみに『高岡町図之弁』には開町当初町家は六三〇軒あったとある。

(17)『当代記』、『藩翰譜』、『慶長年録』など幕府側の古記録類による。

(18)『越登賀三州志』（富田景周編、文政二年（一八一九）までに成立／金沢市立玉川図書館近世史料館蔵「加越能文庫」）。

(19)この利常宛の領知判物が、前田家に幕府から〝はじめて〟与えられたものである。『国史大辞典』第十一巻「藩制」の項に「後水尾天皇即位の日（慶長十六年三月二十七日／筆者註）以降、歴代将軍は諸大名から「公儀の御為」を旨とする誓詞を徴し『武家諸法度』の遵守を命じて、一〇万石以上は御判物、それ未満は朱印状を以て所領を安堵するという契約による統制があった」とある。この視点を重視すると「初代藩主は利常」との解釈も可能か。つまり幕府は「豊臣恩顧」たる利長を最後まで警戒しており、「藩主」と認めていなかったということになろう。利長死去の翌月、芳春院が人質を解かれ、代わりに利常母の寿福院が江戸に送られたこともその補強材料とはならないだろうか。

(20)『越登賀三州志』「故墟考 巻之二」は元和元年（一六一五）利常が大坂夏の陣から凱旋した後とし、註9増山前掲書八四頁には元和五年（一六一九）（射水郡守山村・高坂氏所蔵旧記）とあり、また『越の下草』流布本（宮永正運、一七八六）には元和七年（一六二一）、『高岡御城地』（「越中高岡古城址之図」注記／田辺政巳、一八〇〇）には寛永十五年（一六三八）とある。

(21)註18前掲書には、利家が秀吉より賜った伏見の秀次遺館の良材を転用したとある。また廃城後はその殿閣の故材を用いて「客館」が建てられたという。それは大手口より約四〇〇メートル西の「御旅屋《おたや》」であるとする。ちなみに『瑞龍公世家』（永山近彰編、一九一四）では御旅屋の障壁画は悉く馬が描かれていたとも伝える。

(22)利常は慶長十九年六月八日付書状（奥村易英宛）で、利長夫人玉泉院が高岡から金沢へ移る際に「高岡之おうゑ長屋をこほし」て、金沢城西の丸（のち玉泉院丸）に移築したと述べる。

(23)『夜話』下（今枝直方編、一六七二）には、この茶室は、利長が古田織部の許へ大工を遣わし茶室の寸法まで写し取らせて造らせたものと記す。

(24)『瑞龍院様高岡ニ御築城ノ件』（明治期／高岡市立中央図書館蔵）に「御本丸天守台御角御櫓跡より伏木湊江入申船之帆形相見へ申由之事」とあり、この張り出し部は「天守台」といい、隅櫓があったと伝える。

(25)『越中高岡古城図「大図」』（江戸期／金沢市立玉川図書館近世史料館蔵）、及び「高岡城之図」三図の内上図（高岡町奉行・

小川安村原図、一八三〇編／同館蔵）。

(26)『射水郡分記録等抜書』による。『蓬洲随筆』（長崎蓬洲、江戸後期）では「五戸前」とする。

(27)江戸後期の高岡町奉行・小堀政布が提出した古城図に「四間廿四間御長屋御詰塩有柿葺」とある。また『蓬洲随筆』には「塩高一万俵」とある。

(28)『蓬洲随筆』。

(29)『瑞龍院様高岡ニ御築城ノ件』に、「百姓方より修覆仕候」とある。またこの蔵を描かない城絵図もあり、藩が建てていない可能性もある。作喰（食）蔵は農民の食糧用に貸与される「作喰（食）米」を収納する蔵。

(30)註16前掲『高岡町図之弁』。

(31)『不歩記』上（三木屋半左衛門か、一七四三頃）。また『由緒一類附帳』（藤田三百作時成編、一八七一）に時成（四十八歳）の父は高岡古御城御門番・矢部与一郎弟とあり、矢部家の世襲が推察される。また『射水郡分記録等抜書』には「同（承応）弐年（一六五三）古御城御番人衆屋敷高弐石三斗九升六合引高ニ相成候、御検地御奉行ハ伊藤内膳殿、右中川村領ニ而御座候得共、御城ニ罷成上哉ニ古御城ニ罷成、湶分被仰付、又引高ニ罷成申候、湶分ハ高岡以後出来高ニ御座候」とある。

(32)『射水郡分記録等抜書』に利長在城時は「こしくるわ（腰郭）」といい、「唯今民部殿丸と申候」とある。ちなみに現在の搦手口は三の丸だが、「高岡御城景台之絵図」ではこちらを「御大手崎」とし、現在の大手口には「御表口」とある。また「高岡之絵図」（一八三五／金沢市立玉川図書館近世史料館蔵）では三の丸を「大手門」とする。「高岡古城蹟公園境界実測絵図」（一八七五／高岡市立中央図書館蔵）、及び「高岡古城跡見取絵図」（明治初期か／金沢市立玉川図書館近世史料館蔵）では「大手口」とし、現在の大手口を「搦手口」とする。

(33)『射水郡分記録等抜書』に「今枝民部殿此屋敷ハ御城内中川村領ニ御座候」とある。

(34)註24史料に「民部殿丸、搦手口柵ニ而仕切有之出入不罷成候」とある。

(35)註24史料。また同書には「三ノ御丸跡之内ニ往古御地子地畑御打渡歩高五百五拾弐歩、此地子銀弐拾壱匁四分八厘、高岡惣地子歩高相詰上納仕来申候」とある。

(36)「高岡御城景台之絵図」に「鍛屋□」、『射水郡分記録等抜書』に「鍛冶屋丸」、また『関氏旧記』（『高岡史料』掲載）に「鍛屋丸」とある。『越中史略』下編（篠島久太郎、学海堂、一八九五）には利長は高岡入城にあたり「武器製作の職工数十名従ひ来る利長之を郭内に居く」とある。註1報告書一七頁で高岡徹氏は「その名称の由来はおそらく、築城時にここに鍛冶職人を置いて作業させていたことに因むのではないだろうか」とされている。

(37)註32の「高岡古城蹟公園境界実測絵図」に「字舛形」、及び「高岡古城跡見取絵図」に「舛形」などとあるように、ここは「升(枡)形」ともいわれる(周囲の堀は「枡形堀」といわれる)。その語源は不明だが、『越登賀三州志』「故墟考」に「古ノ虎口、闉闍(二階建ての城門)敵楼(櫓)基、或二重堞跡」と、櫓門があったと思わせる記述があり、この土塁と「埋御門」等を組み合わせて「枡形門」が存在した可能性も指摘しておきたい。

(38)『関氏旧記』に「(利長の)御在城之刻明キ丸、只今ゑんしやう御蔵御座候」とあり、廃城前は何もなかったので、「明き丸」といわれていた可能性がある。

(39)『射水郡分記録等抜書』に「壱口塩消蔵」、『不歩記』上に「外東方弐間四方御蔵、鉄炮薬入」、古城図(小堀図)に「土蔵鉄砲薬アリ」とある。

(40)報告書一七頁で高岡徹氏も指摘するように、この郭は古城図には多く「御城外」とあるが、発掘調査により盛土造成が確認されており、城内の郭であると位置付けができよう。また「高岡御城景台之絵図」や「高岡古城跡見取絵図」に「御竹藪」とある。それは『射水郡分記録等抜書』に「矢竹藪」とあり、軍事用資材である矢竹の藪を藩が保護したのが、「御竹藪」の由来であろうとされている。そして理由は不明だがおそらく近代以降、「御」の字が現在の「小」の字に変化したのであろう。

(41)註9増山前掲書九〇頁。

(42)註9増山前掲書九一頁。井波瑞泉寺の浪化(一六七一～一七〇三)の俳諧や、絵俳書『俳諧たまひろひ』(麦仙城烏岬編、一八五六)、漢詩集『高岡詩話』(津島北渓、一八六〇)など。

(43)宮武正登氏(佐賀県教育庁文化財課文化財調査担当係長)は「この石垣は一度崩れたものを後世に積み直した。しかし、石材は確かに築城時のものであり、決して歴史的価値を損なうものではない」という趣旨の発言をした(平成二十五年十一月二日「高岡城跡シンポジウム」)。

(44)西井龍儀「高岡城の石切丁場」(『越中の近世城郭―高岡城からみえてくるもの― 資料集』富山考古学会、二〇〇九、八一―九二頁)。

(45)註9増山前掲書二三―二四頁。

(46)西井龍儀他「雨晴女岩周辺の調査」(『二上山研究』第二号、二上山総合調査研究会、二〇〇五)四一―四八頁。
(47)虻が島・唐島調査団『虻が島調査報告』(一九九五)、同『続・虻が島調査報告』(一九九六)。
(48)七尾市・山崎阿良加志比古神社蔵。解説・釈文は、小境卓治「仏島に矢を放つ神事」(『氷見市立博物館年報』第一五号、一九九七、一―一二頁)、及び報告書にも掲載した。
(49)西井龍儀「石垣石材の特徴と石切丁場の推定」(註1前掲書一五〇―一七一頁)。
(50)佐伯哲也「越中高岡城の縄張りについて」(『愛城研報告』第十一号、愛知中世城郭研究会、二〇〇七)。
(51)古川知明「高岡城の縄張は高山右近が行ったのか?」(富山市埋蔵文化財センターHP「富山城からみた高岡城」http://www.city.toyama.toyama.jp/etc/maibun/toyamajo/takaoka/6.htm)。
(52)註1前掲書一九六頁。「明丸はいわゆる馬出ではないが、郭の出入口の部分は外側から切り込む堀があり特徴的である。(中略)馬出見立ての郭である」とする。
(53)綱紀の藩主在位は正保二年(一六四五)~享保八年(一七二三)。学を好み、木下順庵を招き、図書の収集・保存・編纂にも努めて尊経閣文庫の基礎を築いた「学者大名」として著名。五代藩主とされるが、利長を「初代藩主」とする(註3参照)ならば、四代藩主となる。
(54)註1前掲書三二頁。
(55)註1前掲書三二―三三頁。
(56)註1前掲書三三頁。

# 第四章　文化からみた高山右近

# 高山右近の茶の湯

神津朝夫

## はじめに

高山右近には三つの顔がある、すなわち戦国武将とキリシタン、そして利休高弟の茶人としての顔がある、とよく書かれる。だからこそ、右近と茶の湯についての一節が本書にも設けられたのだろう。

しかし、茶人としての右近については、ほとんど何も明らかになっていないというのが実情である。確かに右近は「利休七哲」の一人に数えられているが、そもそも利休七哲というのが後世になってからの人選で、メンバーについても諸説がある代物だ。実際には右近が利休に師事していたことの確証すら存在しない。

とはいえ、金沢での右近は茶の湯三昧の日々を送ったといわれ、右近にとって茶の湯は大きな意味をもつものだったようだ。また、茶道史の立場からみても、禅との関係が深いとされる茶の湯を、キリシタン右近がどう考えていたのかは興味深い問題でもある。

本稿では右近の茶の湯についてまず確実な史料を提示した上で、多少の考察を加えることとしたい。

## 一、茶会記に載る高山右近

茶道史の研究にとってもっとも重要な史料は、伝承でも逸話でもなく、確かな茶会記に載る記事である。従来の著述ではその茶会記が抄出されているだけなので、まずここではその全文を読み下し文にして（　）内に多少説明を補いながら引用することにしたい。

①『天王寺屋会記』天正五年十二月六日夜（朝の荒木村重会と合わせて引用）
　同十二月六日朝　　荒木摂津守殿会　　人数　宗易（利休のこと）・宗及
　　口切
　炉に平釜、自在に、後、小豆鎖、但し宗易の持参也、
　床に寅申壺葉茶壺・兵庫壺、二つ並べて、何れもはじめて、開き也、
　建盞、尼崎台に、薄茶染付、
　床に帆帰（遠浦帰帆図、瀟湘八景の一）の絵掛け、壺のけて、
　　薄茶　及（宗及）立て申し候、炭も及置く、
　　　絵　宗易掛けられ候、
　仕立　本膳、木具足打、鯛浜焼一ツ、飯・鳫汁
　　　二膳、足打、鯉刺身・かいしき、彩《だ》みて、煎り酒、
　　　　せりやき、土椀に、彩みて、冷汁、

三膳、足打、雉一ツ、羽交盛、尾首そのまま、
菓子、縁高、亀足かまぼこ、あぶら麸、

同日　晩　　高山右近会　　　　　　　　　易・及
炉　平釜、自在、茶碗に湯、
床に胡銅の花瓶、薄板に、白梅生けて、
仕立　ごぼう　菜汁、しいたけの刺身、
　　　飯、　芋の田楽、
摂州（村重）より鴈一ツ・たぬき一ツ・炭十荷、土産に給い候、
右寅申壺、はじめて見申し候、形《なり》裾すわりに候、頃《ころ》六斤半程入歟、
土よし、くすり黄目に一色也、

②『天王寺屋会記』天正十一年閏正月六日朝
同後正六日朝、高山右近会　　　　　　　　宗及・観世宗拶
炉に瓜釜、釣りて、
　手桶（水指）、只天目、　大雪也、

③『宗湛日記』『宗湛茶会献立日記』文禄元年十二月二十六日昼

廿六日昼
一、南坊　高山右近殿也、御会　　宗湛一人
二畳敷　床なし、洞庫に肩衝と瀬戸茶碗と置き双べて、脇に柄杓立て掛けて、
釣棚には引切（竹蓋置）一ツ、壁の方に瀬戸水指、面桶（建水）、風炉也、
一、茶の後に、釣棚に肩衝を上げて置き、亭（主）仰せらるるには、遠国なればまた会を仕るべき事あり難く候程に、上げて今ちと御目に懸くべしと候也との雑談也、
この献立、付け落とす也、

④『宗湛日記』『宗湛茶会献立日記』文禄二年七月二日朝

七月二日朝
一、高山右近殿　名護屋にて御会　　宗湛一人
二畳敷　床なし、風炉、釜・共蓋、洞庫には肩衝と茶碗と置き双べて、脇に柄杓立て、釣棚には引切
（竹蓋置）一、高麗（茶碗）に道具（茶杓・茶巾・茶筅）仕入れて、面桶（建水）、土水指、
一、肩衝、高さ二寸七分程に、口横一寸二分程、高三分程、口付の筋なし、
　腰に帯一、土の間四分程、白け黒め也、底へげ土也、肌こげ候、
薬のなだれ五ツあり、表になだれ三ツ、蓋は上平めに、つくは柿のへた、本に筋一、高うあり、
一、水指は瀬戸、真蓋、

一、炭斗　瓢簞、
本膳　小折敷・した色の椀
一、いせ皿にさざえ家盛り、　一、汁　味噌焼
一、黒坪皿にこかじめ、　一、めし
菓子、青鉢に麩丸して、煮しめて楊枝打ちて、

⑤右近が客となった記録（すべて『天王寺屋会記』）

・天正八年八月五日夜、宗及茶会の客、下石彦衛門と二人。
・天正十一年十二月三日朝、宗及茶会の客、独客。
・天正十二年十月十五日、秀吉の大坂城口切大茶会。

客は、宮内卿法印（松井友閑）・長岡（細川）幽斎・宗易・（今井）宗久・宗及・（今井）宗薫・紹安（千道安）・（山上）宗二・（万代屋《もずや》）宗安・（小寺）休夢斎・宇喜多忠家（秀家）・（住吉屋）宗無・（満田）宗春・（重）宗甫・藤田平右衛門・佐久間忠兵衛・高山右近・芝山源内・隼人・（山上）道七・古田左介（織部）・中川瀬兵衛（清秀）子・松井新介・細井新介・観世宗拶・牧村長兵衛（政吉）・円乗坊・樋口石見・徳雲軒。

・同年十二月十四日朝、宗及茶会の客、多賀常則と二人。

なお、信憑性には問題があるが、利休最晩年の茶会記とされる『利休百会記』に、（天正十八年）十二月二十七日朝「高山南坊一人」、翌年正月二十五日朝「有中将、高南坊」の記事がある。

## 二、高山右近の茶会と茶道具

以上がすべてである。これでも『天王寺屋会記』に出る武家の記事としては決して少ないとはいえないものだ。この茶会記を順に見ていくことにしよう。

右近が茶の湯の史料にはじめて登場したのは、天正五年（一五七七）十二月六日夜に千宗易（利休）と天王寺屋宗及を客とした茶会①の記事である。客の一人であった宗及が『天王寺屋会記』に記録を残していた。この時右近は数え二十六歳で、村重に属する高槻の城主になって四年目であった。

ただし、この茶会は当日の朝に行われた荒木村重の茶会とセットになったもので、宗及と利休の目的も、右近ではなく村重を訪ねることだった。利休は村重に名物茶道具の「小豆鎖」を土産として持参しているが、右近には何もない。

問題となるのが、この茶会が開かれた場所である。村重の会はその居城である伊丹城でのものとみるのが自然だろう。その後右近の居城である高槻まで移動したとは考えにくく、右近の茶会も伊丹城内で行われたようだ。村重（摂州）からの土産や村重の茶壺への感想が右近茶会の後に書かれていることも、二つの茶会が一連のもので、一行がまだ城を離れていなかったことを示している。右近茶会で使われた「平釜・自在」は村重茶会と共通しており、もしかすると同じ茶室を借りての茶会だったかもしれない。

この朝の村重の茶会は名物道具を揃え、出された料理も三の膳まである豪勢なものだった。その夜に茶会を開いた右近は、まず牛蒡《ごぼう》・椎茸・芋と菜の汁というかんたんな夕食を出し、その後どうも茶を出さなかったらしい。「茶碗に湯」と書かれるだけである。

床の飾りも掛物はなく、胡銅花入の白梅だけであった。村重は床に唐絵と茶壺を飾っているが、花は飾らなかったようだ。そこで右近は夜会で花を置くことにしたのだろう。白い花を使うのは夜会の約束である。右近は当日朝からの村重の接待をよく知っていて、臨機の対応をしたものとみられる。つまり、ちゃんとした料理と茶も用意してあったはずだが、客の様子を見て出さないことにしたものと推測される。なかなか見栄や体面を重んじる人にはできないことで、いかにも右近らしい。若いながらも茶人として見事な態度であり、利休に気に入られたことだろう。

村重が『天王寺屋会記』にはじめて登場したのが同年四月十三日であり、その時の宗及は独客であった。八カ月後のこの時は三回目で、今回は利休が同行した。もちろん、信長の下で村重と利休はそれ以前から面識があっただろうが、利休は値の張る土産を用意しているので、村重の茶会には初参席だったようだ。

宗及の弟子であったことが確実な村重の勧めで右近は茶の湯をはじめたのだろう。その右近が、この時点ですでに利休の弟子になっていたかは疑問である。そもそも堺の一商人だった利休は、この頃はまだ後世の人間が考えるほど有名な茶人ではなかった。信長の茶堂としての序列も宗及の方が上だったとみられている。もしかしたら、この日の茶会をきっかけにして、右近は村重の師宗及より格下の利休を師にしたのかもしれない。

なお、右近研究では右近の若い頃の記録が抹殺されているとよく主張されるが、少なくとも茶の湯に関してはそのようなことはない。利休にとって武家の一番弟子は古田織部であった（にもかかわらず、利休七哲には入れない説もある）が、その織部の名が利休の書状に突然現れるのが天正十年のことで、それ以前に利休と織部が知り合いになった経緯はまったく不明なのである。茶の湯の史料には所詮そのような制約があるのであって、右近の史料だけが残存していないわけではない。

その次に右近が亭主をつとめた茶会の記録は、天正十一年（一五八三）閏正月六日朝の②になる。客は宗及と能役者の観世宗拶であった。本能寺の変から約半年後だが、この五年余りの間に、右近は村重から信長、そして秀吉へと主君を変えている。特段の道具も使われておらず、水指に手桶を運び出す侘数寄の「運び茶湯」をしたようだ。床の飾りの記事がないが、この頃は掛物を掛けない茶会も多かった。利休も自分の茶会で二割くらいしか掛物を掛けていない。とはいえ、この点にはちょっと注目しておきたい。

右近の茶会がその次に記録されたのは、それから約十年後の③④になる。その間に右近は領地を返上して金沢の前田利家に預けられていた。秀吉に対して右近がキリスト教を捨てないという立場を明確にしたからであった。ところが、文禄慶長の役とよばれる秀吉の朝鮮侵攻の時に、右近は秀吉の命で肥前名護屋へ出陣し、秀吉と面会して茶会にも招かれた。そのため他の大名などとも交流ができるようになったという（フロイス『日本史』第三部二七章）。そこで開いた茶会の記録がこれである。客となって記録を残したのは博多の豪商、神屋宗湛であった。

この時、大名たちは名護屋に屋敷を建て、茶室も造っていた。右近も二畳床無しという極小の茶室を造り、宗湛を二回、半年余の間隔をあけてまったく同じような道具組で招いている。相変わらず侘びた道具組のようではあるが、実は肩衝《かたつき》は唐物の名物「侘助肩衝」であった。宗湛は茶会記④に詳しい図入りでその拝見記を書きとめている。

この侘助肩衝は堺の町人笠原宗全、通称侘助宗全が所持していたものだった。宗全の名は天正十一年閏正月を最後に『天王寺屋会記』から消えるので、その後間もなく死去したらしい。天正十六年一月までに書かれた『山上宗二記』は、侘助肩衝について「高山右近所にあり、昔引拙所持」と書いている。『山上宗二記』の記事は基本的に天正十五年春までの名物移動情報で書かれており、右近が領地を返上したのも同年六月だから、それまでの間に右近の手に渡ったのだろう。

この肩衝は右近の後は、豪商の後藤庄三郎の手に渡り、庄三郎より幕府に献上された。伊達政宗が家光から拝領したがのちに献納、その後保科正之が家綱から拝領したがまた献納されて、その後は将軍家・徳川宗家に伝来した。

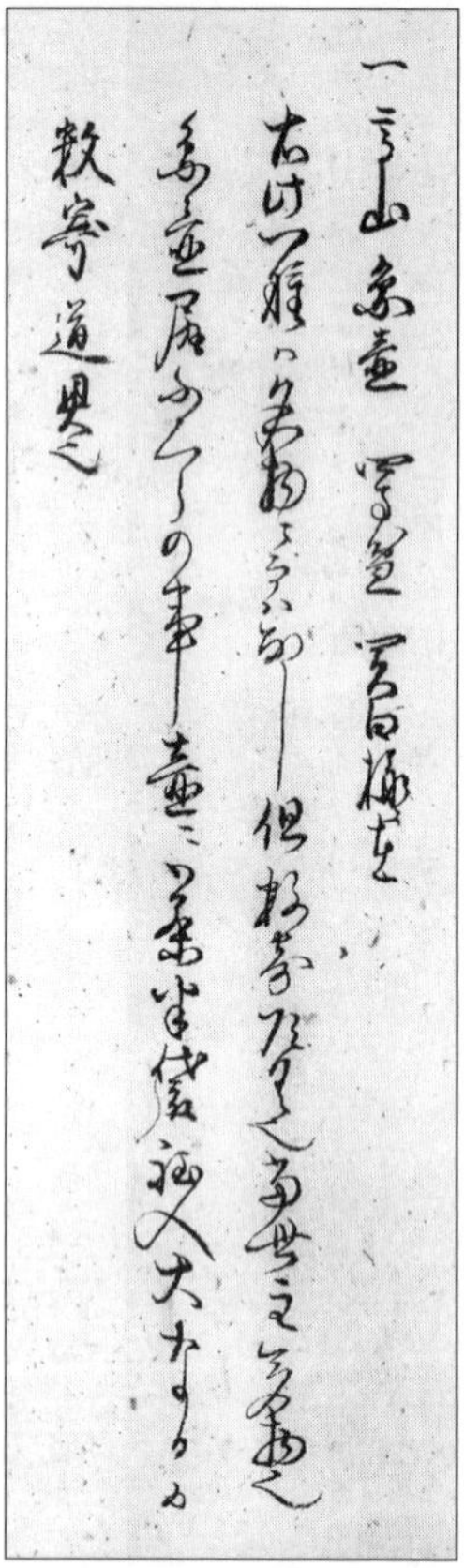

『山上宗二記』の「高山丸壺」茶入についての記述
（宮帯文庫 蔵）

『大正名器鑑』第一編に載る写真では正面に三筋の釉薬の流れがあり、『宗湛日記』の図と一致している。高さが約八・二センチ（二寸七分）だから名物手の唐物肩衝としてはやや小ぶりな方で、全面に濃い釉薬がかかって、二重掛けの景色はない。実見した高橋箒庵は、「侘助の名にふさわしく」「朴実な田舎の老人に対するがごとき思い」がする、とその印象を書きとめている。右近が金沢を去る時に前田利長に献上しようとした「高価な茶器」とは、この肩衝のこととみてまちがいあるまい。それが後藤庄三郎の手に渡った事情は不明である。

なお、『山上宗二記』には右近所持の道具としてもう一つ「高山丸壺」が載る。「関白様より拝領、右この一種は名物にてはなし、四方盆に据える、ただし数寄道具也、当世、主（所有者）多き物也」との説明がある。ただし、それ以上のことはわからず、伝世もしていないようだ。

さて、この四会の茶会記を通して見て、一つ気になることがある。それは右近が一度も掛物を使っていないことである。名護屋に造った茶室は当初から床無しではあったが、それでも掛物を壁に掛けることはできた。しかし、右近はそれもしていない。

右近はやはり禅宗の墨跡などは使わなかったのだろう。『南方録』には掛物を第一の道具とし、その中でも禅の墨跡を重んじるとする利休の発言があるが、利休自身の茶会記からみても、それが捏造であることははっきりしている。また『山上宗二記』にある「茶の湯は禅宗より出たるに依りて僧の行いを専らにす」という文言も、宗二なりの茶の湯観にすぎず、同時代の茶人に共有されたものではなかったことが確認できる。

右近はマニラへ旅立つ直前の慶長十九年九月十日付で細川三斎に書状（永青文庫蔵）を送り、形見にと「一軸」を進上している。右近が長崎までそのようなものを持って行けたのか疑問もあるが、あるいは約半年に及んだ長崎逗留中に届けられたものだろうか。現在の永青文庫にはそれに該当しそうな掛物は残っていないが、誰かの書状かもしれない。ただし、それを右近が茶掛にすることがあったかは、また別の問題である。

〈追　記〉

本稿執筆後、春屋宗園『一黙稿』に「高山南坊請」として布袋打眠図への着賛があるのに気づいた。時代的にみて茶掛にしたとは考えられないが、そのような掛物も右近は所持していたことになる。

布袋打眠図　　高山南坊請

這老漢傍嚢睡。曾不知閙《マヽ》静中。柱杖若化龍去。駕可上兜率宮。

## 三、右近と茶室「待庵」

利休が右近に宛てた天正十年十月二日付の書状（個人蔵）は、山崎の茶室「待庵」建築とも関わる書状としてよく知られている。

丸木六本、仰せ付けられ候内、一本用に立ち申し候、大慶この事に候、相残るも別に用に立ち申すべく候、御念に入るの段、秀公（秀吉のこと）へ申し聞かすべく候、御使者に懇ろに申し含め候、恐惶、囲炉理（裡）到来の由に候、本望に存じ候、以上、

神無月二日　易（花押）

（封）高右公　まいる　回答　易

山崎より

山崎にいた利休が、何か作事に関わっていたことがわかる。そのための材木を右近が送ったのだが、それは製材された角材ではなくて丸太であった。しかも六本中一本しか用に立たなかったのだが、それでも利休に感謝されている。室内に丸太の柱を、それもさりげなく厳選された丸太を見せる茶室（数寄屋）の柱材であったことがうかがわれよう。利休が関わったのが城ではなく茶室の建築であったのは当然だが、そうなるとこれは現存する国宝茶室、待庵に関わるものであったことになる。利休が山崎に滞在して作事に関わった十月といえば、本能寺の変直後の天正十年しかないのである。

右近の茶会に利休が参席してから五年後のもので、利休と右近の交友が続いていたことが確認できる。追《おっ》而書《てが》きによれば、右近は利休に茶の湯用の炉の調達を頼み、それが到着したという。翌年閏正月に開かれた茶会②で使われた炉がそれだろう。この時代にすでに茶の湯の炉が職人の工房で作られ、茶室の床下に設置されるものだったことがわかる。記録は残っていないが、右近は当然利休を招いた茶会もしていたはずで、この時点で右近は利休の弟子になっていたと推測してよいかと思われる。こうした作事や道具の斡旋《あっせん》を頼む

のは、自分の師匠であるのがふつうだからだ。

ともあれ、利休がはじめて試みる二畳茶室のイメージを右近に説明し、それに見合った材を右近が探したのだとすれば、三十一歳の右近が、茶の湯の美意識について利休の信頼をすでに得ていたことを意味することになる。待庵にとってだけではなく、右近の茶の湯を考える上でも重要な書状といえる。

## 四、金沢の右近と茶の湯

右近の茶会の記録として残るのは文禄二年（一五九三）七月までだが、その後、慶長十九年（一六一四）正月までの二十年余を右近は金沢で過ごし、茶の湯を続けていた。しかし、その具体的内容を物語る史料はまったく残っていない。これは確かに後難を恐れて記録が抹殺されてしまったのかもしれない。

その時代に右近が京都で利休の養子、千少庵の茶会に出た時のエピソードがある。


少（庵）へ高山南坊茶の湯御出で、北国にこれ在り、南坊久しくうち絶え申し候、旦（宗旦）相伴に参られ候、南坊御出で、旦出会い申され候、十徳の新しきを路次口にて着申され、手震い、面も変わり申す様に見え申し候、尤少は亭主故その通りに候、茶の湯の事大きなる事と旦存ぜられ候、

茶室に入る前に新しい十徳（茶人の着る一種の羽織）を着たベテランの右近が、緊張のあまり手が震え、顔つきが変わっていたというのである。しかし、亭主の少庵には変化がなかった。独客の世話のため同席した

若い宗旦（少庵の子、千家三世）は、それを見て茶の湯というのは「大きなる事」なのだと痛感したのだという。これは宗旦の子である江岑宗左が書きとめた『江岑夏書《こうしんげがき》』に載る話である。当事者である父宗旦から聞かされた話なので、信憑性は高いだろう。千家には他にも右近の逸話がいくつか残っており、右近を利休の高弟とみていたことは確かなようだ。

また、ジョアン・ロドリーゲスの『日本教会史』に右近の茶の湯についての記述があるが、これも領地返上後の、金沢時代の右近についてではないかと思われる。わかりにくい悪文だが、そのまま引用しておこう。

高山ジュスト――彼は、キリシタンであることによってたいへん有名であるが、その信仰のために、二度追放されて領国を失い、その二度目はフィリピーナス〔フィリピン〕に流され、その地で辛労により没したが、殉教の栄光を彼は失わなかったと思われている――は、この芸道で日本における第一人者であり、そのように厚く尊敬されていて、「この道に身を投じてその目的を真実に貫く者には、数寄〔茶の湯のこと〕が道徳と隠遁のために大きな助けとなるとわかった」とよくいっていたが、われわれもそれを時折彼から聞いたのである。それ故、デウスにすがるために一つの肖像をかの小家に置いて、そこに閉じこもったが、そこでは、彼の身につけていた習慣によって、「デウスにすがるために落着いて隠退することができた」と語っていた。このことから、数寄について、日本人が何故あれほどに尊重するかという理由と、国内において習慣なりさらに儀礼上の歓待のことなりの上に及ぼしている数寄の効能とが十分に理解されるであろう。

（『日本教会史』第一巻三十五章末尾）

茶の湯は「寄合の芸能」とされ、人的交流の場とされるものだが、こうした個人的黙想、思索、あるいは独楽の場とするような考え方も、すでにあったのである。天正十六年に書かれた『山上宗二記』にも「茶湯を冬春は雪を心に昼夜すべし、夏秋は初夜過ぎまで然るべし、ただし月の夜は独りなりとも深更に及ぶべし」とある。右近の場合、茶室が自邸における礼拝堂、仏教でいえば持仏堂の意味を強くもっていたように思われる。

## 五、茶の湯とキリスト教

右近は司祭ではなかったから、自分でミサを執り行うことはなかった。それゆえ、料理を振る舞い茶を点てて客に出す茶会は、キリストの「最後の晩餐」を再現してパンとワインを信者に分け与える儀式であるミサに似たことを、自らが行うものと意識したことだろう。しかも、当時の日本の教会は畳敷きであり、ワインが入手困難なため日本酒が代用されることもあった（フロイス『日本史』第一部二四章）ので、その類似性は今よりさらに顕著であった。ミサで使われる種なし（無発酵）パンは、茶の湯で菓子として使われた「麩の焼」の原形でもあった。

もっとも、キリスト教が日本に伝来した天文十二年（一五四三）以前に、草庵で料理をふるまい、茶を点てて出す茶の湯はすでに成立していたし、茶の飲み回しも鎌倉時代の仏教儀礼ともいえる大茶盛や、室町時代に大流行した茶勝負（闘茶）ですでに行われていた。茶の湯がキリスト教の影響で現在の形式になったわけではない。また、点前中に茶巾を扱って茶碗を拭く所作が、ミサ中の聖布（プリフィカトリウム）の扱いと酷似しているとの指摘も多いが、それは日本のカトリック司祭が茶道の影響を受けているからだろう。ヨーロッパのミサでは司祭はあのような所作はせず、きちんと畳まずに拭き清める。宣教師は日本の茶の湯に関心をもち、多くの記事を書き残しているが、キリスト教の影響をそこに見いだした人は誰もいないのである。
ただし、利休がキリスト教を敵視してはいなかったことは確かだろう。天正十六年九月二十一日に右近が京都を発って金沢に向かったことを、蒲生氏郷に知らせた利休の書状（大阪城天守閣蔵）がある。

的便の条、一筆申し候、仍って、南坊昨日午刻に宮古（都）を立ち申され候、浅弾少（浅野弾正少弼長政）書状を取り下し申し候、先ず先ず仕合わせ目出度き下向にて本望この事と存じ候、御心底同前（然）たるべくと存じ奉り候、（以下略）

右近の処遇に安心し、喜んでいるように読めるものだ。利休の周辺には法華宗や一向宗の茶人もいたし、利休自身が茶の湯を特定の宗教・宗派と密接不可分のものとは考えていなかったことは、『南方録』に代表される「茶禅一味」の虚構に支配された茶道史がこれまで無視してきた点である。当時のキリスト教と茶の湯について、また高山右近の茶の湯についての研究が進めば、茶道史にとっても重要な意味をもつような、新たな視界が開けてくるに違いない。

〈参考文献〉

『茶道古典全集』六・七・八・十巻、淡交社、一九五八～六一
『宗湛茶会献立日記』（益田孝蔵版・非売品）審美書院、一九二一

高橋箒庵『大正名器鑑』第一編、大正名器鑑編纂所、一九二三
フロイス『日本史』全十二巻、中央公論社、一九八〇完結
ロドリーゲス『日本教会史』上、大航海時代叢書Ⅸ、岩波書店、一九六七
小松茂美編『利休の手紙』小学館、一九八五
熊倉功夫「高山右近　その人と生涯」『茶道雑誌』四月号、河原書店、二〇一三

# 付録

# 高山右近年譜

| 和暦(西暦) | 齢 | 関係事項 | 一般事項 |
|---|---|---|---|
| 天文二十一年(一五五二) | 1 | この頃、高山右近が高山飛騨守の子として摂津高山で生まれる。幼名を彦五郎という。 | 三好長慶が将軍足利義藤と和睦。細川晴元が若狭へ逃れる。 |
| 永禄三年(一五六〇) | 9 | 三好長慶が摂津芥川城から河内飯盛城へ移る。長慶の武将松永久秀が摂津の武士を率いて大和国宇陀郡を攻め、後に飛騨守が大和沢城主となる。 | 室町幕府が宣教師ヴィレラに布教を許可する。 |
| 永禄六年(一五六三) | 12 | 飛騨守が結城忠正らとともに受洗(洗礼名ダリオ)。 | 毛利元就が朝廷に石見銀山を献上する。 |
| 永禄七年(一五六四) | 13 | 宣教師ヴィレラが飯盛城の武士らに洗礼を授ける。沢城で右近が受洗(洗礼名ジュスト)。 | 三好長慶が没。 |
| 永禄十一年(一五六八) | 17 | 足利義昭を擁した織田信長が上洛。義昭の功臣和田惟政が芥川城主となり、高山飛騨守を家臣とする。 | 武田信玄が駿河に侵入する。 |
| 永禄十二年(一五六九) | 18 | 和田惟政が芥川城を高山飛騨守に預ける。やがて惟政は摂津高槻城に移る。 | 織田信長が将軍足利義昭のため、京都で二条城の工事に着手。 |
| 元亀二年(一五七一) | 20 | 和田惟政と摂津国人池田氏の勢力が対立し、白井河原の合戦が起こる。砦を守る高山氏は池田勢の進出を報じる。惟政は、荒木村重が台頭する池田勢の前に敗死。 | 織田信長が延暦寺を焼き討ちする。 |
| 天正元年(一五七三) | 22 | 右近父子が和田家中の争いを制し、和田惟政の子である惟長を高槻城から追放。以後は荒木村重に属して高槻城主に。 | 織田信長が将軍足利義昭を追放。 |
| 天正二年(一五七四) | 23 | 右近父子が高槻に天主堂を建設する。 | 本願寺が織田信長に対して再び挙兵する。 |
| 天正四年(一五七六) | 25 | 右近が尽力し、京都の南蛮寺が竣工する。 | 織田信長が安土城の築城を開始。 |

| | | | |
|---|---|---|---|
| 天正五年（一五七七） | 26 | 右近が堺の商人津田宗及を茶会に招く。 | 松永久秀が織田信長から離反し、信貴山城に攻められて死亡。 |
| 天正六年（一五七八） | 27 | 荒木村重が織田信長に謀反を起こし、信長が高槻城攻めを開始。右近は高槻城を開いた後、荒木攻めに従軍する。 | 播磨別所氏が本願寺・毛利氏と通じて反織田信長陣営に属する。 |
| 天正八年（一五八〇） | 29 | 織田信長が安土城下の屋敷を右近に与える。安土城下にセミナリヨ（神学校）が建つ。 | 本願寺が織田信長と和睦。 |
| 天正九年（一五八一） | 30 | 高槻に巡察師ヴァリニャーノを迎えキリスト教の復活祭が開かれる。織田信長の命により、右近が鳥取城攻めの羽柴秀吉の許へと派遣される。 | 正親町天皇が織田信長の馬揃を見る。 |
| 天正十年（一五八二） | 31 | 織田信長が本能寺の変で死去。右近は羽柴秀吉の先鋒として山崎合戦で明智光秀勢と戦う。戦後、摂津能勢郡等で加増を受ける。 | 甲斐武田氏が滅亡。 |
| 天正十一年（一五八三） | 32 | 羽柴秀吉方として右近は柴田勝家との賤ヶ岳合戦に参加し、岩崎山砦を守る。秀吉が大坂築城を開始し、間もなく右近も城下に屋敷を構え、大坂教会の建設に尽力する。 | 柴田勝家が北ノ庄城に羽柴秀吉勢の攻撃を受けて敗死。 |
| 天正十二年（一五八四） | 33 | 羽柴秀吉と織田信雄・徳川家康の間で小牧・長久手の合戦が勃発。右近も秀吉方として参加する。 | イスパニア船が平戸に来航する。 |
| 天正十三年（一五八五） | 34 | 右近の勧めによって蒲生氏郷や黒田孝高らの羽柴秀吉配下の武将たちが受洗。右近は秀吉の紀州攻めや四国攻めに参加した後、播磨明石へと移封。秀吉から船二百艘が与えられたという。 | 羽柴秀吉が関白となり、藤原に改姓。 |
| 天正十四年（一五八六） | 35 | イエズス会日本準管区長コエリョの、豊臣秀吉への謁見に右近が立ち会う。 | 羽柴秀吉が朝廷から豊臣の姓を賜る。 |
| 天正十五年（一五八七） | 36 | 豊臣秀吉の九州攻めに高山大蔵少輔として参加。九州攻めの終結後、秀吉の伴天連追放令によって改易され大名の地位を失う。小豆島に匿われる。間もなく「南坊」を号する。 | 豊臣秀吉が関東や東北の大名らに停戦を命じる。 |

| 和暦(西暦) | 齢 | 関係事項 | 一般事項 |
| --- | --- | --- | --- |
| 天正十六年(一五八八) | 37 | 前田利家の保護を受けて、加賀金沢へ移る。 | 後陽成天皇が豊臣秀吉の聚楽第に行幸。 |
| 天正十八年(一五九〇) | 39 | 前田勢に属して右近は小田原北条氏攻めに従軍。武蔵八王子城攻めで活躍。 | 伊達政宗が小田原で豊臣秀吉に降る。 |
| 文禄元年(一五九二) | 41 | 朝鮮出兵がはじまり、右近は本陣の肥前名護屋で豊臣秀吉と対面する。 | 豊臣秀吉が伏見城を築きはじめる。 |
| 文禄四年(一五九五) | 44 | 飛騨守が死去。 | 豊臣秀吉と対立していた豊臣秀次が高野山で切腹。 |
| 慶長四年(一五九九) | 48 | 金沢城下に内惣構が設けられ、これは右近の設計(縄張)という。 | 前田利家が没。石田三成らが徳川家康を襲撃しようとする。 |
| 慶長五年(一六〇〇) | 49 | 関ヶ原の合戦が起こる。前田家は東軍方として北陸を転戦して大聖寺城などを攻撃。右近も従軍する。 | |
| 慶長十三年(一六〇八) | 57 | 金沢で右近らのキリシタンがクリスマスを行う。 | |
| 慶長十四年(一六〇九) | 58 | 前田利長が隠居所として高岡城の工事を開始。右近が設計(縄張)をしたという。 | 徳川家康が豊臣秀頼に勧めて京都の東山大仏の再建に着手。 |
| 慶長十九年(一六一四) | 63 | キリシタン禁教令で右近一族が金沢を去る。江戸幕府が右近の国外追放を決定、坂本、大坂、長崎を経て、フィリピン・マニラへ。 | 大坂冬の陣が起こる。 |
| 元和元年(一六一五) | 64 | マニラにて没。 | 大坂夏の陣が起こる。豊臣家が滅ぶ。 |

# 高山右近関係人物略伝

**安威了佐**《あいりょうさ》（？～？）

豊臣秀吉の家臣（右筆）。五郎左衛門。洗礼名はシモン。安威氏は室町幕府奉公衆の一族で、摂津国安威（大阪府茨木市）に基盤を持った。秀吉に仕える前は、高山右近の配下であったと思われる。天正十四年（一五八六）に右近を同席し、ガスパル・コエリョが秀吉と面会した際、冒頭でコエリョらを秀吉に紹介している。右近が去った後の摂津国を治める代官であった。

**荒木村重**《あらきむらしげ》（一五三五～一五八六）

有岡城主（兵庫県伊丹市）。弥助、信濃守、摂津守。後に号して道薫。茶人としても知られる。摂津国人池田氏の家臣として頭角を現し、「池田信濃守村重」を名乗って池田氏の勢力を率いた。天正元年（一五七三）以降に本格化した将軍足利義昭と織田信長との対立に際しては信長方に属し、義昭方となった池田氏当主の池田知正は没落した。信長からは摂津国の支配が委ねられ、高槻城主高山右近らを配下とする。天正六年には信長に謀反を起こし、中国地方の毛利氏や本願寺勢力と連携した。有岡城に籠城して一年以上の抵抗を続け、翌年に尼崎城（兵庫県）へと移るが、間もなく有岡城が陥落。信長によって、一族・家臣の多くが大量殺害された。村重は毛利氏を頼って中国地方へと赴くが、天正十一年頃には羽柴秀吉に召し抱えられ、道薫と号して茶人として活動した。同十四年に堺で没。

**アレッサンドロ・ヴァリニャーノ**（一五三九〜一六〇六）

イタリア人のイエズス会宣教師で東インド巡察師。天正二年（一五七四）に巡察師としてリスボンを出港し、マカオに至った。天正七年（一五七九）に九州、同九年に畿内を巡察し、織田信長らに迎えられた。同年の復活祭は高山右近が城主である高槻で行い、日本初のパイプオルガンが鳴り響く中、その盛儀に感嘆し、右近の領内二十余りの教会を訪問し、高槻教会を宣教師が常住するレジデンシアに昇格させている。また、日本の準管区昇格や下・豊後・都の三布教区制、『イエズス会日本年報』の作成など、重要事項を決定した。翌年には天正遣欧少年使節とともに日本を出港し、同十八年には使節とともに再来日。キリシタン版と呼ばれる活版印刷に取り組むとともに、インド副王の使節として豊臣秀吉に面会した。右近には、ローマから聖遺物をもたらしている。慶長三年（一五九八）にも再来日。慶長十一年（一六〇六）にマカオで没。

**伊智地文大夫**《いじちぶんだゆう》（?〜一五八九）

河内の在地勢力で烏帽子形城（大阪府河内長野市）の有力者。洗礼名はパウロ。妻は高山右近の妻と姉妹であり、右近とは義兄弟にあたる。元亀四年（一五七三）に織田信長方と三好・遊佐氏の勢力が衝突した際には信長方として烏帽子形城を奪還した。以降も信長方として活動し、烏帽子形には多くのキリシタンがいたことで知られる。後に文大夫は小西行長に仕え、天正十七年（一五八九）に天草志岐の戦い（熊本県）で戦死したとされる。

**ヴィセンテ洞院**《とういん》（一五四〇?〜一六〇九）

日本人で若狭国に生まれる。養方軒パウロの息子でキリシタンの文学者。天正八年（一五八〇）にイエズス会の修道士となる。九州での活動や安土セミナリオでの教師を経て、高槻のレジデンシアに赴任した。後に高槻に移ったセミナリオでは日本文学や宗教を講義し、生徒には日向伊東氏一族の伊東ジェロニモや二十六聖人の一人である三木パウロがいた。曲直瀬道三や細川ガラシャの入信にも大きな役割を果たした。

**浮田休閑**《うきたきゅうかん》（?～一六一七?）

キリシタン武将。備前の大名宇喜多秀家に仕え、慶長五年（一六〇〇）の関ヶ原の合戦で秀家が没落した後、加賀前田家の家中となった。高山右近らと金沢におけるキリシタンの中心になったという。徳川幕府によるキリスト教禁教令の後は津軽へ流され、同地で没した。

**大津長昌**《おおつながまさ》（?～一五七九）

織田信長の代表的側近。伝十郎。当初の諱は長治、長昌。尾張の出身か。妻は丹羽長秀の娘という。内政や外交に活動し、天正六年（一五七八）の荒木村重謀反に際しては摂津に派遣され、高山右近が降伏した後、高槻城の番衆となった。しかし、翌年三月に城内で病没。年齢は三十歳前後とみられている。

**織田有楽斎**《おだうらくさい》（一五四七～一六二一）

織田信長の弟。諱は長益、号して有楽斎。茶人でもある。本能寺の変後は織田信雄、豊臣秀吉に仕え、関ヶ原合戦では徳川家康方の東軍に属し、大坂冬の陣では豊臣秀頼のいる大坂城に入ったが退出した。東京の「有楽町」は、有楽の屋敷があったことに由来する地名で、子孫は大和国の小大名として存続した。右近の茶に対しては「清めの病ありて清きことを知らす」と評したという（『茶湯古事談』）。

**織田信長《おだのぶなが》**（一五三四～一五八二）
尾張守護代家織田氏の一族である織田信秀の子。幼名は吉法師。三郎、上総介、尾張守、弾正忠。後には権大納言を兼務で右近衛大将、内大臣、右大臣。永禄三年（一五六〇）に駿河の戦国大名今川義元を桶狭間の戦いで破り、尾張統一、美濃進出を経て同十一年に上洛。足利義昭を将軍とする。元亀元年（一五七〇）頃から義昭との対立が本格化し、越前朝倉氏や近江浅井氏、本願寺、三好一族との戦いに発展。天下統一を目指す中で武田信玄や毛利氏らとも衝突。やがて、畿内を制圧し、天正十年（一五八二）には武田勝頼を滅ぼし、北陸や関東にも進出。中国や四国地方の平定を進める中、明智光秀による本能寺の変で自害した。海外の文物にも関心を示し、キリスト教に寛容であったが、天正六年の荒木村重謀反の際は弾圧を仄めかして高山右近に降伏を迫る。これ以降、右近は安土城下に屋敷を与えられるなど厚遇された。

**ガスパル・ヴィレラ**（?～一五七二）
ポルトガル人のイエズス会の宣教師。弘治二年（一五五六）に来日し、当初は九州での布教につとめた。永禄二年（一五五九）にはロレンソらを伴って京都での伝道を試みた。その結果、三好長慶の計らいもあって将軍足利義輝から布教の許可を得、畿内でのキリシタンの展開に大きな役割を果たした。同六年には公家の清原枝賢や長慶の家臣で松永久秀に属していた結城忠正、高山飛騨守に洗礼を授けた。やがて九州に戻ったが体調を壊し、インドのゴアで元亀三年（一五七二）に没。

**ガスパル・コエリョ**（?～一五九〇）
ポルトガル人のイエズス会宣教師。初代日本準管区長。永禄五年（一五六二）からインドで活動し、元亀三年（一五七二）に来日。天正九年（一五八一）に日本準管区長となり、ルイス・フロイスに『日本史』の執筆を命じた。同十四年には豊臣秀吉に歓待され、高山右近も同席したが、翌年の九州出兵の後に突如の詰問を受け、伴天連追放令が出された。天正十八年に加津佐（長崎県南島原市）で没。

**片岡休庵**《かたおかきゅうあん》（?～一六一二）

前田利家と親交が深く「越前屋」を称した金沢の家柄町人。茶人。片岡家は大和国の出身といい、羽柴秀吉が天正十三年（一五八五）の越中攻めに際して金沢に滞在した際、御茶道役をつとめたとされる。妻に高山右近の姪を迎え、息子の休嘉の妻は内藤如安の娘であった。休庵宛の右近の書状が複数残る。

**神屋宗湛**《かみやそうたん》（一五五一～一六三五）

筑前国博多の豪商で茶人。豊臣秀吉に重用された代表的な商人。文禄二年（一五九三）、肥前名護屋（佐賀県）で高山右近から茶席に招かれ、その際に使われた肩衝の図を茶会記『宗湛日記』に記している。

**蒲生氏郷**《がもううじさと》（一五五六～一五九五）

近江国人で六角氏被官の蒲生賢秀の子。幼名鶴千代、忠三郎、当初の諱は賦秀。洗礼名はレオン。千利休門下の茶人で「利休七哲」の一人とされ、利休の書状には高山右近とともに名が見える。永禄十一年（一五六八）に織田信長の人質となったが、翌年に信長の娘である冬姫を娶った。天正十年（一五八二）の本能寺の変に際しては安土城の信長一族を居城の日野城（滋賀県）に迎えた。この後は羽柴秀吉に属し、同十二年に南伊勢一二万石に移って松坂城（三重県）を築き、翌年に右近らの導きによってキリシタンとなった。天正十五年の伴天連追放令では秀吉の棄教勧告を受け、同十八年には奥州会津に転封し、一〇〇石近い石高を領する大名となって若松城下町（福島県）を建設した。一族や家臣にもキリシタンがいる。文禄四年（一五九五）に京都で没し、臨終に際しては右近が示す十字架に痛悔したという。

**清原《きよはら》マリア**（?〜?）

儒家の清原枝賢の次女で名は「いと」。細川忠興のまたいとこにあたり、忠興妻の細川ガラシャ（玉子）に仕えた上級女房で侍女頭。父の枝賢は、永禄六年（一五六三）に高山飛驒守と受洗したキリシタン（後に棄教）であった。天正十五年（一五八七）頃に洗礼を受け、外出ができないガラシャに洗礼を授けた。

**グネッキ・ソルディ・オルガンティーノ**（一五三三?〜一六〇九）

イタリア人のイエズス会の宣教師。永禄十年（一五六七）にインドでの活動を開始し、元亀元年（一五七〇）にフランシスコ・カブラルとともに来日。ルイス・フロイスのいる京都に派遣され、日本の文化を学び、多くの人々に慕われる宣教師として活動した。フロイスが豊後に移った天正四年（一五七六）には布教地区長となり、京都に高山右近らの助力を得て南蛮寺を建設している。同八年には織田信長から敷地を拝領し、安土セミナリオを建設して校長となった。一方、政治的な動きも求められ、天正六年の荒木村重の謀反で織田信長方、同十年の本能寺の変に際しては明智光秀方から高山右近への説得を強要されている。同十一年には羽柴秀吉に土地を与えられた大坂にセミナリオを移したが、同十五年の伴天連追放令に際しては右近とともに小西行長の小豆島に逃れ、同十九年になって京都での行動が認められている。慶長十四年（一六〇九）に長崎で没。

**黒田孝高《くろだよしたか》**（一五四六〜一六〇四）

播磨国中部に勢力を持つ小寺氏家臣の黒田職隆の子。小寺孝隆とも。官兵衛、勘解由次官。号して如水。洗礼名はシメオン。茶の湯にも通じた。小寺政職の有力家臣として姫路（兵庫県）に拠点を構え、天正三年（一五七五）に小寺氏が織田信長方になった後は羽柴秀吉との関係を深める。天正六年の荒木村重謀反に際しては、説得に訪れた有岡城（兵庫県伊丹市）に幽閉された。秀吉側近の武将として活躍し、同十年の本能寺の変後は毛利氏との交渉を担当。同十三年、右近らの導きによってキリシタンとなる。同十四年から毛利氏と九州北部に進出し、翌年の九州出兵後には豊前国一二万石の大名として中津城（大分県）を整備した。この前後、小早川秀包や大友義統らの大名、息子の長政の一族をキリシタンとしているが、秀吉からは疎まれたという。天正十七年に隠居し、慶長九年（一六〇四）に伏見にて没。

**郡二郎左衛門《こおりじろうざえもん》**（？〜？）

摂津国郡山（大阪府茨木市）に勢力を持つ郡氏の一族と思われ、天正六年（一五七八）に高山右近家臣の高山正吉が出した書状に取次として見える。右近は前高槻城主和田氏の権力基盤を引き継いでおり、元亀二年（一五七一）に討死した和田惟政の家臣には郡兵太夫がいる。

**コスメ・デ・トルレス**（一五一〇〜一五七〇）

スペイン出身のイエズス会宣教師。天文十八年（一五四九）にフランシスコ・ザビエルとともに来日し、キリスト教を伝える。ザビエルが日本を離れた後、布教長として日本布教の責任者となった。永禄二年（一五五九）に畿内での布教にガスパル・ヴィレラらを派遣し、高山飛騨守、そして高山右近らが入信するきっかけをつくった。元亀元年（一五七〇）に来日したフランシスコ・カブラルと布教区長を交代。同年に志岐（熊本県苓北町）で没。

**小西行長**《こにしゆきなが》（一五五八〜一六〇〇）

堺の小西一族に連なる小西立佐の子。豊臣秀吉に仕えた大名で、以前は備前の宇喜多氏に仕えていた。洗礼名はアゴスチイノ。一族にキリシタンが多く、幼少期に洗礼を受けた。天正八年（一五八〇）頃に秀吉に仕え、室津（兵庫県たつの市）を所領とし、海路を使った兵站や水軍に通じた。高山右近とは黒田孝高の入信に関わった。同十五年の伴天連追放令の際には秀吉の棄教勧告に従うも、所領の小豆島に追放刑を受けた右近やグネッキ・ソルディ・オルガンティーノを匿う。天正十六年には肥後半国を領し、内藤如安や結城弥平次ら多くのキリシタンを家臣とした。朝鮮出兵では明との講和にあたる。慶長五年（一六〇〇）の関ヶ原合戦では西軍に属し、戦後に京都で刑死。

**佐久間盛政**《さくまもりまさ》（一五五四〜一五八三）

尾張出身の武将で柴田勝家の甥。玄蕃允、玄蕃助。織田信長に仕え、後には北陸を支配する勝家に付属し、尾山城（後の金沢城）を居城とした。天正十一年（一五八三）の賤ヶ岳の戦いでは大岩山砦の中川清秀、岩崎山砦の高山右近を急襲し、清秀を戦死させた。戦後、捕えられて刑死。

**シクストゥス五世**（一五二〇〜一五九〇）

ローマ教皇。教皇庁の財政立て直しやローマの都市基盤の整備に尽力したことで有名。天正十八年

（一五九〇）に豊臣秀吉から追放刑を受けていた高山右近に対し、その信仰と勇気を讃える書簡を出した。

**ジョゼフ・フォルナレッティ**（一五四五？・一五四六？〜一五九三）

イタリア出身の宣教師。天正六年（一五七八）に来日し、同九年に巡察師アレッサンドロ・ヴァリニャーノが高槻教会を宣教師常住のレジデンシアに昇格させた際、担当の宣教師となった。同十年には高山飛驒守、ヴィセンテ洞院とともに新たに高山右近の領地となった摂津山間部の能勢（大阪府）での布教を展開した。翌年には同じく山間部の忍頂寺（大阪府茨木市）に一ヶ月余り滞在し、周辺の村落で伝道を行っている。安土から高槻にセミナリオが移るとラテン語の講義を行い、セミナリオが大坂に移転し、天正十三年に右近が播磨国明石（兵庫県）に移った後も高槻に滞在した。伴天連追放令の後は平戸に移り、文禄二年（一五九三）に小浜（長崎県雲仙市）で没。

**瀬田掃部**《せたかもん》（？〜一五九五）

近江国出身ともされる武将。諱は正忠、伊繁という。左馬丞、掃部頭。小田原北条氏に仕えたというが不明。千利休門下の茶人で「利休七哲」の一人とされ、利休の書状では高山右近とともに名が見える。天正十六年（一五八八）の後陽成天皇の聚楽第行幸の際に「前駆之馬上」をつとめた。文禄四年（一五九五）の豊臣秀次事件に連座して死刑。

**千利休**《せんのりきゅう》（一五二二〜一五九一）

茶人で侘茶の大成者。堺の商家に生まれる。与四郎、法名を宗易、居士号を利休。織田信長、豊臣秀吉に仕え、特に秀吉の政治には大きく関わった。多くの武将たちと交流があり、茶の弟子も多く抱えた。蒲生氏郷、高山右近、細川忠興、芝山監物、瀬田掃部、牧村利貞、古田織部らを指すことが多い「利休七哲」らである。高山右近については、利休の書状に名が確認され、天正十五年（一五八七）の伴天連追放令の際、右近に棄教を説得したともいう。翌年に蒲生氏郷に出した二通の書状では、秀吉と右近との対面や右近の金沢行きを報じた。天正十九年に秀吉の怒りを受けて自刃。

**高山《たかやま》ジュスタ**（?〜?）

摂津国余野（大阪府豊能町）周辺に勢力を持つ「クロン」殿の娘。母は摂津国人池田氏の一族。天正二年（一五七四）頃に高山右近と結婚し、息子ジョアンや娘ルチアたちをもうけた。右近と生涯をともにし、加賀前田家に迎えられたときも金沢に移った。慶長十九年（一六一四）の国外追放時も娘ルチアや孫たちと同行。右近の死後、ルチアと孫の一人とともに元和二年（一六一六）に日本に戻った。孫らは「六左衛門」という名義で堺に家を持ったともいうが、ジュスタについては不明である。

**高山《たかやま》飛驒守《ひだのかみ》**（?〜一五九五）

摂津高山周辺（大阪府豊能郡）に勢力を持つ高山氏の出身。図書ともいう。洗礼名はダリヨ。三好長慶の家臣として松永久秀の与力となり、永禄三年（一五六〇）の大和国宇陀郡攻めの後は沢城主（奈良県宇陀市）。同六年にキリスト教に入信し、妻マリアや息子右近（ジュスト）、太郎右衛門などの家族を受洗へと導き、家臣や周囲の領主らに布教した。一度は高山へと逼塞するが永禄十一年に上洛した和田惟政の家臣として重きを成し、芥川城（大阪府高槻市）の城将などをつとめる。元亀四年（一五七三）に高槻城から和田惟長を追った後、間もなく城主の立場を右近に譲った。天正六年（一五七八）の荒木村重の謀反の際には織田信長方となることを拒み、右近と対立の後、城を追われて村重の有岡城（兵庫県伊丹市）に入った。この後は右近の嘆願によって信長に助命され、越前国の柴田勝家に預けられた。天正十年の本能寺の変後は高槻へと戻って右近の許で布教につとめたが、同十五年の伴天連追放令の後は越中国の前田利長に預けられた。文禄二年（一五九三）頃に体調を崩して京都へ移って養生をしたものの、同四年に没。遺言によって長崎のキリシタン墓地に葬られたという。

**高山正吉**《たかやままさよし》（?〜?）

高山右近の一族で家臣。助兵衛尉。高槻城主であった右近が発給した安岡寺（大阪府高槻市）への寺領安堵状と同じ日付で、より丁寧な寺領安堵を行う書状を出すなどしている。

**長連龍**《ちょうつらたつ》（一五四六〜一六一九）

能登国の守護大名畠山氏の重臣であった長氏出身。幼名は万松、九郎左衛門尉。当初の諱は好連。当初は僧で上杉謙信の侵攻に対抗するため織田信長への援軍要請の使者となる。その途中に畠山家中の裏切りで一族が滅亡したため、還俗して家の再興を図り、やがて前田利家の与力となった。利家の遺言状では高山右近と併記され、行動をともにすることも多かったようだ。子孫は前田家家老。

**徳川家康**《とくがわいえやす》（一五四二〜一六一六）

三河国に勢力を持つ松平氏出身の天下人で、徳川幕府の初代征夷大将軍。幼名竹千代、次郎三郎。初期は松平元康。三河守、内大臣、征夷大将軍などを経て太政大臣。幼少期は駿河の戦国大名今川氏に臣従したが、永禄三年（一五六〇）の桶狭間の合戦後は織田信長と同盟し、三河、遠江、駿河の勢力となる。本能寺の変後は羽柴秀吉と対立するも従い、関東に移封されて二〇〇万石を超える最大の大名となる。豊臣政権の五大老の筆頭となるが、慶長五年（一六〇〇）の関ヶ原の戦いに勝利して事実上の天下人となり、同八年に伏見城で征夷大将軍に任官して幕府を開いた。慶長十七年（一六一二）に直轄領にキリスト教禁教令を出し、全国に拡大。同十四年、大坂冬の陣で大坂城の豊臣秀頼を攻撃する直前、幕府は加賀前田家を離れた高山右近を国外追放。翌年には秀頼一族を滅ぼした。

**豊臣秀吉《とよとみひでよし》**（一五三七〜一五九八）

尾張国出身の天下人。木下藤吉郎、羽柴秀吉。筑前守、権大納言などを経て関白、太政大臣。織田信長の足軽から身を起こし、永禄十一年（一五六八）の信長上洛後は京都の政務を担当。近江浅井氏に勝利した天正元年（一五七三）に長浜城主（滋賀県）となる。織田政権の中国方面の攻略を担当し、播磨国や但馬国を制圧する。同十年の本能寺の変の後は高山右近らを味方として山崎合戦で明智光秀を破り、柴田勝家や徳川家康らとの戦いを経て天下統一の主導権を握る。天正十三年には関白。居城の大坂に教会やセミナリオが建設されるなどキリシタンに寛容であったが、同十五年の九州出兵後に突如、伴天連追放令を出して右近を追放した。天正十八年に全国統一を実現し、続けて朝鮮出兵を実行。右近とも和解を果たす。

**内藤如安《ないとうじょあん》**（一五五〇〜一六二六）

丹波守護代内藤家出身。内藤宗勝（松永長頼）の子で松永久秀の甥。諱は貞弘、後に「忠俊」か。通称は五郎、備前守、飛騨守。号して徳庵。洗礼名はジョアン（如安、如庵）。永禄八年（一五六五）頃に受洗し、足利義昭と織田信長が対立した際、義昭方となって没落した。後に小西行長に仕え、「小西」姓を名乗って朝鮮出兵の際には明との講和にあたる。関ヶ原合戦以降は、前田利長を頼って金沢へ移り、高山右近らと金沢におけるキリシタンの中心になった。慶長十九年（一六一四）には右近とともに国外追放となり、寛永三年（一六二六）にフィリピン・マニラで没。妹が内藤ジュリア。

**中川清秀**《なかがわきよひで》（一五四二？～一五八三）

摂津国出身の大名。父は高山姓というが、高山右近との関係は不明。虎之助、瀬兵衛尉。摂津国人池田氏の家臣で頭角を現し、荒木村重の配下として茨木城主（大阪府）となる。高山右近とは、領地支配をめぐって対立関係にあった。天正六年（一五七八）の村重謀反後は織田信長に重用され、息子秀政が信長娘を娶る。同十年の山崎合戦の際には羽柴秀吉方として右近と先鋒を争った。翌年の賤ヶ岳の戦いで戦死。

**中川秀政**《なかがわひでまさ》（一五六八～一五九二）

中川清秀の子で大名。幼名は長鶴、藤兵衛尉。妻は織田信長の娘鶴姫。清秀の死後、羽柴秀吉に従って天正十三年（一五八五）の四国攻めでは高山右近と行動をともにしたことが『中川家文書』からわかる。同年に播磨国の三木城（兵庫県）へ転封。文禄元年（一五九二）に渡海した朝鮮で鷹狩中に襲われ死亡。

**フランシスコ・カブラル**（？～一六〇九）

ポルトガル人のイエズス会宣教師。元亀元年（一五七〇）に来日し、布教長として各地を視察した。翌年には京都で将軍足利義昭、岐阜で織田信長と対面。天正二年(一五七四)には京都で信長と面会した後、高山飛騨守・右近父子がいる高槻に立ち寄った。布教においては、日本の文化や慣習などをあまり考慮せず、この点をめぐって同十年にアレッサンドロ・ヴァリニャーノと対立し、日本を去った。慶長十四年(一六〇九)にインドで没。

**古田織部**《ふるたおりべ》(一五四四〜一六一五)

美濃国の古田重定の子で大名。左介、織部正。諱は景安、重然。高名な茶人であり、作陶を指導したという織部焼は有名。千利休門下の「利休七哲」の一人とされ、利休の書状では高山右近とともに名が見える。織田信長に仕え、茨木城主(大阪府)の中川清秀の妹を娶った。豊臣秀吉の晩年には御伽衆となった。慶長十九年(一六一四)の大坂冬の陣では徳川方に属したが、翌年の夏の陣の際に豊臣方への内通が疑われて戦後に切腹。なお、古田家は、豊後国竹田(大分県)の大名となった中川家の家老として存続した。

**細川**《ほそかわ》**ガラシャ**(一五六三〜一六〇〇)

明智光秀の娘で名は「玉子」。細川忠興の妻で細川忠利らの母。天正十年(一五八二)の本能寺の変後は、約二年間忠興の所領であった丹後国味土野(京都府京丹後市)に幽閉され、一時は離別された。子の興秋(ジュアン)や次女「たら」(タリーョ)、細川家の家臣をキリシタンへの改宗に導いた。ガラシャの行動には、高山右近の影響があったとみられている。慶長五年(一六〇〇)の関ヶ原合戦に際して、西軍方が大坂に残る大名家の妻子を人質にとろうとした際に拒否。家臣の小笠原少斎に胸元をつかせて自害した。

**細川忠興**《ほそかわただおき》（一五六三〜一六四五）

細川藤孝の子で大名。与一郎、長岡越中守。参議。号して三斎宗立。妻は細川ガラシャ。千利休門下の茶人で「利休七哲」の一人とされ、利休の書状には高山右近とともに名が見える。織田信長、豊臣秀吉に仕え、関ヶ原合戦後に豊前一国と豊後国の一部を治める大名となった。右近と親交が深く、慶長十九年（一六一四）にフィリピン・マニラに出立する際、右近は別れを述べた書状を忠興に出している。

**前田利家**《まえだとしいえ》（一五三八〜一五九九）

尾張国の土豪出身の大名。幼名は犬千代、又四郎、又左衛門、羽柴筑前守。最後は大納言。豊臣政権の五大老の一人で豊臣秀頼の傅役。織田信長に仕え、豊臣秀吉とは旧知の間柄であった。天正三年（一五七五）に柴田勝家の与力として府中城（福井県越前市）に入り、同九年には七尾城主（石川県）。天正十一年の賤ヶ岳の戦いでは羽柴秀吉方となり、金沢城を居城に加賀・能登・越中を治める有力大名となった。同十六年に高山右近を迎えた。慶長四年（一五九九）に没した際の遺言書には、右近は律儀であり、少しの茶代を遣わして情けをかけよ、と記されている。

**前田利長**《まえだとしなが》（一五六二〜一六一四）

前田利家の子で大名。幼名犬千代、孫四郎、羽柴肥前守。最後は権大納言。妻は織田信長の娘永姫。織田信長、豊臣秀吉に仕え、慶長四年（一五九九）利家の死後は豊臣五大老で豊臣秀頼の傅役となった。徳川家康から嫌疑を受けるが、母芳春院（まつ）を江戸に住まわすなどして回避する一方、金沢城下に内惣構の建設を開始した。高山右近を重用し、一説に内惣構の設計（縄張）も右近によるといわれる。関ヶ原合戦では東軍に属して北陸を転戦し、一二〇万石の大大名となった。慶長十四年には隠居所として高岡城（富山県）の築城を開始し、やはり縄張は右近とされる。

**牧村利貞**《まきむらとしさだ》（?～一五九三）

美濃の武将稲葉重通の子で大名。外祖父牧村政倫の養子となる。長兵衛、諱は他に秀光。兵部大輔。千利休門下の茶人で「利休七哲」の一人とされる。織田信長、豊臣秀吉に馬廻として仕え、天正十二年（一五八四）に洗礼を受けた。翌年の蒲生氏郷の洗礼を導き、高山右近と親しい関係にあった。同十八年に二万石余で伊勢国の岩出城主（三重県玉城町）となる。文禄二年（一五九三）に舟奉行として出兵した朝鮮で死去。

**松永久秀**《まつながひさひで》（?～一五七七）

摂津国五百住《よすみ》（大阪府高槻市）の土豪一族出身か。遠縁に高槻城主入江氏がいる。弾正忠、弾正少弼、山城守。天文八年（一五三九）頃から三好長慶に登用され、政権運営を支えていく。摂津国下郡（西部）の支配を経て、大和国に侵攻。永禄三年（一五六〇）には摂津の武士らを率いて宇陀郡を攻め、戦後に与力の高山飛騨守を沢城主（奈良県宇陀市）とした。法華信徒でキリスト教を圧迫したが、家臣には飛騨守らのキリシタンもいる。大和国に多聞城（奈良市）を築いて権力を示すが、長慶没後は三好三人衆と争い、永禄十年の合戦では東大寺大仏殿が類焼した。翌年の織田信長の上洛を支援したが、天正元年（一五七三）には信長から離反し、同五年に再離反した際、信貴城（奈良県平群町）で滅ぼされた。

**三好長慶**《みよしながよし》（一五二二～一五六四）
元々、阿波国に基盤を持った三好氏の本家に生まれ、畿内から四国、日本海側にかけて一大勢力を築いた戦国大名。幼名は千熊丸。孫次郎、筑前守、修理大夫。諱は利長、範長。天文二年（一五三三）に細川晴元の家臣として本格的な活動を開始し、同十七年に摂津国の武士らの支持を受けて晴元を江口の戦い（大阪市）で破った。天文二十二年には摂津国の守護所に相当する芥川城（大阪府高槻市）に入り、足利将軍を擁立せずに畿内に号令した。京都や大坂周辺の流通や交通、地域の実情に通じた勢力を登用し、その一人が高山飛騨守であった。キリスト教には寛容で、永禄六年以降に結城氏や高山氏、三箇氏らの家臣が受洗した。

**横山長知**《よこやまながちか》（一五六八～一六四六）
前田利長の家臣。幼名は三郎、大膳亮、武蔵守、山城守。天正十年（一五八二）に利長に仕え、側近として重用。やがて前田家重臣として関ヶ原合戦前後の政局を乗り切る。高山右近ら家中のキリシタンの理解者で、特に右近とは連署で文書も発給し、息子康玄は右近娘ルチアを妻とした。慶長十九年（一六一四）の右近らの追放直後に一時出奔。帰参後は家中に重きを成し、キリシタンの取り締まりにもあたった。

**横山康玄**《よこやまやすはる》（一五九〇～一六四五）
横山長知の子。幼名は三郎、大膳。妻は高山右近の娘ルチアであったが、慶長十九年（一六一四）右近らの追放のときに離縁し、後に前田家重臣の今枝直恒の娘と再婚。父とともに前田家中で重きを成し、大坂の陣後は徳川幕府との折衝にもあたった。

**ルイス・デ・アルメイダ**（?～一五八三）
ポルトガル人のイエズス会宣教医。天文二十一年（一五五二）に来日し、イエズス会士となった。豊後府内（大分県）では大友宗麟の援助で建設した病院で医師として活躍。永禄八年（一五六五）にはコスメ・デ・トルレスによってルイス・フロイスとともに畿内に派遣され、沢城（奈良県宇陀市）を訪問し、高山飛騨守らと対面している。天正十一年（一五八三）に天草（熊本県）で没。

**ルイス・フロイス**（一五三二～一五九七）
ポルトガル人のイエズス会宣教師。文筆作業に優れ、多くの書簡を残すとともに『日本史』の執筆を行った。永禄六年（一五六三）に来日し、同八年に上洛。キリスト教への抵抗が強い中、永禄十一年に上洛した織田信長との対面を二条城で果たして以降、信長との良好な関係を築き、布教を進めた。高山右近とも親しく、詳細な記述を残す。天正四年（一五七六）には九州へと赴くが、同七年の巡察師アレッサンドロ・ヴァリニャーノの上洛に従って再び畿内に活動の場を移した。天正十四年に日本準管区長ガスパル・コエリョが秀吉と対面した際には通訳をつとめている。翌年の伴天連追放令以降は九州を転々とし、一度は日本を離れるが再来日を果たし、慶長二年（一五九七）に長崎で没。

**ロレンソ了斎《りょうさい》**（一五二六～一五九一）
肥前国生まれの日本人でイエズス会の修道士。盲目の琵琶法師であった天文二十年（一五五一）、フランシスコ・ザビエルに山口（山口県）で出会い、洗礼を受けた。永禄二年（一五五九）にはガスパル・ヴィレラに従って上洛し、同六年には公家の清原枝賢や三好長慶の家臣で松永久秀に属した結城忠正、高山飛騨守を入信へと導き、翌年には高山右近に洗礼を授けた。一時は九州へ戻ったが永禄十一年に上洛した織田信長からの布教の許可の獲得に尽力し、畿内での活動を再開。ルイス・フロイスとともに日蓮宗の朝山日乗との宗論に対応した。文禄元年（一五九二）に長崎で没。

**和田惟長**《わだこれなが》（?〜?）

和田惟政の子で高槻城主。幼名は愛菊。元亀二年（一五七一）に惟政が戦死し、織田信長と足利義昭が対立を深める中、叔父和田惟増を殺害。和田家中は混乱し、元亀四年に有力家臣の高山飛騨守・右近父子と争った結果、高槻城を追われた。直後に死去したとも一命を取り留めて近江甲賀（滋賀県）に逃れ、寛永五年（一六二八）に没ともいう。

**和田惟政**《わだこれまさ》（一五三〇?〜一五七一）

近江国甲賀（滋賀県）の土豪。弾正忠、伊賀守。号して俉麼斎鈔任か。永禄八年（一五六五）に三好義継らに殺害された将軍足利義輝の関係者で、奈良に幽閉された一乗院覚慶（後の足利義昭）を甲賀に匿った。以降、織田信長との連絡をつとめるなど足利義昭を助けて、同十一年に上洛を果たした後は摂津国の芥川城主（大阪府高槻市）となる。高山飛騨守らを家臣とし、キリシタンにも好意的であった。翌年には高槻城へと移り、足利義昭の家臣として畿内支配に関わったが、信長との対立が深まる中で出家。復帰後も活躍するが摂津国内で国人池田氏の勢力と競合した結果、元亀二年（一五七一）に起きた白井河原の合戦（大阪府茨木市）で戦死した。

※外国の人名は、一般に使われることが多い読みを採用した。

〈主な参考文献〉

石川県教育委員会金沢城研究調査室編『金沢城代と横山家文書の研究』石川県教育委員会金沢城研究調査室、二〇〇七
田中健夫・石井正敏編『対外関係史辞典』吉川弘文館、二〇〇九
谷口克広『織田信長家臣人名事典』第二版、吉川弘文館、二〇一〇
田端泰子『細川ガラシャ』ミネルヴァ書房、二〇一〇
フーベルト・チースリク『高山右近史話』聖母の騎士社、一九九五
牧 孝治『加賀の茶道』北国出版社、一九八三
『別冊淡交　利休と七哲―それぞれの茶風を知る』淡交社、二〇一二

本書所収の天野忠幸氏、木越隆三氏、鳥津亮二氏、福島克彦氏、大西泰正氏、神津朝夫氏の論考、拙文も参照されたい。

# 高山右近関係史跡

## 大阪府

**芥川城《あくたがわじょう》**（芥川山城跡、高槻市大字原）

十六世紀初頭に摂津国守護細川京兆家が築城した大阪府下最大級の山城で、天文二十二年（一五五三）に三好長慶が入城したことで知られる。城は麓の三方を芥川がめぐる三好山（標高一八二・六メートル）一帯を利用し、東西五〇〇メートル×南北四〇〇メートル以上の規模を持つ。長慶在城以後は「畿内の政庁」の様相を呈したが、城下に町はなかった。永禄十一年（一五六八）に足利義昭を擁した織田信長は上洛に先駆けて当城に入っている。間もなく城主となった和田惟政は在京の機会が多く、城は有力家臣の高山飛驒守が預かった。現状も堀切や石垣が良好に残り、発掘調査では主郭に座敷を持つような本格的な建物の礎石が確認されている。

**安岡寺《あんこうじ》**（高槻市浦堂本町）

現在は単立寺院であるが、もとは天台宗。南山般若院と号する。宝亀六年（七七五）に開成皇子が建立したと伝える。高槻市指定文化財の「安岡寺文書」は、戦国期後半～近世初頭の七点の文書であり、高山右近の一族の高山正吉が寺領を安堵する年未詳の書状を含む（現在は高槻市立しろあと歴史館に寄託）。かつては正吉の書状と同じ日付で、同じく寺領を安堵した高山右近の書状が存在した（現在は所在不明）。この書状で、右近は差出に洗礼名のジュストをあてた「寿子」と署名している。戦国時代の三好氏や高山氏による焼き討ち伝承がある。

**千提寺《せんだいじ》・下音羽《しもおとわ》**（茨木市千堤寺・下音羽）

千堤寺と下音羽は、摂津北部の山間に位置し、高槻城主であった高山右近の支配を受けたと考えられる地域である。江戸時代を通じてキリシタン信仰が存在し、大正八年（一九一九）に二支十字と慶長八年（一六〇三）の年紀が刻まれた「上野マリア」墓碑を藤波大超氏が確認し、翌年には「あけずの櫃」が開かれて、現在は重要文化財となっているフランシスコ・ザビエル像（神戸市立博物館蔵）や大阪府指定文化財であるマリア十五玄義図（個人蔵。茨木市立文化財資料館寄託）などの貴重なキリシタン遺物の存在が明らかになった。この後もキリシタン遺物が確認されており、信仰の実態を伝えている。その一部は、現地の茨木市立キリシタン遺物資料館で見ることができる。また、千堤寺のカトリック信徒施設前には高山右近の像が建つ。

**高槻城《たかつきじょう》**（高槻市城内町他）

高槻城は、北から伸びる扇状地の南端に立地し、周囲には平野が広がる。戦国時代には在地勢力の入江氏が拠点とし、永禄十二年（一五六九）には足利義昭の功臣和田惟政が城主となった。元亀四年（一五七三）には、最古級の「天主」が存在している。高山右近の時代には城下に教会が設けられ、発掘調査ではキリシタン墓地が確認された。天正十三年（一五八五）以降は羽柴小吉秀勝が一時城主となったが、やがて周辺は豊臣家の直轄領となり、江戸開幕後は譜代大名が頻繁に交代して城主をつとめた。慶安二年（一六四九）の永井直清の入城後は三万六〇〇〇石の大名として永井家が明治維新まで続き、京都と大坂間の守りを固めた。近世高槻城は並立する本丸と二の丸を厩郭や帯曲輪、三の丸などが取り囲む構造で、およそ六〇〇メートル四方に収まる城域であった。城は明治以降に破壊され、現在は地表面にほぼ痕跡をとどめないが、三の丸跡の一部が城跡公園となっており、高山右近の像が建つ。大阪府指定史跡（規則）。

**高槻城キリシタン墓地**（高槻市大手町）

高槻城キリシタン墓地は、一九九八年に高槻市教育委員会が高槻城三の丸の武家屋敷跡で行った発掘調査で確認された。通路を挟んで南北の二ブロックに整然と並ぶ二十七基の埋葬施設の様相が判明し、遺体が仰向けで埋葬される伸展葬であること、木棺の蓋に「二支十字」が墨書されていたこと、木製のロザリオが出土したことなどから、高山右近が高槻城主であった時代のキリシタン墓地であることが判明した。埋葬は全て同じ木棺直葬という手法で行われており、被葬者の年齢や性別は多様で、身分などに大きな隔たりは見受けられなかった。墓地の様相は博愛的な信仰のあり方を示すとともに、城下に住まう幅広い階層にまで信仰が及んでいたことを示す。フロイスによれば、高山氏は高槻城下の「神の社があった所」に大きな十字架が立ち、美しい庭を備えた教会や付属施設を建設していた（一五七六〈七七〉年八月二十日付フロイス書簡）。教会は現在の野見神社境内周辺と考えられ、キリシタン墓地はこの一角にあたる。教会等の存在は「高山右近高槻天主教会堂跡」として大阪府指定史跡（規則）。

**高山城《たかやまじょう》・高山向山城《たかやまむかいやまじょう》**（豊能郡豊能町大字高山）

高山城と高山向山城は、高山集落（大阪府豊能町）の周縁部に立地する小規模山城である。戦国時代の高山氏は、この周辺を拠点とし、勝尾寺（大阪府箕面市）の荘園であった高山荘の代官もつとめた。高山城は集落北西部に所在し、一部破壊を受けるものの単郭の構造で南に堀切を持つことが確認できる。高山向山城は集落南西部に所在し、内部が二段となる単郭で南北にそれぞれ堀切が存在する。北の堀切は土塁を伴い、南の堀切とは帯曲輪でつながる。両城とも規模は東西南北とも五〇メートル以下の単郭であり、かつ集落からの高さは五〇メートルに満たない。この様相は村落を基盤とする土豪の山城にふさわしいが、一般的に土豪の城が集落に向けた立地であるのに対し、両城は外部を向いた立地である。高山氏が一つの集落を超えた、より広域な支配を意図していたことが連想できよう。

**忍頂寺**《にんちょうじ》（茨木市大字忍頂寺）

標高約五〇〇メートルの竜王山の山麓に位置し、平安時代は山岳仏教の拠点として繁栄した寺院で、現在は真言宗。賀峯山を号し、本山寺や安岡寺と同じく、開成皇子の開創伝承もある。高山右近の焼き討ちを受けたというが、右近は寺領が多く存在する付近の五ヶ庄の百姓に宛てた文書において、寺への諸物成の納入を命じるなど保護の姿勢をみせている。この年未詳七月二十三日付の文書では、右近は差出に洗礼名のジュストをあてた「寿子」と署名している（現在は所在不明）。天正十年（一五八二）前後の忍頂寺付近は右近と茨木城主中川清秀との勢力が交錯し、忍頂寺は清秀と結びつく動きを示す一方、教会になったとされるなど、複雑な状況を呈していた。

**本山寺**《ほんざんじ》（高槻市大字原）

天台宗の寺院で北山を山号とし、標高約六四〇メートルの山中に位置する。宝亀五年（七七四）の開成皇子と役行者による開創を伝える。戦国大名三好氏や歴代の高槻城主から崇敬を受けた。高槻市指定文化財の「本山寺文書」は、十一通の戦国期後半から近世初頭にかけての文書であり、天正八年（一五八〇）頃に出されたと思われ、差出に洗礼名のジュストをあてた「寿須」と署名する寺領安堵の高山右近書状や、同じく「重出」と署名する天正二年三月十三日付の高山右近禁制、右近を後見する立場で出された高山飛騨守の書状を含む（現在は高槻市立しろあと歴史館に寄託）。飛騨守の書状は現在唯一のものであり、寺領安堵の内容で、洗礼名ダリヨをあてた「太慮」（「大慮」か）と署名している。右近による焼き討ち伝承があるが、山崎合戦の際の焼亡との言い伝えもある。

## 近畿地方

**安土《あづち》セミナリオ**（滋賀県近江八幡市安土町下豊浦）

セミナリオ（ヨ）とは、キリスト教の神学校のこと。天正八年（一五八〇）に織田信長がグネッキ・ソルディ・オルガンティーノに安土城の南の新しい造成地を与えて建設された。デウスに通じるともされる「大臼《だいうす》」と呼ばれる場所が比定地で、石碑が建てられている。建設に際しては、高山右近が多くの人数を動員するなどして助け、家臣の子弟が学生になったという。同十年の本能寺の変まで存在した。

**岩崎山砦《いわさきやまとりで》**（滋賀県長浜市余呉町下余呉）

天正十一年（一五八三）の賤ヶ岳の戦いで羽柴秀吉方の高山右近が陣を置いた。余呉湖に面した低い尾根の先端に立地し、尾根続きに中川清秀の大岩山砦があり、柴田勝家方の佐久間盛政の攻撃により、清秀が戦死、右近が撤退した場所でもある。戦いでは羽柴方、柴田方の双方が陣城と呼ばれる臨時築城を行ったことで知られ、今も遺構が随所に残る。このときの陣城は、羽柴方の堀秀政が陣を置いた東野山城、羽柴秀長が陣を置いた田上山城のように、曲輪の削平は不十分で土塁は低く、堀切も浅い一方、明瞭な虎口を持ち、塁線に折れを伴うテクニカルな構造であるものが多い。しかし、岩崎山砦はかろうじて曲輪が確認できる程度であり、土塁も非常に低く、遺構と自然地形との区別も不明瞭である。

**沢城《さわじょう》**（奈良県宇陀市榛原澤）

標高五三八メートルの山頂に築かれた山城。大和国宇陀郡の国人沢氏の拠点であり、永禄三年（一五六〇）以降は、松永久秀の与力である高山飛騨守が城主となった。約三〇〇メートル四方に及ぶ範囲に本丸や出丸などと呼ばれる中心部があり、少し離れた場所に米山城という出城を配置した。現在も巨大な土塁や堀切遺構が良好に残り、発掘調査によって山城や城下の様相が垣間見えてきた。高山右近が洗礼を受けた地であり、山麓の集落には記念の石碑が建つ。

**南蛮寺《なんばんでら》**（京都府中京区姥柳町）

天正四年（一五七六）、京都の下京にあたる姥柳町に教会が建設された。従来の教会も南蛮寺と呼ばれるが、この新たな教会は「都の南蛮寺図」（神戸市立博物館蔵）に描かれており、三階建の日本建築であった。高層化の理由は、狭い土地に宣教師の住居を確保するためであったという。高山飛騨守・右近父子が経済的援助を行うなど尽力し、最初のミサの際には右近の家臣や高槻の多くのキリシタンらが参加した。現在、発掘された礎石が同志社大学今出川キャンパス内に設置されている。

**船上城**《ふなげじょう》（兵庫県明石市新明町他）

船上城は、明石川河口の湿地帯に築かれた平城で、推定城下の端は明石海峡に面した海浜となる。天正十三年（一五八五）の豊臣秀吉による四国攻めでは軍船の基地となった。同年に高槻城から移った高山右近が城郭を整備するとともにキリスト教の施設を設け、ルイス・フロイスたちも「当時ダリオが建築中であった新しい大きな教会」を訪問し（一五八六年十月十七日付フロイス書簡）、完成した教会には宣教師が常駐したようで、新たなキリシタンたちが生まれた。同十五年の右近の追放後、城は元和五年（一六一九）に譜代大名の小笠原忠政が明石城に移るまで機能した。推定の城下町の範囲は、最大で東西一キロメートルに近い。現在、本丸の一部とされる高まりが残るものの、城跡や城下町の大半は宅地や農地となり、数次に及ぶ発掘調査が行われている。

## 北陸地方

**金沢城**《かなざわじょう》（石川県金沢市丸の内他）

金沢城は、南西から伸びる台地先端に立地する。戦国時代には金沢御坊が所在した。加賀前田家の拠点として整備が進み、慶長四年（一五九九）には内惣構という本丸や二の丸などの中心部、及び城下の一部を囲む施設の工事がはじまり、後には外惣構も整備された。内惣構は城が立地する台地を挟んで東と西に分かれ、その総延長は合計約二・九キロメートルにも及ぶ。内惣構の設計（縄張）は高山右近が行ったとされ、金沢城の大手を尾坂門とした際にも関わったとされてきた。内惣構の着工時期に間違いはないものの、右近の関与を示す明確な資料は見出せていない。現在は、一部で史跡整備が進み、解説板なども設置されている。また、広坂にあるカトリック金沢教会には高山右近の像が建つ。

**高岡城《たかおかじょう》**（富山県高岡市古城他）

高岡城は、台地の末端に立地し、前田利長の隠居城として慶長十四年（一六〇九）から築城された。およそ六五〇メートル×四〇〇メートルの城域を持つ。方形の本丸を中心に二の丸、鍛冶丸、明き丸、三の丸という馬出状の曲輪が連なる構造は、豊臣秀吉が京都に構えた聚楽第との類似が指摘され、当該期における平城の一パターンとされる。慶長二十年（一六一五）の「一国一城令」で廃城になったが、城下の町は存続した。設計（縄張）は高山右近が行ったとされるが、文献からの裏付けは難しい。現在、発掘や測量調査、石垣や石材に関する調査などが進展している。大手口には、高槻（大阪府）の城跡公園と同じ姿の右近の銅像が建つ。

〈主な参考文献〉

明石城史編さん実行委員会編『講座 明石城史』神戸新聞総合出版センター、二〇〇〇
茨木市史編さん委員会『新修 茨木市史』第九巻 史料編 美術工芸、茨木市、二〇〇八
金沢市編『石川県金沢市 金沢城 惣構跡』Ⅰ、金沢市埋蔵文化財センター、二〇〇八
高岡市立博物館編『企画展「高岡城」』高岡市立博物館、二〇〇四
高槻市教育委員会編『高槻城キリシタン墓地―高槻城三ノ丸跡北郭地区発掘調査報告書―』二〇〇一
高槻市教育委員会編『「本山寺文書」「神峯山寺文書」「安岡寺文書」調査報告書』二〇一三

本書所収の高橋公一氏、稲原昭嘉氏、向井裕知氏、仁ヶ竹亮介氏の論考、拙文も参照されたい。

# 参考文献

高山右近に大きく関連する研究論文や史料集に加え、随筆やルポルタージュなどを含む右近をテーマとした文献を取り上げた（小説は除く）。あくまで管見の限りであり、網羅できていない点はご寛恕を請うところである。自治体史や間接的な発掘調査報告書については省いており、後者については本書の各論考を参照されたい。一九六五年の松田毅一「高山右近関係文献」では、百五十点もの文献が紹介されている。本項とは一部重複があるものの、詳細を知りたい方は是非とも一読されたい。

青山　玄「金沢における高山右近とその周辺」（『キリシタン文化研究会会報』一六―三・四、一九七四）
A・シュワーデ「高山右近の追放と死―右近への讃仰―」（高山右近列福運動本部『高山右近研究　逝去三百五十年祭記念』、一九六五）
姉崎正治「上智大学ラウレス教授著「高山右近の生涯」」（読書研究会編『読書倶楽部』四―三、日本出版広告社、一九四九）
天野高信「高槻における高山右近の遺跡、遺物について」（高山右近列福運動本部『高山右近研究　逝去三百五十年祭記念』、一九六五）
天野忠幸「松永久秀家臣団の形成」（天野忠幸ほか編『戦国・織豊期の西国社会』、日本史史料研究会、二〇一二）
アントニオ・セルメニオ『聖将　高山右近』（中央出版社、一九六五）
飯島正明『高山右近とその郷土』（豊能町教育委員会、一九八一）
石川県教育委員会金沢城研究調査室編『金沢城代と横山家文書の研究』（石川県教育委員会金沢城研究調査室、二〇〇七）
稲原昭嘉「船上城の発掘調査から」（明石城史編さん実行委員会編『講座明石城史』、神戸新聞総合出版センター、二〇〇〇）
茨木一成「林の城から船上城」（明石城史編さん実行委員会編『講座明石城史』、神戸新聞総合出版センター、二〇〇〇）
インモース・トマス「高山右近とハイドン　宝さがし奇譚」（『ソフィア　西洋文化ならびに東西文化交流の研究』一八―二、上智大学、一九六九）
臼井信義「高山右近の教名文書」（『日本歴史』三九、吉川弘文館、一九五一）
臼井信義「高山右近の茶病」（『日本歴史』六八、吉川弘文館、一九五四）
臼井信義「高山右近の名字」（『人物叢書』一三号附録、吉川弘文館、一九五八）
海老沢有道『高山右近』（吉川弘文館、一九五八）

大阪府三島郡公立中学校教育研究会歴史部『摂津三島のキリシタン』（教育研究会、一九五二）
岡田章雄「高山右近」（『日本歴史』一五、吉川弘文館、一九四九）
岡田章雄『キリシタン大名』（教育社歴史新書、一九八〇）
奥田康雄「高山右近の北摂巡礼 余野」（『キリシタン文化研究会会報』一三―一、一九七〇）
奥田康雄『高山右近の北摂キリシタン遺跡案内 高槻城主・キリシタン大名高山右近の北摂巡礼』（高槻高山右近研究会、一九七一）
奥田康雄「高山右近はいつ頃高槻城主になったか」（『キリシタン文化研究会会報』一六―一、一九七三）
片岡弥吉『高山右近大夫長房伝』（カトリック中央書院、一九三六）
片岡弥吉「ヨハネス・ラウレス著『高山右近の生涯』」（上智学院編『カトリック思想』二八―三、上智学院出版部、一九四八）
片岡弥吉『高山右近』（高山右近列福運動本部、一九六四）
片岡弥吉「明石、金沢の遺跡と右近書状および右近の塔」（高山右近列福運動本部『高山右近研究 逝去三百五十年祭記念』、一九六五）
片岡弥吉「茶人としての右近」（高山右近列福運動本部『高山右近研究 逝去三百五十年祭記念』、一九六五）
川上帚木「高山右近」（『茶道月報』三七七、茶道月報社、一九四二）
北本好武『高槻天主教会堂址に就て 耶蘇会士の日本通信に現はれたる』（私家版、一九四八）
木越邦子「石川県でのキリシタン研究の成り立ちと現状 高山右近を中心にして」（『キリシタン文化研究会会報』一一一、一九九八）
木越邦子「「高山右近子孫伝承」を能登に追う」（『キリシタン文化研究会会報』一二三、二〇〇四）
木越邦子『キリシタンの記憶』（桂書房、二〇〇六）
木越邦子「〈研究ノート〉金沢追放の際に詠んだ歌でない「高山右近が詠んだ歌」を検証する」（『キリシタン文化研究会会報』一三七、二〇一一）
木越隆三「金沢城下 内惣構の築造時期について」（吉岡康暢先生古希記念論集刊行会編『陶磁器の社会史』、桂書房、二〇〇六）
木越隆三「横山長知の出奔と本多政重」（加能地域史研究会編『地域社会の歴史と人物』、北國新聞社、二〇〇八）
北村清士校注『中川史料集』（新人物往来社、一九六九）
キリシタン文化研究会「高山右近の列福調査準備委員会発足」（『キリシタン文化研究会会報』八―一、一九六四）
キリシタン文化研究会「高山右近の列福調査」（『キリシタン文化研究会会報』一四―一、一九七一）
キリシタン文化研究会「〈彙報〉オラトリオ高山右近」（『キリシタン文化研究会会報』二一―一、一九八〇）
久保義明『高山右近の生涯とキリシタン殉教』（私家版、一九八六）

久保田典彦『右近のまちのクリスマス』（私家版、二〇〇三）
久保田典彦『高山右近が城主だった頃の高槻』（私家版、二〇〇二）
久保田典彦『山崎合戦のころの高山右近』（私家版、二〇〇二）
熊倉功夫「茶に生きた人 ―高山右近 その人と生涯―」（『茶道雑誌』七七-四、河原書店、二〇一三）
黒部 亨「高山右近の人間像」（明石城史編さん実行委員会編『講座明石城史』、神戸新聞総合出版センター、二〇〇〇）
神戸大学文学部日本史研究室編『中川家文書』（臨川書店、一九八七）
五野井隆史『日本キリスト教史』（吉川弘文館、一九九〇）
五野井隆史『日本キリシタン史の研究』（吉川弘文館、二〇〇二）
佐久間 正翻訳、H・チースリク解説・註「コリン著の高山右近伝」（キリシタン文化研究会編『キリシタン研究』一七、吉川弘文館、一九七七）
清水紘一『織豊政権とキリシタン ―日欧交渉の起源と展開―』（岩田書院、二〇〇一）
下川雅弘「織田権力の摂津支配」（戦国史研究会編『織田権力の領域支配』、岩田書院、二〇一一）
吹田市立博物館『高山右近とその時代 ―北摂のキリシタン文化―』（吹田市立博物館、一九九八）
関根和美『私の高山右近』（高山活版社、二〇〇三）
大門貞夫『キリシタン大名高山右近と大和沢城』（榛原町、一九七八）
高槻北高校地理歴史研究部『高山右近』（発行年不詳）
高槻市教育委員会『高槻城キリシタン墓地 ―高槻城三ノ丸跡北郭地区発掘調査報告書―』（高槻市教育委員会、二〇〇一）
高槻市教育委員会『「本山寺文書」「神峯山寺文書」「安岡寺文書」調査報告書』（高槻市教育委員会、二〇一三）
高槻市立しろあと歴史館『北摂の戦国時代 高山右近』（高槻市立しろあと歴史館、二〇〇九）
高槻市立しろあと歴史館『南蛮との出会い ―高山右近と大友宗麟の時代―』（高槻市立しろあと歴史館、二〇一二）
高槻市立しろあと歴史館『高山右近の生涯 ―発掘戦国武将伝―』（高槻市立しろあと歴史館、二〇一三）
高槻高山右近研究会『高槻高山右近研究会報』一（高槻高山右近研究会、一九七五）
髙橋敏夫『武将高山右近の信仰と茶の湯』（いのちのことば社フォレストブックス、二〇〇七）
髙橋敏夫『キリシタン大名 高山右近を追え！』（いのちのことば社フォレストブックス、二〇一〇）
髙橋敏夫『新版 高山右近を追え！ キリシタン大名の信仰、希望、愛』（いのちのことば社フォレストブックス、二〇一二）

高山右近列福運動本部『高山右近研究 逝去三百五十年祭記念』(高山右近列福運動本部、一九六五)
竹田市教育委員会『中川氏御年譜 年譜』(竹田市教育委員会、二〇〇七)
谷 真介『キリシタン大名 高山右近』(女子パウロ会、二〇一一)
谷口克広『織田信長家臣人名辞典』(吉川弘文館、一九九五)
谷口克広『織田信長家臣人名辞典』第二版(吉川弘文館、二〇一〇)
津田忠興『高槻城主・キリシタン大名の生涯 高山右近伝』(私家版、二〇〇四)
デ・ルカ・レンゾ「識別に生きたキリシタン大名、高山右近 和田・荒木家との葛藤」(『キリシタン文化研究会会報』一三五、二〇一〇)
デ・ルカ・レンゾ「高山右近と当時の処刑・殺害概念について」(『カトリック研究』八一、上智大学神学会、二〇一二)
天坊幸彦『高槻通史』(高槻市役所、一九五三)
天坊幸彦「摂津に於ける高山右近」(『大阪史談』復刊第三冊、大阪史談会、一九五八)
富井康夫「高山右近の謎」(『新 いにしえ物語』高槻市役所、一九九五)
友村忠司「キリシタン大名高山右近列福祈願「和解と平和の巡礼の旅」に参加して」(『キリシタン文化研究会会報』二一-一、一九八〇)
中西裕樹「摂津国北部の一山間村落と小規模城郭—高山の事例—」(『中世城郭研究』一三、中世城郭研究会、一九九九)
中西裕樹『北摂の戦国時代 高山右近』(『北摂の戦国時代 高山右近』高槻市立しろあと歴史館、二〇〇九)
中西裕樹「「清水家文書」の高山右近禁制について」(『しろあとだより』二、高槻市立しろあと歴史館、二〇一一)
中西裕樹「高槻城主 和田惟政の動向と白井河原の合戦」(『しろあとだより』七、高槻市立しろあと歴史館、二〇一三)
中西裕樹「高槻城主 高山右近の家臣と地域支配 —織田政権下の茨木城主 中川清秀との比較から」(『高山右近の生涯 —発掘戦国武将伝—』高槻市立しろあと歴史館、二〇一三)
中西裕樹「史料紹介 高山右近の文書」(『高山右近の生涯 —発掘戦国武将伝—』高槻市立しろあと歴史館、二〇一三)
中西裕樹「高山右近とキリシタン —キリスト教の展開と北摂の戦国時代」(『シンポジウム 発掘!検証!キリシタン墓 —高山右近とキリシタン—』公益財団法人大阪府文化財センター、二〇一四)
仁木 宏「高山右近と戦国時代の畿内社会」(『キリシタン文化研究会会報』一四一、二〇一三)
西川隆夫『高山右近の出自』(私家版、二〇一二)
西村 貞『キリシタンと茶道』(全国書房、一九四八)
西本幸嗣「史料紹介『高山右近大輔軍功』について」(『しろあとだより』七、高槻市立しろあと歴史館、二〇一三)

能勢初枝『右近再考―高山右近を知っていますか』（スタジオ・クレイ、二〇〇四）
パチェコ・ディエゴ「高山右近と長崎」（『キリシタン文化研究会会報』八-二、一九六五）
パチェコ・ディエゴ「長崎における右近」（高山右近列福運動本部『高山右近研究 逝去三百五十年祭記念』、一九六五）
フーベルト・チースリク「〈書評〉高山右近と日本の初代教会（ラウレス・J）」（『ソフィア 西洋文化ならびに東西文化交流の研究』、上智大学、一九五六）
フーベルト・チースリク「信徒使徒 高山右近」（高山右近列福運動本部『高山右近研究 逝去三百五十年祭記念』、一九六五）
フーベルト・チースリク「高山右近領の山間部におけるキリシタン―布教・司牧上の一考察―」（キリシタン文化研究会編『キリシタン研究』一六、吉川弘文館、一九七六）
フーベルト・チースリク「文禄年間京都における高山右近」（キリシタン文化研究会編『キリシタン研究』二〇、吉川弘文館、一九八〇）
フーベルト・チースリク『高山右近史話』（聖母の騎士社、一九九五）
古巣 馨『ユスト高山右近 いま、降りていく人へ』（ドン・ボスコ社、二〇一四）
F.H.W.カステラン『高山右近』（聖霊病院、一九七二）
F.H.W.カステラン『石川のキリシタン』（聖霊病院、一九七三）
北國新聞社編『加賀百万石異聞　高山右近』（北國新聞社、二〇〇三）
松澤克行ほか「利休七哲の素顔を知る」（『別冊淡交　利休と七哲』、淡交社、二〇一二）
松田毅一『近畿キリシタン史話』（中央出版社、一九四九）
松田毅一「高山右近の高槻城脱出」（『声』八五九、聲社、一九四九）
松田毅一「高山右近伝の補足的研究」（『日本歴史』一七三、吉川弘文館、一九六二）
松田毅一「高山右近の家族、郷里、遺跡」（高山右近列福運動本部『高山右近研究 逝去三百五十年祭記念』、一九六五）
松田毅一「高山右近関係文献」（高山右近列福運動本部『高山右近研究 逝去三百五十年祭記念』、一九六五）
松田毅一「高山右近雑感」（世紀編集室『世紀』一八一、一九六五）
松田毅一『近世初期日本関係南蛮史料の研究』（風間書房、一九六七）
松田毅一監訳『十六・七世紀イエズス会日本報告集』全十五巻（同朋舎出版、一九八七〜九八）
松田毅一・川崎桃太訳『完訳フロイス日本史』全十二巻（中央公論新社、二〇〇〇）
三ケ尻 浩「高山右近覚書」（『尾道短期大学研究紀要』五、一九五六）

見瀬和雄「加賀藩におけるキリシタン禁制の展開」（『市史かなざわ』一、一九九五）
溝上茂夫「金沢人としての高山右近」（『金沢経済大学論集』二四―三、一九九一）
溝部脩「高山右近と小豆島」（『キリシタン文化研究会会報』一四一、二〇一三）
宮元健次『加賀百万石と江戸芸術 前田家の国際交流』（人文書院、二〇〇二）
村井康彦『利休七哲 宗旦四天王』（淡交社、一九六九）
村上直次郎訳『耶蘇会士日本通信』京畿編・豊後編（聚芳閣、一九二七～二八）
村上直次郎「教皇シスト五世より高山右近宛の書簡」（『史学雑誌』五九―五、史学会、一九五〇）
安野眞幸『バテレン追放令 16世紀の日欧対決』（日本エディタースクール出版部、一九八九）
柳井光雄「船上城と城下」（明石城史編さん実行委員会編『講座明石城史』、神戸新聞総合出版センター、二〇〇〇）
山縣實『高山右近に息吹かれ』（殉愛キリスト教会、一九九七）
山縣實『霊峰めざして 高山右近思考』（私家版、二〇〇五）
山下洋輔「高山右近の寺社破壊に関する一考察」（『早稲田大学大学院教育学研究科紀要 別冊』一五―二、二〇〇八）
結城了悟『キリシタンになった大名』（聖母文庫、一九九九）
横山高治『北摂歴史ロマン』（わいわいＹＯＵ新聞社、一九九二）
ヨハネス・ラウレス『高山右近の生涯 ―日本初期基督教史―』（エンデルレ書店、一九四八）
ヨハネス・ラウレス『高山右近の研究と史料』（六興出版社、一九四九）
ヨハネス・ラウレス「高山右近 ―現代日本の指導者―」（『塔』一―六、羽田書店、一九四九）
ヨハネス・ラウレス「日本の英雄高山右近」（『日本歴史』五一、吉川弘文館、一九五二）
ヨハネス・ラウレス（柳谷武夫訳）「遺稿高山右近の英雄的諸徳」（高山右近列福運動本部『高山右近研究 逝去三百五十年祭記念』、一九六五）
和辻哲郎「信長と高山右近」（『展望』四九、筑摩書房、一九五〇）
和仁三郎『ジュスト高山右近』（馬場書店、一九五〇）

重文 **南蛮屏風 右隻　都の南蛮寺部分　狩野内膳 筆**（神戸市立博物館 蔵）

屋根に十字架を掲げた都の南蛮寺の祭壇に、洋風聖画を飾り、司祭がミサを行っている様子を描く。右手前に、ロザリオを持った茶人のような人物が描かれているのが興味深い。リスボン国立古美術館蔵の南蛮屏風にも同様の南蛮寺が描かれている。

〔口絵解説 宮下玄覇〕

**アレッサンドロ・ヴァリニャーノ巡察師像**

カトリック教会の司祭でイエズス会東インド管区の巡察師。信長より「安土城図屏風」を贈られた人物として著名。天正9年(1581)2月、ヴァリニャーノはルイス・フロイスらを伴い高槻において復活祭の聖式を挙行。その際、日本に初めて輸入された小型パイプ・オルガンを演奏している。フロイスは、観衆は2万人、そのうち1万5千人がキリシタンであり、未曽有の盛儀であったと記している。

**重文 南蛮屏風 右隻　狩野内膳筆**

（部分・神戸市立博物館 蔵）

在留宣教師と茶人らしきキリシタンが、カピタン一行を出迎えている。老齢の右近を描いたものか。狩野内膳は、右近が没した翌年の元和2年(1616)に亡くなっており、実際に南蛮人や右近らを間近に見ていたはずである。

**重文 南蛮屏風 右隻　都の南蛮寺部分　狩野派(孝信か)筆**（大阪城天守閣 蔵）

室内には、イエズス会が修道院に必ず設けていた茶の湯の座敷が描かれている。床があり、キリスト像を据えるためなのか板床としている。床壁には縦格子を設け、明かりをとる仕組みとなっている。

重文 **都の南蛮寺(被昇天の聖母教会)銅鐘**(妙心寺 春光院 蔵)
イエズス会が天正4年(1576)に京都に建立した南蛮寺の鐘楼に懸けられていた銅鐘。南蛮寺が解体された後、仁和寺を経て幕末期に春光院に入った。総高60㎝。

**都の南蛮寺 銅鐘銘 拓本**(大阪城天守閣 蔵)
胴部分の銘文の拓本。鐘には、イエズス会紋章の「IHS」紋と「1577」(天正5年)の西暦年が陽鋳されている。

**「洗礼を受ける豊後王」**（上智大学キリシタン文庫 蔵）〔『日本通信集 カトリック布教史 日本篇』所載〕
1795年にドイツで出版された書物の銅版画の口絵。豊後の戦国大名大友宗麟は50歳の時、臼杵《うすき》の教会の小さな礼拝堂で、イエズス会日本布教長フランシスコ・カブラルによって洗礼を受けた。一方、右近は13歳で洗礼を受けており、おそらくこのような風景だったと思われる。

**二十六聖人殉教図**

（東洋文庫蔵）〔海老沢有道『高山右近』より転載〕

慶長元年（1596）12月19日、豊臣秀吉の命により、長崎で26人の京坂のキリシタンが処刑された。後にカトリック教会はこの殉教者を聖人の列に加え、彼らは「日本二十六聖人」と呼ばれた。右近はキリシタン名簿の筆頭に書かれていたが、石田三成や前田利家の取りなしによって、処刑されずに済んだ。元和8年（1622）にも長崎で55人の殉教があり、その模様はイタリア内務省宗教建造物基金（ジェズ教会）蔵の長崎大殉教図に描かれ、参考になる。

**千利休所持　エヴァとキューピット蒔絵黒漆塗洋箱**（表千家不審菴蔵）

蓋裏に、裸婦のエヴァと矢を携え翼のある小児キューピットを金蒔絵した黒漆塗の長方箱。箱の身の内側に牡丹と忍冬《すいかずら》の図がある。小児を連れた裸婦を鬼女とみたことから「山姥文庫」として千家に伝わった。「利休七哲」にはキリシタンが四人含まれているが、利休とキリシタンとの関係を提起する資料である。

底

**大名物** **高山右近所持　漢作唐物肩衝茶入　銘「侘助」**〔『利休と七哲―それぞれの茶風を知る』『大正名器鑑』より転載〕

右近が所持した大名物の漢作唐物肩衝茶入。当時、国一国に相当した名物茶器である。『山上宗二記』に右近所持として記載され、『宗湛日記』の文禄2年（1593）の条に使用例が見える。右近より金座の後藤庄三郎光次が所持し、後に伊達政宗、徳川将軍家に伝来した。牙蓋は簾《す》が入ったもので、右手前の仕覆は名物裂《ぎれ》の白極緞子《はくぎょくどんす》（網目地尾長鳥追いかけ丸に宝尽紋）である。これは当時に遡ることができ、右近が好んだ裂である可能性がある。胴径7.1cm。

**高山右近 作　竹茶杓　銘「御坊へ」 共筒**（滴翠美術館 蔵）

右近が「御坊」へ贈った自作の竹茶杓。節がいくつもある深樋の共筒が特徴的で、丹念に削りだした様に右近の真面目な性格が窺い知れる。典型的な利休形の蟻腰《ありごし》茶杓で、筒中央には「御坊へ」、下部に「□□《(花 十か)》」と黒漆で書かれている。「□□」は、右近の号と考えられる。全長18.4cm。

**千 利休在判 南坊(高山右近)黒小棗**（高橋箒庵 旧蔵）〔『一木庵高橋家蔵品入札目録』より転載〕

南坊すなわち右近が作らせた黒塗の棗。蓋裏に、師の利休が朱漆で「南坊」と書き、判(花押)を認めている。仕覆は大黒屋金襴(牡丹唐草文)と間道の裂《きれ》が添う。古筆本家の了意が極書をしている。

**内藤如安所用　鉄黒漆塗 最上腹巻 古頭形兜付**

〔ROYAL ARMOURIES〈英国王立兵器博物館〉©Board of Trustees of the Armouries <XXVIA.2>〕

イギリスの王立兵器博物館に、キリシタン武将内藤如安の甲冑が所蔵されている。フィリピンより転々とし、オークションにかけられロンドン塔に納まったものである。古頭形《こずなり》兜に頬当、最上腹巻《もがみはらまき》の生ぶな組合せが稀有である。注目すべき点は、クルスを表す十字文の金物が随所に配されていることである。また兜に並び角本《つのもと》の前立《まえたて》と大頭立《ずだて》が設けられており、おそらく金箔あるいは銀箔押の大クルスなどのキリシタンゆかりの立物を挿したと考えられる。当腹巻には幅の広い背板が付き、草摺は七間八段下がりで大変珍しい。威《おどし》は黒韋であるが後補である。いかにも質実剛健で実戦用の作行であり、右近の武装を彷彿とさせるものである。

# 著者略歴

**中西 裕樹**（なかにし ゆうき）

一九七二年、大阪府生まれ。立命館大学文学部史学科日本史学専攻卒業。高槻市立しろあと歴史館事務長兼歴史民俗資料館長。しろあと歴史館では特別展「三好長慶の時代」「北摂の戦国時代 高山右近」「城下町高槻のはじまり」「高山右近の生涯」などを担当。編著に『「本山寺文書」「神峯山寺文書」「安岡寺文書」調査報告書』（高槻市教育委員会）、分担執筆に『甲賀市史第七巻 甲賀の城』（甲賀市）など。

**天野 忠幸**（あまの ただゆき）

一九七六年、兵庫県生まれ。大阪市立大学大学院文学研究科後期博士課程修了。博士（文学）。関西大学・滋賀短期大学非常勤講師。著書に『戦国期三好政権の研究』（清文堂出版）、編著に『論集戦国大名と国衆一〇 阿波三好氏』（岩田書院）、『戦国・織豊期の西国社会』（日本史史料研究会）、共同監修に『本興寺文書』第一巻（清文堂出版）など。

**木越 隆三**（きごし りゅうぞう）

一九五一年、石川県生まれ。金沢大学大学院文学研究科修士課程卒業。石川県金沢城調査研究所々長。著書に『織豊期検地と石高の研究』（桂書房）、『日本近世の村夫役と領主のつとめ』（校倉書房）、『銭屋五兵衛と北前船の時代』（北國新聞社）、主な論文は「延宝金沢図にみる城下町の空間構造」（『年報都市史研究』一四号）、「金沢の惣構創建年次を再検証する」（『日本歴史』七八〇号）など。

**鳥津 亮二**（とりづ りょうじ）

一九七七年、兵庫県生まれ。岡山大学大学院文学研究科修士課程修了。八代市立博物館未来の森ミュージアム学芸係長。著書に『小西行長―「抹殺」されたキリシタン大名の実像』（八木書店）、最近の主な論文に「室津とキリスト教―小西立佐・行長との関係を中心に」（たつの市教育委員会展覧会図録『キリシタンと室津』）、「肩衣袴姿の加藤清正画像について」（東京大学史料編纂所画像史料解析センター通信六十二号）など。

**福島 克彦**（ふくしま かつひこ）

一九六五年、兵庫県生まれ。立命館大学文学部史学科西洋史学専攻卒業。大山崎町歴史資料館館長・学芸員。著書に『畿内・近国の戦国合戦』（吉川弘文館）、論文に「伏見城の機能とその破却について」（『ヒストリア』二二二）、「中世都市木津の景観と『木津城』」（『地域史のなかの中世城郭』京都府埋蔵文化財研究会資料集）など。

**大西 泰正**（おおにし やすまさ）

一九八二年、岡山県生まれ。京都教育大学大学院修了。石川県立寺井高等学校教諭。著書に『豊臣期の宇喜多氏と宇喜多秀家』（岩田書院）、『「大老」宇喜多秀家とその家臣団』（岩田書院）、『明石掃部の研究』（明石掃部の研究刊行会）、編著に『論集戦国大名と国衆十一　備前宇喜多氏』（岩田書院）などがある。

**高橋 公一**（たかはし こういち）

一九六二年、東京都生まれ。奈良大学文学部文化財学科卒。高槻市立埋蔵文化財調査センター所長。編著書に、『高槻城キリシタン墓地―高槻城三ノ丸跡北郭地区発掘調査報告書―』、『史跡　闘鶏山古墳確認調査報告書』（ともに高槻市教育委員会）など。

**稲原 昭嘉**（いなはら あきたか）

一九六二年、兵庫県生まれ。同志社大学文学部文化学科卒業。明石市文化・スポーツ部文化振興課。主著に「明石西脇遺跡出土の石器群について」『旧石器考古学五二』（旧石器文化談話会）、「船上城の発掘調査から」『講座　明石城史』（神戸新聞総合出版センター）、「明石城武家屋敷跡における一七・一八世紀の器種構成」『関西近世考古学研究Ｖ』（関西近世考古学研究会）、「城下町の発掘：明石」『よくわかる考古学』（ミネルヴァ書房）などがある。

**向井 裕知**（むかい ひろとも）

一九七四年、石川県金沢市生まれ。富山大学人文学部国際文化学科卒業。考古学専攻。金沢市都市政策局歴史文化部文化財保護課主任。編著に『金沢城惣構跡Ｉ』（金沢市）、論文に「加賀・能登における中世前期の開発とその主導者」『中世前期の開発』（北陸中世考古学研究会）、「中世加賀の町場と区画」『中世都市研究一五　都市を区切る』（山川出版社）など。

**仁ヶ竹 亮介**（にがたけ りょうすけ）
一九七五年、富山県生まれ。天理大学文学部歴史文化学科歴史学専攻卒業。一九九八〜二〇一〇年、高岡市立博物館学芸員。現・高岡市美術館主査学芸員。編著に高岡市立博物館企画展図録『高岡城』、同館『常設展ガイドブック 高岡ものがたり』、共著『高岡城跡詳細調査報告書』など。越中史壇会委員、富山県公文書館古文書調査員。高岡城跡詳細調査指導委員会オブザーバー。

**神津 朝夫**（こうず あさお）
一九五三年、東京都生まれ。早稲田大学政経学部卒。アデナウアー財団奨学金を得てドイツ・マンハイム大学へ留学。帝塚山大学大学院人文科学研究科修了。博士（学術）。大学教員などを経て、現在は著述業。茶書研究会副会長。著書に『茶の湯の歴史』『千利休の「わび」とはなにか』（共に角川学芸出版）、『茶の湯と日本文化』（淡交社）など。

高山右近四百年遠忌記念論文集

# 高山右近

## キリシタン大名への新視点

2014年3月22日 第1刷発行

編　者　中西裕樹

発行者　宮下玄覇

発行所　株式会社宮帯出版社

京都本社 〒602-8488
京都市上京区寺之内通下ル真倉町739-1
営業 (075)441-7747　編集 (075)441-7722

東京支社 〒102-0083
東京都千代田区麹町6-2 麹町6丁目ビル2階
電話 (03)3265-5999
http://www.miyaobi.com/publishing/
振替口座 00960-7-279886

印刷所　爲國印刷株式会社


ISBN978-4-86366-926-0 C3021